民國歷史與文化研究

九　編

第 **7** 冊

吉林通俗教育講演所研究（1915～1931）

朱　一　丹　著

花木蘭文化事業有限公司

國家圖書館出版品預行編目資料

吉林通俗教育講演所研究(1915～1931)／朱一丹 著 — 初版
— 新北市：花木蘭文化事業有限公司，2019〔民 108〕
目 2+226 面：19×26 公分
（民國歷史與文化研究 九編；第 7 冊）
ISBN 978-986-485-674-9（精裝）
1. 社會教育 2. 吉林省

628.08   108001123

ISBN-978-986-485-674-9

民國歷史與文化研究
九 編 第 七 冊   ISBN：978-986-485-674-9

吉林通俗教育講演所研究（1915～1931）

作　　者　朱一丹
總 編 輯　杜潔祥
副總編輯　楊嘉樂
編　　輯　許郁翎、王 筑　美術編輯　陳逸婷
出　　版　花木蘭文化事業有限公司
發 行 人　高小娟
聯絡地址　235 新北市中和區中安街七二號十三樓
　　　　　電話：02-2923-1455／傳真：02-2923-1452
網　　址　http://www.huamulan.tw 信箱 hml 810518@gmail.com
印　　刷　普羅文化出版廣告事業
初　　版　2019 年 3 月
全書字數　164367 字
定　　價　九編 9 冊（精裝）台幣 17,000 元

吉林通俗教育講演所研究（1915～1931）

朱一丹　著

作者簡介

朱一丹，1986 年生於吉林，先後就讀於河南大學（世界史學士 2005 ～ 2009 年，英國史碩士 2009 ～ 2012 年）、吉林大學（中國近現代史博士 2013 ～ 2016 年）。攻讀博士學位期間，關注清末民初社會轉型時期的國家意識形態建設問題，嘗試以個案爲切入點，用更細緻的實證研究分析由政府主導的社會教育運動，並與導師李書源先生合作發表論文《論北洋時期限制通俗講演社會效應的因素》（《史學集刊》2016 年第 5 期）。

提　　要

　　通俗教育講演所爲北洋時期重要的社會教育機構，在近代民眾教育事業中具有的承上啓下的作用，其上承清末新政後盛行一時的宣講所，下啓南京國民政府時期成效卓著的民眾教育館，以開啓民智，使一般人民養成國民資格爲宗旨。1915 年後，各地公立講演所的湧現可以被看作是北洋政府建立現代國民意識嘗試的一部分。本文以 20 世紀 30 年代前的吉林地區通俗教育講演所爲研究對象，在充分挖掘檔案、報刊、時人著述、地方志等文獻資料的基礎上重新構建史實，考察講演所的發展歷程、人事安排、組織結構和日常運作情況。尤其注重發揮個案研究優勢，除官方公佈的規章制度外，還補充了大量歷史細節，包括講演場次的安排，巡迴講演路線的設計，講稿內容，聽眾的現場反應，講員的收入待遇等。考察通俗講演所的運作狀況有利於認識通俗教育事業在民國前期的基層社會現代化改造中扮演的角色，爲我們觀察不同階層的文化碰撞提供了視角，同時也有助於揭示社會轉型時期國家與社會的複雜關係。通俗教育講演所的創設和發展是近代以來思想啓蒙對象下移的集中反映，它說明動用國家力量推進國民意識現代化已成爲官方既定政策，而通俗講演事業面臨的困境又體現了重建國家意識形態的艱巨性。以前現代社會的民眾教育思想指導啓蒙運動，將摻雜大量保守文化因素的所謂國民意識形態向下層社會輸入，這些努力本身很難實現基層社會的現代化改造。

目次

緒　論

一、選題緣起

　　通俗教育講演所是北洋政府時期頗具特色的社會教育機構，在近代民眾教育事業中具有的承上啓下的作用。其上承清末新政後盛行一時的宣講所，下啓南京國民政府時期成效卓著的民眾教育館，以啓導國民改良社會為宗旨。在民族競爭激烈的時代，須強化國民的國家認同意識以圖自強是自晚清以來學界和官方的共識，而推進社會教育被認為是提高民眾覺悟的重要手段。基於預備立憲的實際需要，清末新政時期最為盛行的社會教育事業是簡易識字學塾，這場目的單純的文化普及運動在中央政府的強力推動下席卷全國，但也很快隨著清王朝的覆滅歸於寂靜。與之相比，宣講所則具有更強的生命力，它在民國時期繼續存在，轉變為通俗講演所。雖然民初通俗講演所在管理模式、經費來源等方面發生了一些變化，但人事變動並不如想像中劇烈。考察現存的民初講員履歷可以發現，很多骨幹講員都有在宣講所任職的經歷，或擔任過義務宣講員，或曾在宣講員培訓機構中受訓。通俗講演所與宣講所在人事方面的微妙聯繫既使清末以來積累的社會教育經驗得以傳承，又使講員很難超越傳統思維範式。1928 年以後，民眾教育館模式開始在全國範圍內推廣，這一更具綜合性的社會教育機構對於處境困窘的基層講演所很有吸引力，被認為是改進通俗講演工作的良方。到 20 世紀 30 年代，大部分通俗講演所都已併入民眾教育館，成為其下屬機構。

　　與宣講所類似，民初的通俗講演所有公立私立之別，且私立講演所創設更早。至北洋政府成立後，公立通俗講演機構建設才步入正軌。1915 年 7 月，

教育部設立通俗教育研究會，統籌全國通俗講演活動。該機構受教育總長監督，會員來自教育部、學務局、京師勸學所等部門，皆需經教育總長認定。其下設小說股、戲曲股和講演股，前兩者主要負責改良舊小說戲曲，講演股事務最為龐雜，主管講稿搜集編寫工作及其他不屬於各股事項。當年 10 月，教育部又相繼頒佈《通俗教育講演所規程》和《通俗教育講演規則》，對通俗講演所的設置、管理、人事安排、講員資質、考核方法及講演內容等做出規範。這一時期的通俗講演機構建設並不排斥私人力量，規定「私人或私法人均得設立」講演所，但對私人講演所的管理已趨於嚴格，除設立時「須稟請地方長官核准，詳報該地方最高行政長官備案」〔註1〕外，還要於成立一月後接受官方查核，如不遵守通俗講演規程可由地方長官解散之。常規講演內容分為八大要項，鼓勵愛國、勤勉守法、增進道德、灌輸常識、啟發美感、提倡實業、注重體育和勸導衛生。〔註2〕講員須遵守上述各條之規定，不可藉端講演，任意發揮，否則將受到官廳處分。

在各級政府的嚴格控制和大力推進下，1915～1918 年間公立通俗講演所的發展進入黃金期，同時私立講演所的生存空間受到一定擠壓，部分併入當地公立講演所。1918 年的各省通俗教育講演所統計表顯示，其時全國通俗講演機構共計 1870 所，〔註3〕雖分佈不均，但已頗具聲勢。通俗教育講演所的鼎盛期止於 20 世紀 20 年代中後期，進入 30 年代後大多併入民眾教育館。講員素質參差不齊，講演內容陳舊，基礎設施匱乏，運營經費緊張等自身缺陷是造成通俗講演所衰落的部分原因，但作為一種社會教育機構，公立通俗講演所式微更多的是制度變遷的結果。

本文選擇 20 世紀 30 年代前的吉林地區通俗教育講演所作為研究對象，考察它的緣起、發展歷程、人事安排、組織結構和日常運作情況，分析它在民國前期基層社會現代化改造中的功過得失，主要基於以下考慮：

第一，通俗教育講演所的創設和發展是近代以來思想啟蒙對象下移的集中反映，它說明動用國家力量推進國民意識現代化已成為官方既定政策，而

〔註1〕 宋恩榮、章咸：《中華民國教育法規選編》，江蘇教育出版社 2005 年版，第 534 頁。

〔註2〕 宋恩榮、章咸：《中華民國教育法規選編》，江蘇教育出版社 2005 年版，第 533 頁。

〔註3〕 中國第二歷史檔案館：《中華民國史檔案資料彙編》第三輯，江蘇古籍出版社 1991 年版，第 563～564 頁。

通俗講演事業面臨的困境又體現了重建國家意識形態的艱巨性。近代中國知識分子階層的一個顯著特徵是熱衷於探討宏觀命題，對於普通民眾的精神生活缺乏關注，其結果是上層知識分子的認知與中國社會的實際狀況嚴重脫節。當學者們就改良主義、激進主義或新傳統主義爭論不休時，大部分中國人仍生活在傳統文化支配的世界中。通俗講演事業既以普通民眾為施教對象，嘗試向其灌輸現代國家意識形態，就不得不直面不同社會階層間的思想鴻溝。考察通俗講演所的運作狀況有利於認識通俗教育事業在民國前期的基層社會現代化改造中扮演的角色，為我們觀察不同階層的文化碰撞提供了視角，同時也有助於揭示社會轉型時期國家與社會的複雜關係。

　　第二，就全國範圍而言，吉林地區通俗講演所的發展水平位居中游，具有一定的代表性，且資料保存狀況較好，可為通俗講演所的微觀研究提供切口。此前關於民國通俗講演所的研究大多採取宏觀視角，各省各級講演所均成為考察對象。這固然可以使我們對通俗講演事業得出一總括性印象，然各地講所的發展水平差異極大，一旦觸及具體問題的分析，便顯得缺乏針對性。如京津地區的通俗講演事業明顯領先於全國，因這一地區教育資源集中，有大批精英知識分子參與講演工作，講演內容、場次和觀眾反應都比較理想。而其他地區的講員則大多只接受過中等程度的新式教育，有些甚至僅參加過短期培訓即可赴職。當涉及通俗教育講演員素質評估問題時，二者顯然無法統而論之。普遍存在的經費問題也需要更具體地考察，造成基層講演所經費短缺的原因可能是多方面的。有時同在一地的講演所因為處在不同的行政層次上，得到的財政支持差異很大。此外通俗講演的具體篇目尤其是講演內容是研究中長期存在的盲點，根本原因在於史料挖掘困難。目前所能運用的材料主要是通俗教育研究會編輯的《通俗教育講稿選錄》和少數幾省的講稿範本，這些資料旨在為講員撰寫講稿提供參考，大部分範文過於簡短和書面化，無法直接應用於講演。講員需結合本地情況加以改編，或增加受眾熟悉的事例，或將措辭進一步通俗化，這就導致講稿範本與講員面向聽眾時實際所講內容存在不少差異。吉林地區通俗講演所的考核辦法中要求講員每月上交兩篇優秀講稿，遂使大量實際使用過的稿件得以保存至今，比較這些稿件與範本的差異，觀察講員對範本題目的取捨態度，有助於我們進一步理解民國時期思想啓蒙對象下移過程中官方意識形態出現的某些變異。另一份重要的材料是講員報告，其中除記錄講演題目，地點和聽眾人數等常規信息

外，還包括旅途中的見聞，現場受眾的反應，與當地警局協同工作的情況等，這些頗具現場感的史料為瞭解通俗講演工作的日常運作狀況提供可能。在充分掌握原始材料的基礎上重新構建史實細節是進一步開展歷史研究的基礎，針對某一區域內基層通俗講演所的微觀研究正可成為此前宏觀研究的補充。

第三，對講員群體的研究可以幫助我們窺見民國早期小知識分子階層的生存狀態和精神風貌。民國初年，各種思潮風起雲湧，一時間呈百家爭鳴之勢。但難以否認，高級知識分子的思想僅能在很小的範圍內傳播，尤其是接受西式教育的新型知識分子，雖已認識到啓蒙民眾的深遠意義，卻無法打破二者間的文化隔閡。在由國家權力推動民眾思想改造的過程中，底層知識分子在某種程度上充當了上層精英與民眾溝通的橋樑。他們本是高級知識分子傳播啓蒙思想的主要對象，此時則開始把各人對這些新觀念新知識的理解繼續向下傳播。在此過程中，這些大多只接受過中等教育的講員對現代文明的各種理念究竟理解到何種水平，對於當時本就充滿矛盾的國家意識形態如何選擇，他們的文化立場和政治立場如何，這些對於通俗教育講演活動的社會效應將產生至關重要的影響。

第四，目前學界對於清末新政時期和南京國民政府時期的社會教育運動研究已取得豐碩成果，而處於二者之間的北洋政府時期研究仍顯薄弱，具體到區域內通俗講演所的微觀研究更是成果寥寥。關於通俗講演機構的一些基本問題仍有待解決，如通俗講演所的經費來源及分配方式如何，講演員的培養機制和考核辦法如何，通俗講演所除日常講演外還從事哪些與社會教育相關的活動，主要由地方財政支持的公立講演所在民國初年中央政府和地方政權的矛盾中選擇什麼立場等，因此翔實地考察吉林通俗教育講演所的運作過程和在基層現代化改造中的作用對於我們理解北洋政府時期的社會教育狀況仍有較大學術意義。

二、研究綜述

根據民國學者的推斷，通俗教育的概念大致可上溯至清末民初之際。庚子之變後，為激勵民眾奮發救國，學界和官方都設法通過種種淺近易懂的教育方式啓迪民智，如宣講、講演、白話報、戲曲、歌謠、燈影和圖書等，「當時各省學務處普通課，以初等、中等、師範與通俗並稱，通俗教育的的名稱

於以確立。」〔註4〕由此可知，講演作爲通俗教育的形式之一早已存在，並在北洋政府時期發展成爲通俗教育活動最重要的方式，通俗講演所的職能亦不斷擴張。在民眾教育館出現前，講演所實際上已成爲主持基層社會教育工作的核心機構。雖然 20 世紀 20 年代中期以後，通俗教育漸呈衰落之勢，但即便是極力倡導民眾教育館模式的學者也承認，這一時期通俗教育的成就超過清末，並非曇花一現，其後各地的民眾教育館和圖書館大多由此演進而來。

（一）民國時期研究述評

民初與通俗教育有關的著述大多由官方發行，具有很強的目的性，專注於指導實踐活動，旨在探討啓蒙民眾的方法，讀者以講員爲主，鮮有對通俗教育事業本身開展研究的專著。由民國教育部社會教育司編譯的日本通俗教育研究會著作《通俗教育事業設施法》爲這一時期少有的論述通俗教育事業的專著。全書共 29 章，主要介紹開展通俗教育活動的各項措施，企劃周詳，面面俱到。從開展通俗教育前的調查方法到講演者引入話題的技巧，甚至對講員語調和態度的變化都做了詳細說明。這部譯著對尙處於草創階段的中國通俗教育事業極具實用價值和指導意義，包括巡行文庫、通俗圖書館、風俗改良會在內的很多措施都被陸續引入。該書的總論部分重點闡釋了通俗教育的價值和目的，「蓋學校教育之設施不論其如何完備，而學校以外之種種現象適與教育本旨相反，即不免有一曝十寒之憾。夫於校學以外爲諸般設施，力謀社會之改良進步，即社會教育也。」〔註5〕換言之，社會教育的存在是爲了彌補學校教育之不足，而學校教育的缺憾將長期存在，這就決定了社會教育工作的長期性。

1915 年通俗教育研究會成立後曾由專人重點考察日本通俗教育事業，並於次年出版《調查日本社會教育紀要》。該書詳細介紹了當時日本社會教育的成果，包括社會教育的組織機構，推廣方法，可供中國汲取的經驗等，旨在通過梳理日本社會教育事業之成法及現狀，以爲中國社會教育設施之準則。另一部旨趣相類的著作是陸規亮的《德國教育之實況》，陸著成書於 1916 年，此前德國在歐戰中佔據一定優勢，故該書以此爲切入點，分析德國能以寡敵眾的原因，認爲教育事業發達是國家富強的根源。書中以一章篇幅專門介紹

〔註4〕 高踐四：《民眾教育》，商務印書館 1933 年版，第 32 頁。

〔註5〕 日本通俗教育研究會編：《通俗教育事業設施法》，中國圖書公司 1912 年版，第 1 頁。

柏林市的通俗教育狀況，認爲「德之所以戰無不勝所向披靡者，固爲一般民智大開科學發達之效，實則通俗教育與有力焉。」〔註6〕因民初通俗教育事業尙處於起步階段，與此相關的著作多以介紹國外先進經驗爲主，雖非嚴格意義上的研究成果，亦爲此後的社會教育研究做了鋪墊。

自20世紀30年代起，一批關於社會教育的專著陸續出版，作者大多爲從事社會教育工作的學者。其中較爲重要的成果包括朱智賢的《通俗講演設施法》〔註7〕、俞雍衡的《通俗講演》〔註8〕、陳禮江的《民衆教育》〔註9〕、高踐四的《民衆教育》、俞慶棠的《師範學校民衆教育》〔註10〕、甘豫源的《鄉村民衆教育》〔註11〕、馬宗榮和黃雪章的《中國成人教育問題》〔註12〕、馬宗榮的《社會教育綱要》〔註13〕等。

民衆教育館模式開始在全國推廣後，逐漸取代通俗教育，成爲社會教育的主要形式。這一時期出版的相關著作也多以民衆教育爲題，僅將通俗教育作爲社會教育發展的早期階段略加闡述，於通俗講演亦著墨不多，朱智賢的《通俗講演設施法》是其中的特例。該書由山東省立民衆教育館出版，按照作者在正文前聲明中的說法，書中的材料多取自與館中同仁合作的巡迴講演專號，因此可以說是對通俗講演實踐活動的總結。全書共十四章，除在前三章中對通俗講演的定義、概況和功用做出界定外，主要篇幅用於闡釋通俗講演活動的各個要項。包括講演機關的組織，講演員的素質要求，講演活動的計劃，講演稿的擬定，講演前的準備工作，講演時間的選擇和控制，推廣講演活動的辦法等等。這部帶有「實用手冊」色彩的著作仍是應用性大於理論性，主要目的在於指導通俗講演活動，但書中的大量細節爲今人研究通俗講演活動的實施狀況提供了寶貴資料。

俞雍衡的《通俗講演》是同時期另一部針對通俗講演活動的專著。該書爲浙江省教育廳主編的「民衆教育叢書」之一種，其目的在於使辦理民衆教育人員對職務有明確之認識。書中的主要內容與《通俗講演設施法》大同小

〔註6〕 陸規亮：《德國教育之實況》，中國圖書公司1916年版，第74頁。
〔註7〕 朱智賢：《通俗講演設施法》，山東省立民衆教育出版部，1932年版。
〔註8〕 俞雍衡：《通俗講演》，浙江省立圖書館印行所，1931年版。
〔註9〕 陳禮江：《民衆教育》，商務印書館，1935年版。
〔註10〕 俞慶棠：《師範學校民衆教育》，正中書局，1935年版。
〔註11〕 甘豫源：《鄉村民衆教育》，商務印書館，1934年版。
〔註12〕 馬宗榮、黃雪章：《中國成人教育問題》，商務印書館，1937年版。
〔註13〕 馬宗榮：《社會教育綱要》，商務印書館，1947年版。

異，可互爲補充。如俞著中在談到講員應具備的素質和修養時，以一節篇幅詳論對說書人的改造問題。作者認爲說書人是最合適的講員人選之一，但須改正幾大缺點。包括不懂時代潮流的趨向，沒有科學知識，缺乏公民常識，只知墨守舊本，不會變化活用，表演流於穢褻，語言過於粗陋等。這些內容與官方發佈的關於監督管理說書人活動的文獻可互爲印證，反映出政府對於此類傳統藝人的態度。將通俗講演放在民眾教育的大背景下考察是該書的特點之一。書中第一章第四節專門探討通俗講演在民眾教育體系中的作用，認爲講演活動爲民眾教育的一部分，需配合當時當地民眾教育的基調。同時通俗講演活動又是民眾教育的先鋒隊，輔助民眾教育的生力軍，在民眾教育尚難以開展的地區，通俗講演可以起到拓荒的作用。此外，書中最後一章談到講員在講演以外應有的工作，包括爲聽眾提供問字代筆服務，製作壁報和時事板報等，可使我們對講員的日常工作狀況有更全面的瞭解。

　　總體而言，朱智賢的《通俗講演設施法》和俞雍衡的《通俗講演》是這一時期難得的兩部以通俗講演爲題的專著，可以看作是國內通俗講演活動開展十餘年來的經驗總結。此外還有一些篇幅較小的材料分散於各類與社會教育相關的著作中，如劉百川的《國民學校辦理社會教育概論》後附《通俗講演的經驗》一篇，但內容並未突破前兩部著作的框架，也未提供更新鮮的論述話題。

　　20 世紀 30 年後出版的社會教育著作大多已著眼於民眾教育，但無論是對民眾教育本身的探討還是針對民眾教育館的研究，都會涉及對此前通俗教育階段的評價和定位問題。在眾多以民眾教育爲題的著作中，陳禮江的《民眾教育》尤其值得注意。該書出版於 1935 年，是爲民眾教育課程編寫的教材，作者時任江蘇省立教育學院教務主任，在授課講義的基礎上編成此書。與同時期的其他著作相比，陳著的理論深度明顯更勝一籌，關注的焦點已不再局限於民眾教育的內容和實施辦法，而是用大量篇幅闡述這種教育形式本身的社會基礎、哲學基礎和心理基礎。明確提出社會教育的目的是喚起民眾，使其有能力參與到中國的社會改造過程中，並用大量實驗數據證明成年人的學習能力並不弱於兒童，完全可以通過繼續教育提升自我，將人的受教育時期局限於童年是片面的，合理的教育制度應是「時間分散，延及終身」〔註 14〕的。在《民眾教育的哲學基礎》一章中，作者指出了民眾教育異於普通教育

〔註14〕陳禮江：《民眾教育》，商務印書館 1935 年版，第 121 頁。

的特點，強調勞心需與勞力相結合，倡導「教育即生活」的新觀念。〔註 15〕此外，書中還詳細介紹了國外民眾教育狀況，並結合作者在江蘇民眾教育實驗區的工作經歷對中國民眾教育的前景和策略做了探討，認為社會教育必須首先考慮當地民眾的需求，繼而各有側重地展開。總體而言，陳禮江的《民眾教育》在理論的深度和廣度，體例的完整性等方面都令人印象深刻，可在一定程度上代表民國前期社會教育的研究水平。

高踐四的《民眾教育》成書略早，內容相對簡單，是典型的普及性通論讀物。主要圍繞民眾教育的略史、內容、性質和實施辦法等方面展開，這些內容也是 20 世紀 30 年代大部分社會教育著作的敘述架構，缺乏理論深度，流於一般性的概述是這些著作的共同特點。相對而言，俞慶棠的《師範學校民眾教育》和甘豫源的《鄉村民眾教育》更具特色。前者應用大量心理學實驗成果，說明許多學習原則對於兒童和成年人都同樣有效，倡導社會教育工作者破除成見，改進教育方法，幫助成年人挖掘隱而未發的能力，以此推進社會進步。後者主要結合鄉村社會的特殊背景和需要闡述在此開展民眾教育的方法和必要性。作者將鄉村民眾教育定義為「除大中小學以外，為鄉村民眾而辦的各種必須的教育」〔註 16〕，並將受教育者的範圍擴大至全體鄉村民眾。認為中國的多數人口分佈於鄉村，經濟基礎亦在農業，因此各項事業都應考慮惠及農民。加之鄉村地區的基礎教育設施匱乏，故應在發展鄉村民眾教育方面投入更多資源。同時甘豫源也指出了鄉村民眾教育的優勢和劣勢，優勢包括農村生產活動單一，推廣生計教育較城市為易，政府勢力不及，開展自治教育水到渠成，分子純粹易於感化等；劣勢包括地面遼闊，交通不便，風氣閉塞，金融枯竭，鄉民貧困，人才寥落，領導乏人等。甘著的最大特點是將民眾教育和中國鄉村社會的實際狀況緊密結合，對於鄉村的經濟、文化和民眾心理等方面都有比較透徹和細緻的分析。例如農民的知識水平問題，以往的社會教育學者大多只是泛泛而談，提及施教內容要與受眾接受能力相一致的原則。但不同群體的認知水平顯然有很大差異，多數農民的智識水準到底如何，應以何種方式對其進行教育，書中嘗試對這些問題進行初步探索。通過引用一份針對江蘇省立教育學院附近農民的問卷調查，可以窺見這一時期此地農民的識見程度。問卷共設置 37 個問題，涉及受教育水平和意願、宗

〔註15〕陳禮江：《民眾教育》，商務印書館 1935 年版，第 125 頁。
〔註16〕甘豫源：《鄉村民眾教育》，商務印書館 1934 年版，第 4 頁。

教信仰、對傳統習俗和新學的認知、農事經營方法、對國內政治時事的認識等幾個方面。調查結果顯示多數農民不識字，堅持傳統民間信仰，對童養媳、納妾等陋習認知模糊，於國內政治時事知之甚少。類似的分析方法在書中比比皆是，以現場調查和實驗爲基礎研究民眾教育是此書的特點之一。縱觀全書，甘豫源對鄉村民眾教育問題的闡釋頗具普遍性，其中的很多結論在探討民國前期的社會教育尤其是鄉村社會教育狀況時都具有借鑒意義。

　　馬宗榮和黃雪章的《中國成人教育問題》成書稍晚，以受教育對象的年齡爲劃分教育類型的標準，將成人教育與通俗教育、平民教育、社會教育和民眾教育等盛行一時的概念一一做了對比和闡釋。認爲成人教育不同於以往的教育類型，它以成年男女爲施教對象，包括啓蒙性、補充性的初等教育和以充實人生爲目的的教育。雖然引入成人教育的概念稍有新意，但其後書中對成人教育的意義、內容和實施方法等問題的論述並未在此前相關社會教育著作的基礎上有所突破。馬宗榮的《社會教育綱要》出版於 1947 年，此時社會教育運動的高潮已逐漸遠去，抗戰前的社會教育機構雖得以部分恢復，但大規模的社會教育實驗停頓下來。這部篇幅不大的著作可以看作是對民國時期社會教育運動的總結，三十年的實踐經驗爲重新構築社會教育理論提供了堅實基礎。與前作相比，《社會教育綱要》的應用性色彩有所淡化，開始著眼於對社會教育理論的闡述。作者嘗試從教育的主體和客體兩個角度說明施教者和受眾的角色定位和關係，提出「教育的主體是成熟的精神，教育的客體是未成熟的精神」〔註 17〕，從而使二者的身份模糊化，進而將社會教育主體和客體的範圍擴大至社會全體。「只要有一點可以傳達於他人的知識與技能的人，均可做社會教育的教育者」〔註 18〕，「社會教育的對象是社會全民」。〔註 19〕顯然馬宗榮探討的社會教育概念已突破原有界限，是最廣義的教育。在論及民眾教育與社會教育的關係時，作者認爲廣義的民眾教育即社會教育，狹義的民眾教育爲啓蒙性的社會教育。儘管在構建社會教育理論方面頗多創新之處，但馬著的定位仍是入門型讀物，對社會教育狀況的介紹依舊局限於機構、政策、內容等方面，並未分析其背後折射出的政治、思想和文化因素。

　　可以發現，與民國初年相比，30 年代出版的社會教育著作已開始體現出

〔註 17〕馬宗榮：《社會教育綱要》，商務印書館 1947 年版，第 8 頁。
〔註 18〕馬宗榮：《社會教育綱要》，商務印書館 1947 年版，第 26 頁。
〔註 19〕馬宗榮：《社會教育綱要》，商務印書館 1947 年版，第 34 頁。

一定程度的理論追求，但仍以敘述性內容為主，多數圍繞社會教育內容、機構、人員、經費等方面展開。很多作品都以教材形式出現，旨在為接受社會教育訓練的學員提供指導，應屬教育學專著而非史學研究成果。這一時期還有大量與通俗教育相關的叢書和報刊雜誌出版，既可普及常識，教育民眾，又為講員準備通俗講稿提供素材。其中雖鮮有對通俗教育本身進行學理性探討的論文，卻為今人研究當時的社會教育狀況提供了寶貴的資料。

姚錫慶的《吉林省公立通俗教育講演所報告書》是瞭解 20 世紀 20 年代前吉林通俗教育講演所運作狀況最直接的著作。該書出版於 1919 年，此前姚錫慶已主持吉林縣立講演所多年，熟知吉省通俗教育事業狀況。書中對吉林省立通俗教育講演所的歷史沿革、規章制度、在職人員、經費設備以及講稿編寫都做了簡略介紹。在地方通俗講演所資料相對匱乏的情況下，這份報告書的價值不言而喻。

總體而言，民國時期關於社會教育的著作大多都難以擺脫應用型的研究範式，關注焦點主要集中於指導教育實踐活動。但也正因為如此，作者們在以教育學者的視角論述社會教育問題時，羅列了大量實驗數據，包括問卷調查在內的一批珍貴資料得以保存，為後人研究民國時期的社會教育狀況提供了堅實的基礎。

（二）新中國成立以來的研究述評

1980 年代以前，大陸的民國社會教育史研究長期處於乏人問津的狀態，而民初的通俗教育運動因規模相對較小，資料稀缺，該領域研究更是一片空白，除少數史料彙編類書目收入部分相關文獻外，再無其他成果。建國後的三十年間，教育史學者將研究重點放在革命根據地教育方面，認為根據地教育是民主、自由、活潑的，而國民黨主持下的教育系統是專制、粗暴、愚民的，以簡單的政治批判取代複雜的學術研究自然也就忽視了民國社會教育事業在現代國家建設中的積極作用。80 年代中期以後，隨著民國史研究的深入，社會教育問題也逐漸引起學界的關注。較有分量的著作包括王雷的《中國近代社會教育史》、楊才林的《民國社會教育研究》、張蓉的《中國現代民眾教育思潮研究》、汪楚雄的《啓新與拓域：中國新教育運動研究（1912～1930）》等。

王雷的《中國近代社會教育史》對民國社會教育運動的思想起源、發展歷程、組織機構、教育對象，流派分化及其取得的成果等做了全景式介紹，

但因主題所限，涉及通俗教育事業的內容較爲簡略。楊才林的《民國社會教育研究》主要論述了民國三十年間的社會教育運動，從教育設施、教育行政、教育內容等幾個方面展開，提出這一時期社會教育的重心在於挽救民族危亡，而非促進民眾自身的解放。其中第二章和第五章分別有一小節討論通俗教育運動的興起和通俗講演的概況，但都未及展開。張蓉的《中國現代民眾教育思潮研究》角度獨特，側重於探討民眾教育思潮的緣起、演進和流派，認爲其具備了全民教育和終身教育的特點，是一種開放的教育思想，並提出民眾教育思潮的實質是「以愛國知識分子爲主體，要求通過提高人的素質來改變中國落後面貌的進步教育思潮」〔註 20〕，但書中並未對從事教育活動的知識分子與官方日趨集權化的指導思想之間的矛盾做進一步探討。汪楚雄的《啓新與拓域：中國新教育運動研究（1912～1930）》是關於民國前期教育改革運動研究的新成果，作者以全新的視角審視這一時期的各項教育舉措，把它們納入到更宏觀的背景下考察。提出新教育改革運動是一場以「留學歐美的新教育家群體爲領袖，以民間教育力量爲主導，由眾多一線教師和國外教育專家積極參與，以實用主義教育哲學爲理論基礎，以提倡和實踐教育民主化、科學化、國際化和中國化爲基本內容，包含眾多專門化教育運動的資本主義性質的教育現代化改革運動。」〔註 21〕因主旨所限，書中並未詳細探討通俗教育運動，僅在第二章論及通俗教育研究會，認爲其是受日本影響的結果。但汪著提供的視角爲進一步深化通俗教育研究打開了思路，尤其是其中詳細探討了精英群體在新教育運動中扮演的角色及其思想的源流，有助於理解這些非本土化的啓蒙思想在向下傳遞過程中遇到的阻礙和出現的變異。

　　上述幾部著作都是以相對宏觀的視角研究民國社會教育問題，朱煜的《江蘇民眾教育館研究》則從微觀層面論及社會教育機構。作者通過對 1928～1937 年江蘇民眾教育館機構概況和活動內容的研究，探討民眾教育館模式在政府管理缺位的情況下對基層社會產生的影響，認爲是政府的高度集權導致了民眾教育館模式的最終失敗。文中直接論述通俗教育事業的內容很少，只在追溯民眾教育館起源時提及改建通俗教育館是其來源之一。但以地區性教育機構爲考察對象的微觀研究方法頗有新意，可資借鑒，其對民國時期社會教育

〔註 20〕張蓉：《中國現代民眾教育思潮研究》，中國文史出版社 2005 年版，第 206 頁。
〔註 21〕汪楚雄：《啓新與拓域：中國新教育運動研究（1912～1930）》，山東教育出版社 2010 年版，第 259 頁。

領域一些特定概念的考證也很有價值。到目前爲止，對民國通俗教育問題最系統和全面的研究成果是蘇全有和徐東以此爲專題研究對象的系列論文。〔註22〕這些文章幾乎涉及通俗教育講演所的各個方面，包括組織架構、人事安排、發展歷程、講演內容、社會效應等，立體地勾畫出通俗講演活動的輪廓。在《民國時期通俗講演所研究述評》中，作者提出了一些很有價值的問題，如通俗講演所除講演外還有哪些功能？講演所的經費來源有哪些？導致講演所社會功能有限的深層次原因有哪些？由於種種因素的限制，在回答這些問題時可憑藉的史料相當有限，且往往局限於中央政府頒佈的規章制度範圍內，但它們爲微觀研究提供了方向。

總體而言，學界對民國前期通俗教育講演所的研究仍處於起步階段，相關成果大多散見於各類社會教育史論著中，缺乏系統性。即便是專題論文亦多以史實敘述爲主，研究分析成分較少，對於通俗講演活動體現出的現代國家意識形態建設目標，轉型時期國家與社會的衝突及中小知識分子在向下啓蒙過程中扮演的角色等問題缺乏深入分析。對史料的挖掘和運用仍存在較大空間。

（三）港臺及海外研究概況

目前港臺學界尚未對民國前期通俗講演機構開展專題研究，與此相關的論述大多見於通史類著作。李建興的《中國社會教育發展史》概述自西周至民國時期的社會教育史，其中第九章第一節論及民初社會教育。主要介紹社會教育機構的確立、演進和活動內容，認爲這一時期的通俗教育爲此後的社會教育事業奠定了基礎。〔註23〕書中內容偏重於史料爬梳，較少學理性探討。

〔註22〕 這些文章包括蘇全有、徐東：《論民國通俗講演所的運行準則》，《漯河職業技術學院學報》2012 年第 6 期，第 133～135 頁；蘇全有、徐東：《論民國通俗講演所》，《焦作師範高等專科學校學報》2014 年第 1 期，第 38～44 頁；蘇全有、徐東：《論民國通俗講演所講演內容及社會效應》，《歷史教學》2014 年第 4 期，第 34～40 頁；蘇全有、徐東：《論民國通俗講演所事業的總體特徵及當代啓示》，《焦作師範高等專科學校學報》2014 年第 2 期，第 35～37 頁；蘇全有、徐東：《民國時期通俗講演所社會效應的制約因素》，《蘇州教育學院學報》2013 年第 6 期，第 70～72 頁；蘇全有、徐東：《民國時期通俗講演所研究述評》，《焦作師範高等專科學校學報》2013 年第 3 期，第 29～33 頁；蘇全有、徐東：《論民國時期通俗講演所的運行機構及經費》，《蘭臺世界》2014 年第 25 期，第 103～104 頁；徐東：《民國通俗講演所述論》〔D〕，河南師範大學，2012 年。

〔註23〕 李建興：《中國社會教育發展史》，臺北：三民書局，1986 年版。

張正藩的《近卅年中國教育述評》也談及民國社會教育，並對社會教育、平民教育、通俗教育、識字教育、補習教育和擴充教育等名詞做了闡釋。與李著類似，書中與通俗教育直接相關的內容也以史實記述爲主，但其中對於民族精神教育和國民教育的論述對理解民初通俗講演內容有所啓發。〔註24〕《抗戰前教育概況與檢討》收錄了1931～1937年間眾多教育界人士對當時教育問題提出的檢討和建議，其中包括陳果夫的《社會教育實施方案》，李蒸的《全國社教設施概況》和《全國社會教育概況》，黃裳的《民眾學校教職員待遇的調查與研究》等，爲研究當時的社會教育狀況提供了資料。〔註25〕

　　海外學者關於近代中國教育史的著述頗豐，但具體到社會教育領域，則存在較大局限性。民國時期的社會教育史中，晏陽初和由他發起的平民教育運動，特別是河北定縣的鄉村教育實驗區受到較多關注。西德尼・甘博的《定縣：一個華北鄉村社區》即是針對這一問題的研究專著，〔註26〕晏陽初本人亦曾在太平洋國際學會公報上撰文介紹中國民眾教育運動取得的進展。〔註27〕太平洋國際學會還出版過一批篇幅不長的作品，涉及中國社會教育狀況，如珀爾・巴克的《啓蒙人民：中國的民眾教育》記錄了作者與晏陽初的談話，探討中國社會教育的現狀和前景。〔註28〕傑拉德・斯沃普和理查德・瓦爾什的論文《民眾教育運動與中國農村復興聯合會》介紹農復會創立的過程和活動內容，並以定縣實驗區爲依據，探討地方自治在重建工作中的作用，認爲充分發揮地方管理者的創造性更有利於滿足民眾的實際需求。〔註29〕一些曾在民國早期與中國學界開展合作的歐美學者也記錄過當時的民眾教育運動情況，但大多都是一些概述性介紹，缺乏更深入的分析。關於地區性社會教育狀況的研究仍很不充分，僅有少數大城市如北京、上海、濟南等在相關著作中有所涉及，多數地區的研究處於空白狀態。此外，日本學者對中國的社會教育運動也給予了相當多的關注。銀閣絮子在20世紀三十年代初出版的《支

〔註24〕　張正藩：《近卅年中國教育述評》，臺北：正中書局，1979年版。

〔註25〕　黃季陸主編：《抗戰前教育概況與檢討》，中央文物供應社，1983年版。

〔註26〕　Sidney David Gamble, *Ting Hsien: A North China Rural Community*, Stanford University Press, 1954.

〔註27〕　Y. C. James Yen, "Chinese Mass Education Movement Progresses Strongly." *News Bulletin (Institute of Pacific Relations),* Oct. 16, 1926, pp.1+8-12.

〔註28〕　Pearl S Buck, *Tell the people: mass education in China*, American Council, Institute of Pacific Relations, 1945.

〔註29〕　Gerard Swope & Richard J. Walsh, "Mass Education Movement and JCRR." *Far Eastern Survey*, Vol. 20, No. 14(1951): 145-148.

那縱橫觀》〔註30〕中論及了河南當時的平民教育情況，對相關的機構與組織如平民教育處、平民講演所作了介紹，還具體分析了開封婦女求知學校和平民教育使用的課本。武田熙的《支那鄉村建設運動的實際》〔註31〕從民族自救的角度分析了近代中國社會教育的定位和作用。大久保莊太郎則以河北定縣實驗區為中心，研究了近代中國的平民教育運動〔註32〕。當代日本學者對以晏陽初為代表的鄉村建設派進行的平民教育給與了更多的重視。鎌田文彥詳實的搜集了相關資料，全面介紹了晏陽初的事蹟〔註33〕；小林善文的《平民運動小史》〔註34〕對清末以來的社會教育進行了梳理。這些研究雖然重心與本文不盡吻合，但作為背景的闡釋和梳理也涉及到了通俗教育講演所等機構，有借鑒意義。由於語言的障礙，本文對日本學者的相關研究還不夠深入全面，借助於他人的幫助，只能做大略的描述，這有待於今後的努力。

綜上所述，民國社會教育史尤其是通俗教育時期的研究仍相對薄弱，主要存在以下幾點不足。

其一，以全國範圍內的通俗講演機構為考察對象的宏觀研究較多，針對地區性講演所的微觀研究較少。如前文所述，因各地講所的資源狀況差異極大，類似的宏觀研究只能勾勒通俗講演機構的輪廓，難以深入分析影響講演所運作的各項因素，對許多問題的論述也僅能點到為止。因此增加對地區性講演機構的研究有利於豐富歷史細節，加深對通俗教育運動的理解。

其二，研究角度單一，多數研究都難以突破社會教育、民眾啟蒙和文化發展的視角。通俗教育運動具有豐富的內涵，社會教育固然是它的本質屬性，但與此相關的研究卻可以更立體。如通過對講演內容的研究可以窺見新生國家嘗試進行現代國家意識型態建設的努力，對講員群體的研究有助於觀察中小知識分子在啟蒙對象下移過程中的作用，通俗講演面臨的困境在一定程度上代表了轉型時期國家與社會之間的矛盾。

〔註30〕銀閒絮子：《支那縱橫觀》，東洋書籍出版協會，1931 年版。

〔註31〕武田熙：《支那鄉村建設的實際──中國民族自救的最後自信》，《新天地》，11～12 號，1935 年。

〔註32〕大久保莊太郎：《近代支那的平民教育運動──以定縣河北實驗區為中心》，《東亞人文學報》，2 卷 3 號，1942 年 11 月。

〔註33〕鎌田文彥：《中國的農村教育者晏陽初：事蹟與資料》，《參考書志研究》，第 42 號，1992 年 11 月。

〔註34〕小林善文：《平民教育運動小史》，《五四運動的研究》第 3 函第 10 篇（京都大學人文科學研究所共同研究報告），同朋社，1985 年版。

其三，史料挖掘、運用力度不足，史實細節仍存在大量盲區。目前關於通俗講演活動的研究主要依據官方頒佈的規章制度、統計資料和少量地方志，對於制度框架已有初步瞭解，但其實際運作狀況如何仍有待進一步研究。講演場次的安排，巡迴講演路線的設計，講稿的內容，聽眾的現場反應，講員的收入待遇等等，破解諸如此類的問題不僅有助於還原史實，也是深化研究的關鍵。

目前以吉林地區通俗講演所爲考察對象的研究成果甚少，僅在劉信君的《民國時期吉林省文化教育的興起與發展》﹝註 35﹞中談及社會教育處提到吉林省通俗講演活動，亦不過寥寥數語，遠未展開。其他著作中或有零星提及吉省通俗教育狀況者，皆是作爲旁證之用，並未深入，這就爲吉林通俗講演所研究留下了較大的學術空間。

三、概念界定

通俗講演所是民國初年在前清宣講所基礎上形成的社會教育機構，「以開啓人民智識，使社會一般人民均養成國民資格爲宗旨」。﹝註 36﹞研究通俗教育講演所，涉及「社會教育」、「通俗教育」、「平民教育」、「民眾教育」、「通俗講演」等概念，需對這些概念的內涵做出界定，並理清它們之間的關係。

（一）相關概念

1. 社會教育：廣義的社會教育「係指一切具有發展社會文化的作用」﹝註 37﹞，家庭教育和學校教育都包括在內。李建興的《中國社會教育發展史》將中國社會教育的歷史上溯至遠古時期，認爲自有人類以來社會教育即已存在，此處所指正是廣義的社會教育。本文所討論的則是狹義的社會教育概念，是指「正式學校教育以外的教育，以全體國民爲施教對象，以提高一般國民文化水準爲目標」﹝註 38﹞，多數民國學者的著作中談及社會教育時也是指這一概念。在 1914 年頒佈的《教育部官制》中，社會教育司與普通教育司和專

﹝註 35﹞ 劉信君：《民國時期吉林省文化教育的興起與發展》，《東北史地》2007 年第 4 期，第 64～70 頁。
﹝註 36﹞ 《吉林縣立講演所檔案》，吉林市檔案館藏，34-1-31。
﹝註 37﹞ 孫邦正：《教育概論》，臺灣商務印書館 1983 年版，第 7 頁。
﹝註 38﹞ 孫邦正：《教育概論》，臺灣商務印書館 1983 年版，第 7 頁。

門教育司並列爲總務廳下屬三司，〔註39〕說明由政府主導社會教育的形式已得到制度保障。其後數十年間，教育系統的機構設置屢有更迭，社會教育的內容也在不斷擴展，但由官方主導的運作模式並未發生根本性變化。

2. 通俗教育：民國時期的大部分學者都認爲通俗教育的名稱源自清末學務處的機構設置。當時學務處下設六課，其中普通課又分爲事務部、初等部、中等部、師範部和通俗教育部。通俗教育的名稱即由此而來，並一直沿用到20世紀30年代。根據《教育部官制》中的規定，通俗教育與宗教禮俗和科學美術同爲社會教育司下屬三科，足見在當時的教育行政系統中，通俗教育已佔據重要位置。通俗教育的施教對象主要是受教育程度不足的下層民眾，「通俗」二字即代表教育內容淺顯易懂，「專以不識字，或粗識字的人而給與粗淺的知識及技能爲要務」〔註40〕。自民初興起至20世紀30年代爲民眾教育取代，持續近二十年的通俗教育運動爲此後的社會教育事業奠定了基礎。

3. 平民教育：平民教育運動興起於20世紀20年代初，很快發展成爲20年代前半期最有影響力的社會教育運動。平民教育運動的施教對象與通俗教育類似，但內容更加豐富，以晏陽初爲代表的一批新知識分子爲它注入了更深刻的內涵。平民教育的目的不再局限於傳授粗淺的知識，而試圖通過教育平等實現人格平等，進而養成有知識、有生產力和公德心的新民。〔註41〕在某種程度上，平民教育思想可以被看作是新文化運動時期的自由主義思潮在社會教育領域的反映。從內容上看，平民教育提出以文字教育開啓民智，以生計教育改善民生，以公民教育塑造民德，豐富和發展了社會教育思想。同時，晏陽初等人還將新的研究方法引入社會教育領域，建立了一批平民教育實驗區。民國學者普遍認爲平民教育運動的時間下限應在1927年前後，因爲北伐戰爭以後，此項運動基本陷入停頓。

4. 民眾教育：與社會教育類似，民眾教育也有狹義和廣義之分，二者的分歧在於施教對象的範圍。狹義的民眾教育將受眾限定爲年長的失學者，廣義的民眾教育則認爲全體社會成員都可成爲施教對象。大部分民國學者傾向於後者，認爲「民眾教育是失學的兒童，青年，成人的基礎教育，也是已受

〔註39〕 舒新城編：《中國近代教育史資料（上）》，人民教育出版社1961年版，第287頁。
〔註40〕 馬宗榮編：《中國成人教育問題》，商務印書館1937年版，第49頁。
〔註41〕 晏陽初：《平民教育概論》，中華平民教育促進會總會1928年版，第4頁。

基礎教育的兒童青年成人的繼續教育和進修」。教育的最終目的是「全民眾在整個社會生活中，知能道德的前進和向上」，實施方法不限於教育機關或學校，「凡改變群眾行為，授與知識技能理想而改進其個人團體生活的工作（如合作社，鄉村改進會，保甲會議，農業推廣等）都是它有效的方式」。〔註42〕在這裡，民眾教育已幾乎等同於社會教育，二者的主要活動基本重疊，界限模糊。

5. 通俗講演：按照朱智賢在《通俗講演設施法》中的定義，「用淺近的語言向普遍的大眾發表意見」〔註43〕即為通俗講演。在 20 世紀 30 年代民眾教育館模式興起之前，大部分地區的社會教育活動都以通俗講演為主要形式。通俗講演活動之盛行一時部分原因在於其具備獨特的優勢，相對於其他教育形式而言，通俗講演所需資源很少，因此具備了極大的靈活性，可將活動範圍擴展至鄉村地區。民國初年的地方社會教育機構普遍受困於經費問題，通俗講演的優勢自然突顯出來，通俗講演所也因之成為社會教育的主持機構。

（二）研究的時空範圍

本文以吉林通俗教育講演所為考察對象，主要探討通俗講演所在基層社會現代化改造過程中的作用。1915 年吉林縣立通俗講演所設立，吉林地區通俗講演機構的系統性建設即始於此，因此本題的研究上限設定為 1915 年。1931年「九·一八」事變後吉林全境淪陷，部分通俗講演機關雖得以保留，但已發生本質性改變，成為奴化教育的工具。故本研究的時間下限設為 1931 年。

在空間跨度上，本文以吉林省為研究範圍，此處的吉林省以 1915～1931年的行政區劃為準，包括吉長、濱江、延吉、依蘭四道，共轄 41 縣。其中濱江道和依蘭道的部分轄區今已屬黑龍江省管轄範圍，但在本文研究的時限內，這些地區的通俗講演活動由吉林省立講演所及勸學所統一管理，故仍在本題考查範圍內。

此外，吉林省各公立通俗教育講演所在 1925 年後陸續更名為通俗教育講演館，但名異實同，講演所的職能和運作方式都沒有發生本質性變化，故仍屬本題考查範圍。同一時期吉林地區存在的通俗講演所，無論公立、私立，省立、縣立，均為本文研究對象。

〔註42〕俞慶棠：《師範學校民眾教育》，正中書局 1935 年版，第 3 頁。
〔註43〕朱智賢：《通俗講演設施法》，山東省立民眾教育出版部 1932 年版，第 1 頁。

四、研究思路、研究方法與基本結構

（一）研究思路

本文要回答的核心問題是吉林通俗教育講演所在基層社會現代化改造過程中的作用，爲此有必要探討以下幾個主要論題：

其一，吉林通俗講演所是怎樣創設的，其職能如何演變，組織架構和運作機制如何？在目前的研究成果中，蘇全有、徐東的《論民國通俗講演所的運行準則》和《論民國時期通俗講演所的運行機構及經費》對這些問題有所涉獵，但皆著眼於全國範圍內的通俗講演機關，且論述均極簡略，所使用的材料主要是官方公佈的規章制度和地方志。通俗講演所的運作機制包含多重內容，除常規的講演程序外，還包括講員的選拔、培養、管理和考核制度，經費的來源和用途，講演內容的設定方式等。目前對於通俗講演所活動相關史實的研究仍存在諸多盲區，如講演的頻率和場次，聽眾的人數和反應，講演的實際效果，通俗講演所陸續承擔的其他社會教育工作等，在深入挖掘史料的基礎上重建史實是進一步理解通俗講演運動的基礎。

其二，吉林通俗講演所是如何推進基層社會現代化改造的？通俗講演活動又受到那些因素的影響？1915 年後，各地公立講演所的湧現可以被看作是北洋政府嘗試建立現代國民意識努力的一部分。推動官方意識形態和國民意識的現代化是自清末以來幾代知識分子的追求，民國的建立至少說明在法律和制度層面上，中國已經具備現代國家的雛形，但思想文化領域的現代化遠未完成。國家意識形態的混亂在通俗講演中表現得尤爲明顯，與清末宣講所相比，民初通俗講演活動中直接宣揚傳統文化的內容明顯減少，大量移植自西方社會的行爲規則成爲文明的標尺，在通俗講演中批判傳統文化已是司空見慣的論調，但還遠未達到與之決裂的程度。如何重新定位傳統文化，並使其與西方文明共存仍然是個令人困擾難題。就西化程度而言，官方思想已遠超普通民眾，但一個有趣的現象是，多數批評主要針對民間習俗，如早婚、纏足、堪輿之術等，中國傳統文化的核心部分併未受到批判。這也許可以理解爲是現代民族主義的困境，一方面，爲了實現民族的富強需要破除傳統的束縛；另一方面有關民族存亡的認同意識，又要求充分信賴歷史上民族文化成就的內在價值。爲實現前者，必須學習西方，爲實現後者，必須保護傳統文化的上層部分。作爲國家意志在基層社會的代表，講員因與民眾直接接觸，不得不直面國家與社會精神層面的斷裂，他們自身的文化立場和政治立場對

通俗講演的效果將產生至關重要的影響。

其三，吉林通俗講演所對基層社會現代化改造的目標如何，成效如何，與此前的宣講所和此後的民眾教育館相比有哪些特點？對中國的知識分子階層而言，民國初年至 20 世紀 30 年代是一個特殊的時期。一方面他們失去了傳統上與國家政權聯繫的穩定途徑，在與民眾的接觸中也無法再以政治權威的面目出現，但仍保有學者的聲譽；另一方面，中央政府的長期混亂爲流入教育領域的大批精英知識分子提供了難得的契機，使他們得以將各種教育革新思想付諸實踐。與剛剛開啓現代化嘗試的宣講所和黨化教育色彩濃重的民眾教育館相比，北洋政府時期的通俗教育講演所似應更開放自由一些，但事實並非如此。根據對通俗講演稿的分析可以發現，促進民眾自身的解放從未成爲通俗講演機構追求的核心目標，喚起民眾對國家的認同意識，從而挽救民族危亡是通俗講演活動的本質要求。

（二）研究方法

民國學者吳學信曾談及社會教育史的研究方法，認爲針對個別事實的考察應遵照收集史料，辨別史料，最後將事實的眞正內容記述下來的順序。在此基礎上先認明個別事實之間的聯繫，再認明個別事實與全體間有機的關聯，之後便可組織起全體的事實，對於事實的變化發展則可採用辯證法考察之。〔註44〕

吳學信提出的研究方法在人文學科領域普遍適用，受此啓發，本題研究首重史實重建環節，在充分挖掘檔案、報刊、時人著述、地方志等文獻資料的基礎上，考察吉林通俗講演所的各項規章制度及其實施狀況，豐富與之相關的史實細節。其次，嘗試借鑒社會學、教育學和傳播學的知識和理論，對吉林通俗教育講演所的基層社會現代化改造活動進行多維度的立體研究，分析和闡釋歷史現象背後的原因。最後對通俗教育模式的成效及局限性做出評價。即一方面堅持歷史主義的研究方法，通過史實重建將研究對象放在當時的歷史條件下考察；另一方面運用現代理論成果對其活動軌跡進行解讀。作爲以地區性通俗講演機構爲考察對象的微觀研究，應注意與宏觀研究的有機結合，在新國家開啓現代化轉型的背景下理解通俗講演活動。同時還運用比較分析的方法，縱向上與清末的宣講所和南京國民政府時期的民眾教育館對

〔註44〕吳學信：《社會教育史》，商務印書館 1939 年版，第 13～14 頁。

比，橫向上與其他地區的通俗講演機構比較，以期加深對吉林通俗講演所的認識。

（三）基本結構

吉林通俗教育講演所研究主要包括四部分：通俗講演所概況研究、通俗講演內容研究、講員群體研究和通俗講演所社會改造實效分析。

其一，通俗講演所概況，主要考察吉林通俗教育講演所發展軌跡、組織架構和運作機制。吉林通俗講演所是在1915年全國通俗教育運動的浪潮中產生的，其最初的組織結構和規章制度基本遵照教育部頒佈的《通俗教育講演所規程》和《通俗教育講演規則》設置。本章第一部分首先對公立通俗講演所的創設過程進行闡述，分析其產生的原因，比較清末官方主持下的宣講所與民初通俗講演所的異同，探討民間創辦、官方改造的模式對通俗教育活動的長期影響。第二部分介紹吉林通俗講演機關的人事安排和組織結構，闡述各職位的權責問題，分析講所規模過小職責過繁的原因及利弊，並從講演所的日常工作流程入手，介紹其工作制度，包括分區方法、駐講點設定、省立講所與縣立講所的比較等。第三部分主要論述通俗教育講演所主持下的各項社會教育活動，包括通俗講演、巡行文庫、傳習國音國語、監督說書生等。

其二，通俗講演內容研究，以現存通俗講演稿為基礎，分析通俗講演活動嘗試向底層社會輸入的現代國民意識之內涵及特點。本章分為三部分：第一部分考察《吉林通俗講演稿範本》的內容設定，包括各類題材的比例及講稿內容分析，理解官方對通俗講演活動的定位和期望。第二部分以講員實際使用過的講演底稿為依據，比較講員自撰稿和官編講稿的異同，講員對參考題目的選擇和取捨，及其對某些問題的極端化理解使官方意識形態在向下傳播過程中出現一定程度的變異和扭曲。第三部分通過比較國家意識形態與新文化運動時期各流派知識精英的觀點之異同，分析官方構建的現代國民意識來源及特點。政府顯然利用或改造了知識界流行的理論，採擇並融合符合其旨趣的觀點，將改良主義、國家主義、集體主義、民族主義等思潮融為一體，用以構建現代國民意識。

其三，講員群體研究，主要分析通俗講演直接實施者的文化和政治立場，以及他們是如何影響基層社會現代化改造進程的。本章分為三部分：第一部分闡述講演員的選拔、培養和考核制度，重點探討講員培訓系統，分析官方語境下對通俗講演員的要求及這些規則的影響。第二部分以講員履歷和報告

爲依據，考察他們的生存和工作狀態，包括講員的文化層次、收入水平、代際差異等。第三部分分析講員群體的政治立場和文化立場，探討其形成的原因、影響以及與精英知識分子之間的差異和聯繫。

　　其四，通俗講演所社會改造實效分析，主要評估通俗講演所主持下的一系列社會教育活動在推進基層社會現代化改造過程中的作用。該章分爲三部分：第一部分闡述通俗講演所的社會改造目標。第二部分通過考察以通俗講演爲主的一系列社會教育活動之成敗得失，分析通俗講演所改造基層社會的實效。第三部分探討制約通俗講演所發揮其社會效應的因素，包括官方意識形態本身的混亂，轉型時期國家與社會關係的複雜化等。

五、資料來源及創新點

（一）資料來源

　　1. 檔案資料。總體而言，吉林通俗講演所的檔案資料比較龐雜，除省立講演所一處外，大部分縣都設有縣立講演所，1918 年的統計資料顯示，當時省內已有通俗教育講演所 39 處，至 1930 年，包括民眾教育館和講演所在內的通俗教育機構共有 50 所。在眾多縣立講演所中，長春縣、吉林縣和濱江縣講演所的資料保存狀況較好，吉林省立講演所因管理需要，除保留與其自身活動相關的材料外，也收藏了部分縣立講演所的人事、經費和活動記錄。此外，各地勸學所、縣公署和省公署的檔案中也都保存有與通俗講演所有關的資料。這些材料構成了吉林通俗講演所研究的基礎性資料。

　　2. 時人著述。民國時期的社會教育學者曾寫下大量與通俗教育活動相關的著作，主要包括朱智賢的《通俗講演設施法》、俞雍衡的《通俗講演》、陳禮江的《民眾教育》、高踐四的《民眾教育》、俞慶棠的《師範學校民眾教育》、甘豫源的《鄉村民眾教育》、馬宗榮和黃雪章的《中國成人教育問題》、馬宗榮的《社會教育綱要》、范望湖的《民眾教育 ABC》等。雖然書中內容多有重複之處，且多概述介紹，較少學理分析，但其中很多作者是具有長期一線工作經歷的學者，他們結合實踐經驗探討社會教育的性質、方法和前景等問題，爲今人瞭解當時的通俗教育狀況提供了寶貴資料，其價值幾乎可以等同於原始史料。

　　3. 資料彙編和方志。民國教育史資料彙編包括《社會教育法令彙編》、《教育法令彙編》、《教育法令續編》、《中國近代教育史資料》、《中國近代教育史

資料彙編》、《教育大辭書》、《中華民國教育法規選編》、《中華民國史檔案資料彙編》、《吉林公署政書》等。方志資料包括《吉林省志‧教育志》、《吉林省舊志資料類編》、《吉林市志‧教育志》等，因擔任各地講演所所長者多為地方有聲望人物，故保存於各地方志中的人物傳記也具有重要的史料價值。其他文史資料如《吉林百年》、《吉林市文史資料》、《昌邑區文史資料》等也有多處提及通俗講演活動情況，可資參考。

4. 報刊資料。通俗講演運動興盛時期，曾湧現出一批與此相關的地方性報紙，如《湖南通俗教育報》、《安徽通俗教育報》、《河南通俗教育報》、《廣西通俗教育報》、《黑龍江通俗教育報》、《綏遠通俗日報》等。這些報紙主要發表兩類文章，一類是以啓蒙民眾為目標的常識普及性短文，內容大多符合通俗講演要求，常被用作講稿，另一類重點介紹講演經驗和技巧，供講員交流之用。吉林地區與通俗教育相關的刊物包括《吉林通俗教育講演月刊》、《通俗教育講演稿範本》、《吉林教育雜誌》、《教育月刊》等。其中由吉林省公署教育廳編制發行的《通俗教育講演稿範本》尤為重要，講演的大部分題目都出自該刊，是研究吉林通俗講演活動的重要資料。東北地區的其他報刊如《盛京時報》、《濱江時報》、《吉長日報》、《大東日報》等於通俗教育運動也多有涉及，可供參考。

此外還有其他一些與通俗教育相關的資料有助於深化研究。如民國時期著名的《通俗教育叢書》，收錄多部具有常識普及性質的著作，包括《國恥小史》、《理科淺說》、《天空現象談》、《農業淺說》等，成為巡行文庫的必備書目。此類資料有助於我們更清晰地把握通俗講演的內容、深度和目標。

（二）創新點

1. 本文涉及以往民國社會教育史較少關注的通俗教育領域，從基層社會現代化改造的角度分析通俗教育運動的成效，通過與宣講所和民眾教育館的比較考察通俗教育講演所模式自身的特點，進而探討通俗教育運動時期的特點，這在此前的研究成果中並不多見。

2. 本文的研究主要建立在檔案材料的基礎上，注重史實重建環節，一手史料的應用既增加了成果的嚴謹性又有助於發現以往研究中忽視的細節問題。所用檔案資料包括吉林省立講演所檔案、吉林縣立講演所檔案、濱江縣立講演所檔案和汪清縣立講演所檔案，雖無法覆蓋全省通俗講演所，但已可代表通俗講演的兩種主要模式，即城內駐講和巡迴講演。大量講員報告、講

演報告表和公務往來文件為豐富通俗講演運動研究提供了資料。

　　3. 本文以微觀研究為切入點，在歷史學研究方法的基礎上，借鑒教育學、社會學和傳播學的部分理論，對史實進行闡釋，以期在前人的研究基礎上有所增益。

第一章　吉林通俗講演所概況

第一節　通俗講演所的興起

一、通俗講演的起源

　　以宣講為形式勸化民眾的教育活動古已有之，但將其作為社會動員的重要組成部分，並由一套在國家力量支持下建立的專業化機構系統運作則始於近代。挽救民族危機的壓力促使精英階層重新評估人民的力量，而挖掘民眾的潛力並將其轉化為現實的政治力量首先需影響大眾思想，使其與上層社會的信念達成某種共識，以期收上下一體之效，當時較流行的說法謂之開民智。作為近代思想啟蒙運動的口號之一，開民智中「民」的含義逐漸拓寬，由士紳而至粗通文字者，直至將目不識丁之人也包括在內，反應了啟蒙對象逐步下移的過程。維新運動前後，改良派實施的大量思想啟蒙實踐活動，其受眾主要限於士紳。1895 年以後，新式教育體系的建立培養了一批更具自覺意識的學生群體，使知識界的啟蒙運動影響有所擴大，但此時對下層社會的教育仍停留在理論階段。庚子之變的亂象使知識階層意識到民眾啟蒙的必要性和急迫性，白話報、閱報社、宣講會等通俗教育形式遂紛紛湧現。此類活動通常帶有相當的自發性，由當地士紳或部分知識界人士倡辦，也經常因為資金不足、人事變動等原因停辦。清末新政時期，一些頗具成效的民間啟蒙運動形式受到政府關注，國家政治力量開始介入其中，通俗講演活動的規範化和制度化即是一個典型的例子。

　　通俗講演活動的發端可能與四個因素有關：明清以來官方的宣講制度，民間說書人的表演形式，近代啟蒙運動實踐的需要和各強國經驗的影響。

　　貫穿明、清兩代的的聖諭宣講活動可以被視為官辦社會教育活動的雛形。自明太祖設置木鐸宣誦活動，使里老人持鐸徇道起，官方主持下的庶民教化活動逐步制度化，至有清一代仍綿延不絕。其宣講內容幾經豐富完善，在通俗化方面取得很大進展，但核心無外乎是綱常倫理、律例法規，宣講日久難免令聽眾感到枯燥乏味。因聖諭宣講活動具有一定的儀式性，常採用官督民辦的形式，被選為講官者多是當地老成儒者，樸實少文，雖符合道德標準，卻未必能吸引聽眾。到 19 世紀末，人口流動性增強，鄉村基層組織瓦解，聖諭宣講活動也已形同虛設，但在此基礎上衍生的聖諭宣講類善書卻保持著頑強的生命力，部分善書作為宣講底本直到民國時期仍在使用。宣講活動在維持庶民社會的道德水準方面發揮了怎樣的效用可能仍有待研究，但它將官方意識形態大眾化、通俗化的嘗試和實踐影響深遠，其後的宣講所和通俗講演所在某種程度上都可以被視為是宣講制度在新時代的延續。

　　說書作為民間藝術的一種形式，因其對民眾頗具號召力，且表演形式與通俗講演多有相類之處，早為熱心社會教育的人士關注。說書對聽眾產生的強大感召力令啟蒙者印象深刻，「若談忠臣烈士捐軀殉國之事，俾聞者均振發志氣而有報國之心，若談英雄俠客仗義復仇之事，俾聞者均森豎毛髮而有死難之心。」〔註1〕口頭表演出色的社會效應啟發了向下層社會灌輸新思想遇阻的啟蒙者，使他們意識到對於目不識丁的底層民眾而言，宣講可能是比文字更有效的手段。但知識階層對民間文化往往持鄙薄態度，傳統說書內容又多陰騭報應之說，宣揚儒家倫理觀念，很難為新式知識分子所欣賞。於是以改良說書詞為切入點，利用說書人成熟的表演技巧，採用舊瓶裝新酒的方式向民眾宣傳新文化的構想開始出現。傅增湘曾將四川地區的說善書與講白話報做比，號召有錢人家請人演說時用白話代替傳統善書中虛妄荒誕的故事，「那啟發人的心思，感動人的力量，比善書更快十倍，功德也大十倍。」〔註2〕改良說書活動的建議說明，傳統文藝形式對極力趨新的知識分子仍然有不容忽視的影響力。

　　如前所述，近代思想啟蒙運動經歷了啟蒙對象逐步下移的過程，由維新

〔註1〕　《論中國宜普興演說會》，《順天時報》，1906 年 6 月 8 日。
〔註2〕　《散帛千金第二集序》，《大公報》，1904 年 5 月 25 日。

時代的開官智、開紳智，到庚子事變後將粗通文字者也納入啓蒙範疇。1900
年後，白話報和閱報社的大量湧現清晰地反映了這一趨勢。白話報的出現曾
備受讚賞，不僅受到平民大眾的歡迎，上層知識分子也對其寄予厚望。劉師
培曾在《警鐘日報》上撰文，稱讚白話報爲文明普及之本，「白話報推行既廣，
則中國文明之進步固可推矣。」〔註3〕白話報的盛行使粗通文字者得以瞭解國
事，將他們帶入新的社會輿論領域，但下層社會的主體仍然是缺乏基本讀寫
能力的底層民眾，從事啓蒙運動的知識分子對此顯然有相當清醒的認識。1905
年後，閱報處開始大量出現，它的運營成本相對低廉，提供免費閱報的便利，
幫助白話報培養了一批穩定的讀者群體，不久即受到官方重視，官辦或官紳
合辦的閱報處也盛行一時。與閱報處伴生的是講報讀報活動，最初只是一些
熱心人士自願將白話報的內容讀給不識之無者聽，隨後部分講員開始對報章
進行講解和評論，借題發揮，痛陳時弊，個別閱報社還使用了幻燈片等輔助
設備以達到更好的宣傳效果。講報活動的普及使閱報處具備了宣講所的職
能，而清末民初之際的很多宣講所，尤其是私立宣講所也的確常常附設於閱
報處，或是由閱報處發展而來。從白話報普及到閱報處盛行，再到通俗講演
活動的興起，近代啓蒙者嘗試使用所有可能的方式向下層社會輸入新文化，
口頭宣講面對的啓蒙對象範圍最廣，這也是通俗講演活動最大的優勢之一。

　　與近代中國的諸多變化類似，通俗講演活動的興起也深受外國經驗的影
響。1912 年由民國教育部社會教育司編譯的日本通俗教育研究會著作《通俗
教育事業設施法》開篇即談到，「東西各國人民智識之增進，國勢之強固，資
於通俗教育之力爲多」〔註4〕。陸規亮於 1916 年出版的《德國教育之實況》
也認爲通俗教育使民智大開是德國能以寡擊眾，所向披靡的原因。同年由通
俗教育研究會出版的《調查日本社會教育紀要》感歎中國社會之腐敗已達極
點，「呼盧擲雉，遍於閭閻，選舞徵歌，充於都市，以酒食相征逐，而道德日
漸喪亡，以冶遊相招呼，而廉恥莫之愛惜」〔註5〕。作者認爲若此者皆因缺乏
社會教育之故，因此要通過學習日本辦理社會教育各項事業之成法，以爲中
國所用。在這裡，我們可以發現日本開展通俗教育活動的設想和經驗大多來

〔註3〕　劉師培：《劉師培學術文化隨筆》（汪宇編），中國青年出版社 1999 年版，第
　　　　240 頁。
〔註4〕　日本通俗教育研究會編：《通俗教育事業設施法》，中國圖書公司 1912 年版，
　　　　第 1 頁。
〔註5〕　唐碧：《調查日本社會教育紀要》，通俗教育研究會，1916 年版，第 91 頁。

自歐美強國，但通俗講演的內容以德育爲主。官方常於休假日在學校或寺院內組織通俗講演會，以「振起地方之美風」〔註6〕，將講演會作爲德育機構之一，這種傾向顯然也影響了中國通俗教育講演活動。早期啓蒙者驚歎於講演在變革時代產生的巨大號召力，但對於講演內容的把握似乎存在分歧。激進者措辭激烈，針砭時弊，且常挾自由平等之說，保守者則主張規範講演內容，以普及常識、介紹時政爲主。

二、清末宣講所實踐

清末新政時期設立的宣講所可以被視爲民初通俗教育講演所的前身。1906 年 5 月頒佈的《學部奏定勸學所章程》要求各廳州縣普設勸學所，管理全境學務，宣講所爲其下屬機構，專司宣講之職。宣講活動運作模式倣仿《聖諭廣訓》宣講章程，材料也要首重《聖諭廣訓》，次之則爲國民教育、修身、歷史、地理等常識性內容，並特別指出白話新聞也在其列。以忠君、尊孔、尚公、尚武、尚實五條諭旨爲宣講之教育宗旨。〔註7〕其後學部又對宣講內容做出更加詳細的規定，公佈一批參考用書，收錄了包括《人譜類記》、《養正遺規》、《國民必讀》、《警察手眼》、《歐美教育觀》、《魯賓孫飄流記》等在內的共三十餘本書籍。其中道德教育類材料所佔篇目稍多，劉宗周的《人譜類記》以古人嘉言善行爲楷模，教導學習者注重實踐，陳宏謀的《養正遺規》和《訓俗遺規》記錄古人修身養性、讀書學習的方法及消除鄉里、宗族間紛爭的途徑，張之洞的《勸學篇》也被列入參考書目說明新政時期官方的主導思想已與維新時代相類。考慮到上述幾種材料對於宣講所的多數聽眾而言似乎過於艱深，除提示講員注意選擇與日常生活關係密切的篇目外，書單中還加入了白話版的《國民必讀》作爲補充。而《民教相安》、《警察手眼》和《警察白話》三篇則體現了政府維持社會秩序的努力，調和民教矛盾以期消弭教案，介紹巡警工作制度以便民眾樂於配合。外國小說和人物傳記也是相當重要的宣講材料，約占五分之一的篇目，其選材角度體現了兩種傾向。第一是鼓勵冒險精神，《魯賓孫飄流記》和《澳洲歷險記》即是其中的代表，這似乎意味著當時對於中國傳統文化缺乏冒險精神的批判得到了某種程度的官方認

〔註6〕 唐碧：《調查日本社會教育紀要》，通俗教育研究會，1916 年版，第 49 頁。
〔註7〕 朱幼巘，戚名琇，錢曼倩，霍益萍編：《中國近代教育史資料彙編‧教育行政機構及教育團體》，上海教育出版社 1993 年版，第 62 頁。

可；第二是尋找中西文化的共同點，如《萬里尋親記》中的吉米‧布朗返回
歐洲的冒險故事被林紓附會為西洋孝道的典範，似此將傳統中國的倫理觀念
強行植入外國小說的譯著一度頗得官方賞識，被認為是普通中國人接觸西方
文明的恰當方式。而可能與傳統倫理觀念產生衝突的內容則被小心地掩蓋，
如提示講員刪去《魯賓孫飄流記》中涉及宗教的情節。一個有趣的現象是，
在國外人物傳記中，不僅納爾遜這樣的國家英雄受到推介，如克萊武一般貪
婪的殖民者也得到讚揚。說明這一時期中國社會上層不願對列強的侵略行為
做道德評判，相對於同情與自身處境類似的受害者，他們更嚮往強國地位，
熱衷於探尋救國之路。除上述兩類材料外，農業技術、科學常識和兒童教育
也是宣講重點，反映時代潮流的新內容加入，使傳統道德教育類講題的比重
受到壓縮。學部雖一再強調，宣講需「首定宗旨以端心術，次啓知識以振精
神」〔註8〕，並禁止講演宗旨不純的雜記小說，但說教意味強烈的道德教育走
向衰弱似乎已是不可避免的趨勢。總體而言，新政時期的官辦通俗宣講活動
與此前的聖諭宣講相比，其內容已發生很大變化，大量源自國外的新知識得
以向下層社會傳播，而以《聖諭廣訓》為代表的傳統倫理教育體系也仍然保
有一席之地。成分複雜的宣講材料似乎說明，官方將宣講所作為轉型時期社
會教育領域內一過渡工具，他們並未打算放棄或削弱古老的權威，但不得不
順應潮流，做出必要的讓步，以便繼續保有對民眾思想和社會輿論的控制權。

表 1.1　學部採擇宣講所部分應用書目表〔註9〕

書目	提要
奏定學堂章程	可專講兩等小學堂章程及管理通則
奏定巡警官制章程	宣講時以詳述巡警章程為要
人譜類記	宣講其關於倫常日用者，而闕其意蘊精深者
勸學篇	書內教忠、去毒、非攻教等篇最切實用
國民必讀	是書專在國民教育及道德教育，正合宣講之用
民教相安	各處教案為我國之大患，講此可期消弭於無形
警察白話	
警察手眼	上二書雖為訓練巡警而作，擇要宣講可使國民知己身與巡警之關係

〔註8〕　《吉林教育檔案》，吉林省檔案館藏，J033-01-0024。
〔註9〕　《吉林教育檔案》，吉林省檔案館藏，J033-01-0024。

歐美教育觀	書爲日本人策勵己國而作，多可爲我國所借鏡
兒童教育鑒	此書純用反言指點，使爲人父母者警悟最易
兒童修身之感情	記馬克尋親之事，敘述懇至，感人最易
蒙師箴言	宣講此書可以感動爲父兄者，使其子弟去私塾而入學堂
魯賓孫飄流記	振冒險之精神，袪依賴之習慣，惟語涉宗教處可以刪節
納爾遜傳	可略見英國當日海軍情形，惜書多訛字
克萊武傳	克萊武爲英之殖民地偉人，此書敘述最詳
澳洲歷險記	此書述英人顯理殖民事，頗可增進取冒險之精神
萬里尋親記	可以知東西洋倫理之相似
世界讀本	詳述歐洲之風俗習慣，足以增長見聞
普通新知識讀本	格致及實業知識略具一斑
普通理化問答	說理明暢，頗合宣講之用，惟說氣球上升及水不引熱等義間有誤處
富國學問答	雖未合科學統系，而其切合時事處頗可以感悟通俗
農話	重實用不重理論，爲宣講之善本
普通農學淺說	此書述農業之大要，頗多切實可行者
穡者傳	伯爾以一農人勤於畎畝，事事改良，終致富厚，足爲惰民勸。至慈孝友恭處，尤足爲國民矜式
蠶桑淺要	論種桑養蠶之法，參酌東西而集其要。內飼養標準表及制種法尤詳備，洵有益蠶業之書
蠶桑簡明圖說	述種桑養蠶之法，多經驗有得之言，於蠶業未盛之處廣爲宣講，俾知仿行，可爲興利之一助
冶工軼事	法國地方自治制度及法國尙公之精神略示一斑，而宗旨和平，尤毫無流弊
治富錦囊	此書可養自治之能力，誘起實業上之興味
普通商業問答	是書雖專述英國商業，然簡易明瞭，頗有益於普通商業之知識
蒙學衛生實在易	宣講此書，可使流俗群知養生祛病之法
黑奴籲天錄	述美人蓄奴之殘酷，可以動人道之感，增愛國之心
啓蒙畫報	於淺近普通知識略備，惟間有錯誤，宜擇要宣講
勸不裹足淺說	言纏足之害，頗爲痛切

　　對宣講員和宣講內容的嚴格監督表現了官方對待宣講活動的謹慎態度，講員需品行端方，爲師範畢業生或與師範生同等學力者，如一時難得其人，小學教員也可兼充。宣講員由勸學總董延訪，並需地方官箚派。宣講不得涉

及政治演說一切偏激之談，且每星期的宣講事項都要記錄在案，以備地方官及勸學所總董隨時稽查。宣講時需派一明白事理的巡警員旁聽，遇有妨礙治安之演說要立時停講。〔註 10〕以上監管措施說明官方對於宣講活動本身所蘊含的動搖權威的可能性有清醒認識，對新型知識分子階層也缺乏充分信任，但也有一些改變似乎表現了政府主動變革的意願。如放寬對聽眾資格的限制，規定除婦女外，無論何人均可聽講，即便是衣冠襤褸者也不宜拒絕，這一變化至少體現了官方對知識界啓蒙下層社會潮流的認可。

　　隨著清末憲政改革的深入，地方自治章程相繼推出，設立宣講所成為自治事宜的要務之一，官辦基層宣講所相繼出現。吉林省勸學總所兼宣講所成立於 1907 年 9 月，初設職員十九名，包括監督、會辦、文案官、庶務官、會計官、司事生、司書生各一名，跟役、門役、廚役、雜役共十二名。其人員構成與學部頒佈的《勸學所章程》頗多出入，除監督一名符合定章外，總董和勸學員均未設置，與學務工作直接相關的職員僅七人，夫役卻多達十二人。此時作為各屬示範的省勸學總所更像是一個職能龐雜的綜合管理部門，宣講所、閱報處、勸學宣講員養成所、紳士接待所等都先後成為其附設機構。以楊錕鋙、林伯渠為代表的勸學所管理者多為甫離學堂，初登仕途的年輕畢業生，於財務行政諸事未必精熟，但對學務工作極為熱心，且精通業務。隨著勸學所開始逐步推廣宣講工作，省城內增設宣講所三處，各縣宣講所也相繼成立。新政時期的教育政策往往帶有自治色彩，主要表現為教育目的與地方自治事宜緊密聯繫，教育機構組織形式常帶有官督民辦色彩，且教育經費主要由地方自籌，因此各地宣講活動的發展程度與當地經濟狀況、文化風氣和社區成熟度有關，即便是一省之內也存在較大差異。如雙陽河鄉早在 1907 年即由當地鄉約和紳董共同籌議，借關帝廟閒置房屋設立宣講演說會，以資開通民風，宣講諸生所需經費由各紳董自備。地方自發成立的宣講機構須得到官方批准，但此後政府對其運作過程的監管力度似乎不大，宣講內容和宣講人員的選擇都比較自由。此類宣講機構與舊式的鄉約宣講有很多相似之處，宣講活動多以維護地方秩序為出發點。雙陽河鄉紳在請設宣講演說會的理由中即稱當地為「上下之通衢，東西之要衝，五方雜集，循理者故多，為非者亦復不少」，為開通風氣以正人心起見，需設宣講會，遵講聖諭，兼說時事，

〔註10〕朱幼讞，戚名琇，錢曼倩，霍益萍編：《中國近代教育史資料彙編·教育行政機構及教育團體》，上海教育出版社，1993 年版，第 62 頁。

化愚昧之心，杜是非之口。〔註11〕但考慮到吉林於 1907 年始設行省，新設縣治居多，社區成熟度不高，因此多數基層宣講所仍屬官立。

　　官辦宣講所對於聽眾的約束頗多，如《德惠縣官立宣講所試辦簡章》規定，聽講者出入須魚貫而行，不得擁擠，除所帶錢包外，餘物概不得攜入。聽講時宜肅坐靜聽，不得高聲笑談，任意喧嘩，箕踞翹足，逞志吸煙，交頭接耳。如此嚴格刻板的要求，恐怕很難引起一般民眾入所聽講的興趣，儘管政府有啟蒙民眾，引導大眾文化潮流的意願，但顯然缺乏必要的技巧。很多證據表明，這一時期官方對於宣講活動的關注重點主要集中於規範宣講內容，既要去除傳統善書中借神道以儆愚頑的荒謬說辭，又需限制過於激進的言論，保持宣講主旨中正平和。民眾仍然只是被教導的對象，鄙薄民眾認知能力的觀點盛行於社會中上層。如宣講員王福緣在請設村屯宣講所的呈文中所說，「民智愚昧，民情頑梗，大之則為國家累，小之□□（己邑）為社會害」，〔註12〕教導民眾的目的也並非為使其養成國民資格，而只是為了防止那些散處僻壤，終身未睹官容，不知上意的鄉民被訐點者利用，借事生風。通俗宣講本以文化啟蒙為目的，而政府力量的介入又為其增加了維護社會治安的意味，這必然會使通俗宣講的啟蒙色彩大打折扣。

　　需要指出的是，這一時期吉林地方學務頗為混亂，新政舉措繁多，催迫日甚，很多縣屬勸學所都是在設治後一年內成立的，經費不足，人員緊缺問題突出。宣講員、勸學員、自治傳習員，甚至各類養成所教習的崗位多不固定，兼職或職務合併是普遍存在的現象。1906 年，吉林學務處就曾委派監生於家讓赴宣講、勸學、傳習、學監養成諸所宣講，兼勸學生，月支銀十五兩，〔註13〕林伯渠視學各縣時也曾親見伊通州勸學員有名無實，由學堂管理兼任，樺甸縣宣講員則由簡易識字學塾教員兼職，而勸學員和宣講員崗位的互換或合併則更加常見。根據《勸學所章程》規定，二者的職務截然不同，勸學員需為本區居民，熟悉當地情形，負責勸導學區內適齡學童入學，並敦促私塾改為私立小學，號召紳商捐款興學。宣講員則可由勸學總董延聘，專司通俗宣講之職。但在實際運作過程中，勸學員因工作內容模糊，常陷於無事可做的境地，宣講員便由勸學員充任。反之，勸學員的崗位也可能被宣講員

〔註11〕　《吉林教育檔案》，吉林省檔案館藏，J033-02-0730。
〔註12〕　《吉林教育檔案》，吉林省檔案館藏，J033-02-0795。
〔註13〕　《吉林教育檔案》，吉林省檔案館藏，J033-01-0132。

取代，1909 年吉林省勸學所總稽查安銘爲節省開支，曾擬裁退勸學員四名，以巡迴宣講員兼理其職，並認爲二者工作性質僅微有不同，合併職責尚無窒礙。可見這一時期，宣講員的職責權限並不清晰，工作性質也遠未達到專業化的程度。

　　各縣屬宣講所雖多能及時設立，但實際效果卻相差懸殊，這與當地經濟文化狀況和地方官員的重視程度有關。屬繁盛之區的榆樹縣，勸學宣講人員可達二十餘名，每年運營經費近三萬弔，而琿春一地僅有學務宣講所一處，附設於大街閱報所，宣講員也只有一人。新設縣治社區成熟度低，地域寬而財源少，如敦化縣縱橫二三百里，升科熟地僅五萬餘垧，居民不過七千戶，地方財政困難之情狀可想而知。且當地往往缺少地方精英管理，敦化縣科舉時代有學額兩名，而參加考試的生員和童生僅十二三人，錄取者又多爲外屬冒籍所得，磐石縣全境無一名生員，每遇籌款興學等事，阻力甚大。與師範學校、實業學校和普通小學等新式教育機構相比，通俗宣講所所需經費更少，職員要求較低，尚屬易設，因此數量相對較多，分佈範圍也更廣。其中不乏地方官員爲避重就輕，立一二宣講機構以點綴門面，如舒蘭知縣每逢集日必親至講所講演一次者終屬少數。基層宣講員也常有虛應公事之嫌，很少有人預先準備宣講材料，大多是臨講時隨意擇取一些時事書報朗讀一番了事。

　　總體而言，清末新政時期由官方主持的通俗宣講活動在吉林地區並未取得豐碩成果，這既與當時動盪不安的政治社會環境有關，又受吉林行省初建，縣治未設，財政艱窘等因素的影響。與大多數社會改良運動一樣，思想啓蒙活動也很難在短期內取得突破性進展。面對長期浸淫於傳統文化道德體系中的下層民眾，新知識和新觀念的導入將撼動他們習以爲常的價值判斷，其過程必然是艱難的。政府以國家力量努力推進運動的普及和深化體現了政治和文化觀念的進步，而建立各級宣講所作爲規範化的運作系統則爲其後的官方思想啓蒙活動奠定了良好的基礎。不難發現，民國初年的通俗講演所在組織結構、運行模式，以致人事任用方面都與清末宣講所存在明顯的承繼關係。

三、民初通俗教育的開展

　　由知識階層倡導和推動的啓蒙浪潮並未因政權更迭而中斷，民眾教育運動雖一度受挫，陷入低潮，但在民國初年開始出現復興的跡象。1912 年公佈的教育部官制即將社會教育司與普通教育司、專門教育司並列爲總務廳下

屬三司，1913 年的視學規程規定，社會教育及其施設狀況為視學應視察事項之一，1914 年後，社會教育在教育行政中的獨立地位得到正式確認。袁世凱的短暫復辟在某種程度上推動了通俗教育事業的發展，關注民眾啓蒙問題的知識分子希望改變過去將通俗教育視為救助人民學荒之慈善活動的觀點，而使其成為培育健全國民的重要途徑。1915 年 7 月，教育部通俗教育研究會成立，會員包括教育部、京師勸學所、學務局、京師警察廳等眾多政府部門職員，梁善濟、魯迅、黃中塏、祝椿年等人都曾在其中擔任管理職務。該會以研究通俗教育事項，改良社會、普及教育為宗旨，設小說、戲曲、講演三股，經費由教育部直接支給。小說股負責新舊小說的調查、編輯、改良、審核等事項；戲曲股負責排練、改良新舊戲曲及評書，調查搜集市售詞曲唱本；講演股所掌事項最為龐雜，除搜集、審核講演材料，編輯講稿，調查改良白話報、畫報、俚俗圖畫外，其他不屬於各股事項統由該股負責。通俗教育研究會的工作成果頗豐，歷年編譯書籍達三十餘種，審核各式小說，搜集戲劇腳本，與警局合作調查改良戲劇，出版通俗講演稿作為宣講素材，試辦講演傳習所以培養人才，成為推動民國初期社會教育發展的核心。官方的倡導使民間出現興辦通俗教育的熱潮，各省通俗教育研究會和通俗教育會紛紛成立，通俗教育會與其後的通俗教育講演所類似，是實施通俗教育的機構，施教方式主要為講演，地方通俗教育研究會與通俗教育會多係同一機構。1918 年全國通俗教育會已達 232 處，會員超過萬名，除 42 處為公立外，其餘皆為私立。

表 1.2　教育部公佈全國各省通俗教育會概況〔註 14〕

地別	處數	會員數	備考
京兆	1		
直隸	3	292	公立兩處，私立一處
奉天	16	356	公立三處，餘皆私立
吉林	3	90	皆係私立
黑龍江	2	158	皆係私立
山東	20	1571	公立八處，餘皆私立

〔註 14〕中國第二歷史檔案館：《中華民國史檔案資料彙編‧教育》，江蘇古籍出版社1991 年版，第 566～567 頁。

河南	30	1956	公立四處，餘皆私立
山西	8	155	公立三處，餘皆私立
江蘇	12	1012	皆係私立
安徽	2	30	皆係私立
江西	18	923	皆係私立
福建	6	433	皆係私立
浙江	9	373	皆係私立
湖北	19	1441	公立三處，餘皆私立
湖南	4	230	公立一處，私立三處
陝西	12	299	公立三處，餘皆私立
甘肅	9	166	公立一處，餘皆私立
新疆	2	58	皆係私立
四川	24	1022	公立四處，餘皆私立
廣東	4	510	皆係私立
廣西	2	20	皆係私立
雲南	24	1514	公立十處，餘皆私立
貴州	2	283	皆係私立

　　但作為官方研究機構，通俗教育研究會的成員除唐碧、馮亞雄、魏易等少數聘員外，餘多為政府職員，於通俗教育活動未必精通，且對大眾文化的態度趨於保守，這一點在通俗教育研究會對民國早期盛行的通俗小說進行篩選審查時表現得尤為明顯。早在 1915 年 12 月，通俗教育研究會即制定《審核小說標準》，將小說分為教育、政事、哲學宗教、歷史地理、實質科學、社會情況、寓言諧語和雜記八類，每類又分為上、中、下三等，宗旨純正、取材精審、詞意精美、切合國情者為上品，詞義平穩、平正通達、事實不繆者為中品，立意偏激、輕薄佻達、語涉猥褻者為下品。上等小說設法提倡，中等任其發行，下等則須設法限制或禁止。〔註15〕1916 年通俗教育研究會向教育部提交的優秀小說書目包括《馨兒就學記》、《火山報仇錄》、《黑奴籲天錄》、《冶工軼事》、《穡者傳》、《孝兒耐女傳》、《愛國二童子傳》、《秘密使者》共

〔註15〕薛綏之主編：《魯迅生平史料彙編》第三輯，天津人民出版社 1983 年版，第170～171 頁。

八部作品，除包天笑的《馨兒就學記》改寫自《愛的教育》外，其餘皆爲譯著，且多半爲清末宣講所推薦書目，可見這一時期官方對於民眾教育內容的理解與清末並無本質區別。民國初年的很多上層知識分子仍與維新時代的前輩一樣，不願對民眾的欣賞力做出太大讓步，列入禁書的《留東外史》、《簾外桃花記》、《中國家庭黑幕大觀》等作品說明，盛行於市井的黑幕小說、偵探小說、言情小說還很難取得官方認可。訓化人民，定其志向，正其趨向才是通俗教育的目的所在。1917 年以後，以管理者身份自居的通俗教育研究會與日益繁榮的大眾文化脫節的趨勢更加明顯。市場需求使迎合中下階層口味的消閒文學作品大行其道，無論是梁啓超等人倡導的新小說還是五四時期的新文學都無法撼動其在通俗文學領域中的地位，意識形態的主旨此時已讓位於商業利益。1918 年，教育部通俗教育研究會發表勸告小說家勿再編寫黑幕小說的函稿，認爲優良小說應「提倡道德，輔助文藝」，而黑幕小說「無非造作曖昧之事，揭櫫欺詐之行爲，名爲託諷，實違本恉……此類之書流佈社會，將使儇薄者視詐騙爲常事，謹願者畏人類如惡魔。」〔註 16〕同時這封公開信也直言不諱地指出，優良小說勸導社會之力常不敵不良小說誘惑社會之力，因此官方查禁終不如國民自覺，號召小說家們勿逞一時之興會，勿貪微薄之贏利，多著有益小說。1919 年 2 月，《新青年》發表楊亦曾的《對於教育部通俗教育研究會勸告勿再編黑幕小說之意見》，爲黑幕小說辯護。楊氏認爲黑幕小說與現實主義文學潮流相合，所錄之事多陰暗罪惡乃是因爲社會現實如此，讀者閱後生惻隱之心，反有利於保障窮人的生存權。更重要的是，揭露社會弊病，激勵民眾改過遷善同樣是促進道德的方法，因此黑幕小說實爲「普渡眾生，指導迷途的利器」。〔註 17〕這番爭論在某種程度上代表了部分上層知識分子與日益激進的新文化運動間難以迴避的矛盾，楊亦曾對貧富不均，勞資矛盾和同盟罷工等社會問題的關注說明社會主義已在年輕的中下層知識分子中產生影響。而官方色彩濃厚的通俗教育研究會對民眾教育的認知仍與清末時期相差無幾，難以應對狂飆突進的社會思潮。

〔註 16〕嚴家炎編：《二十世紀中國小說理論資料》第 2 卷，北京大學出版社 1997 年版，第 59 頁。

〔註 17〕芮和師，范伯群，鄭學弢：《中國文學史資料全編·現代卷·鴛鴦蝴蝶派文學資料（上）》，知識產權出版社 2010 年版，第 159 頁。

表 1.3　通俗教育研究會職員錄 〔註 18〕

職任	姓名	籍貫	職務
會長	袁希濤	江蘇寶山	教育部次長
經理幹事	高步瀛	京兆霸縣	教育部司長
交際幹事	陳任中	江西贛縣	教育部僉事
庶務幹事	徐協貞	湖北鍾祥	本部僉事
會計幹事	王丕謨	京兆	教育部主事
小說股主任	周樹人	浙江紹興	教育部僉事
戲曲股主任	黃中塏	湖北江陵	教育部僉事
講演股主任	祝椿年	京兆宛平	京師學務局通俗教育科長
小說股調查幹事	劉宗炎	安徽潛山	京師警察廳科員
	王家駒	江蘇丹徒	教育部視學
	孫壯	京兆大興	北京通俗教育會會員
小說股審核幹事	陳寶泉	直隸天津	北京高等師範學校校長
	陳懋治	江蘇吳縣	教育部僉事
	張繼煦	湖北枝江	教育部視學
小說股編譯幹事	徐丹	浙江杭縣	教育部視學
	馮承鈞	湖北夏口	教育部僉事
	吳文潔	江西宜黃	教育部主事
戲曲股調查幹事	樂達義	京兆大興	京師警察廳勤務督查長
	梁咸熙	京兆大興	京師警察廳科員
	李廷瑛	京兆宛平	教育部主事
戲曲股審核幹事	曾廣源	湖北江陵	北京政法專門學校教務主任
	周慶修	浙江杭縣	教育部編審員
	洪逵	安徽懷寧	教育部僉事
戲曲股編譯幹事	毛邦偉	貴州遵義	教育部編審員
	沈彭年	江蘇青浦	教育部僉事
	宋邁	浙江吳興	教育部辦事員

〔註 18〕薛綏之主編：《魯迅生平史料彙編》第三輯，天津人民出版社 1983 年版，第
147～154 頁。

講演股調查幹事	閔持正	江西奉新	京師警察廳科員
	常國憲	湖南衡陽	教育部主事
	佟永元	京兆大興	京師學務局通俗教育科員
講演股審核幹事	吳震春	浙江杭縣	教育部僉事
	張孝曾	浙江安吉	北京大學學監主任
	楊天驥	江蘇吳江	教育部視學
	陳恩榮	直隸天津	北京高等師範學監
講演股編譯幹事	張紱	浙江永嘉	分部任用人員
	孫自璋	浙江杭縣	教育部主事
	包庸	京兆宛平	京師學務局勸學員
	郭延謨	江蘇丹徒	教育部辦事員
小說股會員	李基鴻	湖北應城	教育部辦事員
	趙夢雲	京旗	教育部辦事員
	許寵厚	京兆	教育部主事
	張聯魁	山西代縣	北京農業專門學校
	齊宗頤	直隸高陽	教育部視學
	朱文熊	江蘇崑山	教育部編審員
	戴克讓	浙江杭縣	教育部主事
	朱頤銳	湖南衡陽	教育部主事
	裘善元	浙江紹興	教育部辦事員
戲曲股會員	胡家鳳	江西南昌	教育部主事
	李世英	直隸任邱	北京師範學校學監
	許繩祖	浙江紹興	北京工業專門學校教員
	葛成勳	江蘇嘉定	北京醫學專門學校教員
講演股會員	李實榮	湖北孝感	教育部辦事員
	金庚緒	京兆宛平	北京教育會會員
	趙毅	京兆大興	京師學務局勸學員
	梁錫光	京兆	北京教育會會員
	張廷霖	浙江杭縣	北京女子師範學校教員
聘員	唐碧	湖南永明	本會聘員
	馮孝思		本會聘員
	魏易	浙江仁和	本會聘員

翻譯員	虞錫晉	廣東番禺	分部任用人員
	劉熊	浙江鎮海	分部任用人員
	張愷	湖北鍾祥	分部任用人員
名譽會長	梁善濟	山西崞縣	前本會會長
小說股名譽會員	劉抱願	江蘇江寧	化石橋法政學校教員
	陳兆琛	江蘇丹徒	化石橋法政學校教員
	陶鑄	江蘇丹徒	
	畢惠康	湖北蘄水	前本部秘書
	廖琇崑	福建閩侯	京漢鐵路局總管理處考工科科員
戲曲股名譽會員	嵩堃	京旗	
	溥侗	京旗	總統府顧問
	烏澤聲	京旗	國華報經理
	王勁聞	安徽英山	大理院書記官
	恒鈞	京旗	蒙藏院編纂員
	齊宗康	直隸高陽	
	曾澤霖	江蘇上海	中西音樂會會長
	高壽田	江蘇上海	中西音樂會學監
	王益保	直隸天津	內務部
	周岐	直隸天津	中華書局經理
	鄧文瑗	廣東香山	前本部秘書
	張毓書	京兆宛平	內務部編纂會編纂員
	袁祖光	安徽太湖	
	許鴻逵	江蘇太倉	
講演股名譽會員	林兆翰	直隸天津	籌辦京師模範通俗教育講演所所長
	王金綬	直隸豐潤	軍政宣講處監督
	曹振勳	直隸安新	教科書編纂處員
	彭詒孫	江蘇吳縣	京話日報主任兼塔爾巴哈臺參贊公署駐京委員

　　教育部通俗教育研究會的實踐反映了民國初年社會教育活動的兩個特點。其一是政府極力嘗試主導民眾啓蒙運動的潮流，對各項通俗教育活動內容進行嚴格控制和管理，但對於流行文化持鄙薄排斥態度無益於擴大通俗教育的影響力；其二是國家意識形態的分裂影響著民眾教育活動的開展。倡導

和參與民初通俗教育活動的知識分子來源複雜，觀點各異，既有傳統教育制度下培養的舊式知識分子，也有接受過西式教育的新型知識分子，啓蒙民眾的必要性固爲雙方共識，但於教導民眾的方式及內容則存在分歧。

在各類民眾教育活動中，通俗講演因其成本低廉，受眾較廣，方式靈活，益於操作，成爲深受推崇的啓蒙形式。民國時期的學者普遍認爲，當時中國的文盲率在八成左右，通俗講演以淺近通達的語言向普通民眾發表意見，使民眾易於接受，具有超文字的功效。政府也很快將講演作爲向下層社會輸入官方意識形態的重要工具，1915 年 10 月，教育部頒佈《通俗教育講演規程》，對講演內容做出規範，規定通俗講演分爲普通和特殊二種，普通講演要項包括鼓勵愛國、勤勉守法、增進道德、灌輸常識、啓發美感、提倡實業、注重體育和勸導衛生，共計八類。特別講演則於出現臨時事變時進行，或在特別場所如工場、監獄、感化院內舉辦。講演稿雖由講員擬編，但須選印成冊，定期匯送教育部審核。講員不可任意藉端講演，否則由該管官廳禁止或處分。同時教育部還頒佈《通俗教育講演所規程》，通令各省、縣、市鎮設置講演所，「省會地方須設置四所以上，縣治及繁盛市鎮須設置二所以上，在鄉村各地方，由地方長官酌量推行。」〔註 19〕與清末宣講所不同，通俗教育講演所此時已取得獨立的行政地位，機構組織也更加完善。其職員構成包括所長一人，負責綜理全所事務，講演員若干，辦事員一二人，皆承所長指揮，分任講演及各項庶務。相對明確的職責和權限設定有利於通俗教育講演所的長期發展，簡單明瞭的組織結構既便於管理，又可以有效限制官僚機構的膨脹。此外教育部還嘗試將私立講演機構納入官方管理體系，要求通俗教育講演機關一律稱爲通俗教育講演所，標明公立或私立字樣。私立講演所的設置和人員構成均須得地方長官核准，並詳報地方最高行政長官備案，成立一月後還要諮陳教育部查核。如不遵守通俗教育講演規程，則由地方長官停止或解散之。以上措施表明，官方已將通俗講演所視爲由政府主導之社會動員體系的一部分，並嘗試通過整合國家和社會力量促進其發展。

1916 年以後，通俗教育講演所的建設進入快速發展時期，至 1918 年已初具規模。五四學生運動激發的愛國熱情又使巡迴講演活動盛行一時，種類繁多的巡迴講演團穿梭於各地，使講演爲更多民眾熟知，成爲通俗講演活動興

〔註19〕宋恩榮、章咸：《中華民國教育法規選編》，江蘇教育出版社 2005 年版，第 533 ～534 頁。

盛的一大助力。教育部的統計顯示，1921 年全國已有講演所 1881 處，巡行講演團九百餘個，〔註20〕可謂盛極一時。1922 年以後，各地通俗教育機構陸續進行整合，很多講演所併入通俗教育館，與圖書館、體育場、博物館等其他教育設施相比，講演所的運作最具可操作性，因而講演仍是通俗教育活動的中堅。

　　綜上所述，自民國肇興至二十年代前期是通俗講演活動的繁榮時期，各地通俗講演所的設立有效保障了講演活動的制度化，爲國家意識形態向底層社會輸入提供途徑，但基層講演所與清末宣講所在人員構成方面存在的承繼關係可能影響新思想的傳播。

第二節　吉林通俗教育講演所的運作

一、講演所的設立

　　現存資料表明，民國初年吉林省垣最早出現的通俗教育講演機構可能是學界士紳自發組建的通俗教育講演會。該會於 1915 年 3 月成立，以開啓人民知識，使社會一般人民均養成國民資格爲宗旨。由姚錫慶出任會長，初兆聲、鄭秉璋爲副會長，講演員包括趙維東、沈殿、李潤民、沙鍾河、郭振風、王宇熙、周寶濂、楊蔭溥共八人，負責吉林省城及周邊鄉鎮地區講演，城區分三區，講員三員，鄉區分五區，講員五員。同時創辦通俗教育白話報以爲輔助，該報每星期日出版二張，分寄城鄉及省內外各會社，不取報資。1915 年11 月，遵照部頒《通俗教育講演所規程》，通俗教育講演會改組爲吉林縣公立通俗教育講演所，縣署委任姚錫慶爲該所所長，綜理全所事宜，其講演員額數悉仍其舊，全年所需經費共兩千弔由吉林縣學款項下支領。1916 年 3 月，省立通俗教育講演所成立，委派陳壽昌爲所長，下設講演員四名，辦事員兩名，後因臨時宣講時人員不敷分配，又增設講習員二人。該所地處吉林省城學院街，城區內另設分所四處，並配有通俗閱報室，專司省垣通俗講演事宜，經費由省教育費項下直接支給，是當時省內規模最大的通俗教育機構，而原吉林縣立講演所則改爲在省城周邊四鄉巡迴講演。

　　除省城和長春等少數繁盛地區外，吉省其他縣屬於興辦通俗教育講演所

〔註20〕陳禮江：《民眾教育》，商務印書館 1935 年版，第 27 頁。

大多不甚積極。因縣知事的考核項目主要集中於稅收、實業和司法領域，學務考核也僅限於正規教育體系，社會教育並不在評定之列，加之很多縣財政收入微薄，實心舉辦者寥寥亦不難理解。巡按使公署自 1915 年起要求各縣組織創辦講演所，一年後仍無成效，縣知事或謂講員難覓，或稱經費無著，一味拖延搪塞。公署指責知事「身任地方，於簿書錢穀之外，竟不知化民成俗為何事」，〔註21〕並屢次嚴辭催促，要求限期創辦。直到 1916 年後，各縣講演所才陸續創辦，當年統計資料顯示，截至七月底，吉林全省公立講演所共 39 處，職員已達 73 名。〔註22〕但基層講演所的數量仍未滿足《通俗教育講演所規程》中關於縣治及繁盛市鎮須設置二所以上的要求，且存在分佈不均的問題，全省三十七縣中，尚有十六個縣未設置講演所。有相當數量的講演所是直接由宣講所改組而成，除統一名稱和編制外，人員變化不大。部分講演所僅有職員二三人，甚至一人，職員薪水由地方長官酌定的要求使很多縣傾向於使用義務講演員或兼職公務人員，穆稜、磐石、舒蘭、虎林等縣講員皆係義務講演，琿春縣講員則全部由勸學所職員兼任。支薪講員的收入水平差別也很大，如吉林縣立講演所講員月薪 17 元，而濛江縣講員每月僅得吉洋 8 元，富裕地區還會給予講員額外的伙食及車馬費補貼，偏僻縣屬講員多需自理膳宿。基層講演所很少得到有效的財政支持，興辦及運作事宜幾乎完全依靠當地政府，上級行政部門只承擔監管之責。多數公立講所預算經費主要視地方經濟水平而定，1916 年省立講演所的預算高達 6800 元，吉林縣立講演所的全年經費則是 1380 元，而磐石縣立講演所的開支僅為 688 元。除省立講演所經費相對充裕外，基層講演所的全年運作經費多在一千元以內。

表 1.4　1916 年吉林省通俗教育講演所調查表

設立名稱	成立日期	職員姓名	職員資格	備考
省公立通俗教育講演所	1916年3月10日	陳壽昌所長	曾任北京實業學校校長，蒙藏白話報編輯	該所係本年度起組設，以為全省模範，所長由巡按使委任，講演員由所長遴選所聘，詳報巡按使查核。該所尚有講習員二員，酌給津貼以資練習，一俟積有經驗再行補聘。六月中
		姚錫慶	曾充吉林縣公立講演所所長	

〔註21〕《吉林省政府檔案》，吉林省檔案館藏，J101-05-1730。
〔註22〕《吉林省政府檔案》，吉林省檔案館藏，J101-05-1730。

		李潤民	曾充吉林縣公立講演所講演員	講演員劉珠辭職，另聘吉林省中學校畢業生邵永年爲講習員，講演員李潤民曠職辭退，改聘講習員谷連芳、矯廷傑爲講演員。該所章程第十一條，本所得管理同性質之寄附物等語，殊未明瞭，飭令修正，旋即刪除，以歸簡易。再該所現已設立分所二處，一在河南街，一在牛馬行，其德勝門外一處現正修建，尚未設立。
		劉珠	吉林省立講演練習所畢業，曾充吉林縣立講演所講演員	
		趙維東	曾充吉林縣立講演所講演員	
吉林縣公立通俗教育講演所	1915年3月1日	初兆聲 所長	吉林師範學校畢業	該縣城區合爲三區，鄉區分爲五區，因省垣已經另組省立講演所，城區講員批飭裁撤，尚未據覆。茲照原報表編列，其講演員資格應俟詳報再行匯轉。
		趙維東		
		沈殿	歷任吉林地方自治宣講所、縣立通俗講演所講員	
		李潤民		
		沙鍾河		
		郭振風	自治研究所畢業，歷充初等小學教員	
		王宇熙	吉林講演練習所畢業	
		周寶濂	吉林講演練習所畢業	
		楊蔭溥		
長春縣公立第一通俗教育講演所	1911年2月	白雲深		按該所據稱，開辦時係名宣講所，於民國三年二月改稱通俗教育社，現遵飭改正。講員資格俟補報再轉。
		劉鍾澍		
長春縣公立第二通俗教育講演所		鄭維三		按該所據稱，開辦時係第一宣講所，現遵飭改正，名稱餘同上。
		業景廉		

		宋錫譽 所長	師範畢業，現充女校校長及勸學員	按該縣詳報表名稱不一，業經批飭更正，並詳報講員資格
伊通縣公立通俗教育講演所	1909年2月10日	崔雁峰	曾充國民學校教員	
		王家禎	吉林省中學校畢業	
		吳志雲	吉林省中學畢業，曾充伊通學務委員	
		王文金	伊通簡易師範畢業	
		劉仁鎔	伊通簡易師範畢業	
		閻模楷	曾充兩等小學教員	
		李興華	吉林省中學校畢業，係地方紳董，夙有學望	
濛江縣公立第一通俗教育講演所	1916年1月1日	安廷階 所長	現充濛江縣商董，夙有學望	
		吳純正	縣一區紳董，夙有學望	
濛江縣公立第二通俗教育講演所	1916年1月1日	藺有宗 所長	縣一區紳董，夙有學望	
		陳濱生	曾任濛江縣立第一小學校教員	
濛江縣第一區巡迴講演	1916年1月1日	孫省三	縣屬紳董，夙有學望	
濛江縣第二區巡迴講演	1916年1月1日	王化銘	奉天中學畢業生	
濛江縣第三區巡迴講演	1916年1月1日	於景陽	安東簡易師範畢業，縣三區紳董，夙有學望	

濛江縣第四區巡迴講演	1916年1月1日	王義	縣四區紳董，夙有學望	
農安縣公立通俗教育講演所	1916年5月	李雲章	吉林自治研究所畢業紳董	
		張桂榮	七區紳董	
		於樂三	三區紳董	
		宋邦興	吉林講演練習所畢業	
		李文秀	農安師範學堂肄業，九區紳董	
		張崇時	吉林自治研究所畢業，八區紳董	
		彭紹璞	吉林師範學校肄業，二區紳董	
		李宗脣	農安自治研究所畢業，六區紳董	
樺甸縣公立通俗教育講演所	1916年5月1日	王鳳翱所長	樺甸縣勸學所所長	
		許國昌	吉林師範傳習所畢業	
		侯振才		
		牟天增		
		王振華		
濱江縣公立通俗教育講演所		吳順生		
		張果良		
同江縣公立通俗教育講演所	1915 年 11 月	程澤溥	現任同江縣立小學校教員	

磐石縣公立通俗教育講演所	1916年2月24日	梁禹卿	自治研究所畢業，紳董，曾任義務講員，並講愛國說簡章一份	該員等係屬義務
		王作霖	吉林省立師範學校畢業，曾任義務講員，並講愛國說簡章一份	
同賓縣公立通俗教育講演所	1915年1月1日	王炳辰所長		
		趙文彬		
		曹桂芳		
德惠縣公立通俗教育講演所	1916年3月15日	李兆鳳	吉長道立師範學校畢業	
德惠縣太平鎮私立通俗教育講演所	1915年6月1日	王星樓		該縣曾設公立宣講所二處，旋因講員無著，隨即停辦
德惠縣郭家屯私立通俗教育講演所	1915年7月6日	宋邦興		
舒蘭縣公立通俗教育講演所	1914年11月	楊彞庭		該縣講演素盡義務，講員資格報到再轉
舒蘭縣公立法特哈門通俗教育講演所	1914年11月	李占一		
賓縣公立通俗教育講演所	1915年5月1日	葛經世		
延吉縣公立第一通俗教育講演所	1910年11月	張斌		

延吉縣公立第二通俗教育講演所	1915年8月	李祥熹	廣文大學校畢業	
琿春縣公立通俗教育講演所	1916年2月	何廉惠所長	琿春勸學所所長	
		楊銘勳	琿春名譽勸學員	
		徐景昌	省立初級師範畢業，現任高小校長	
		孟廣泰	琿春名譽勸學員	
額穆縣公立通俗教育講演所	1914年1月3日	常占勤所長	直隸保定高等師範畢業	
		關俊彥		
汪清縣公立第一通俗教育講演所	1915年8月4日	姜懋	直隸師範畢業	
汪清縣公立第二通俗教育講演所	1915年3月1日	陳希賢	奉天兩級師範畢業	
方正縣公立通俗教育講演所	1913年12月1日	陳丙午	吉林講演練習所畢業	
虎林縣公立第一通俗教育講演所	1914年10月15日			按該縣第一講演所無專員，由縣署人員輪流講演，第二第三兩所講員係義務
虎林縣公立第二通俗教育講演所	1915年9月26日	孫象田		
虎林縣公立第三通俗教育講演所	1915年9月26日	馬鳴珂		

綏遠縣公立通俗教育講演所	1916年3月1日	任九如	現任縣立小學教員	

資料來源：《吉林省政府檔案》，J101-05-1756，J101-05-1730。

二、講演所的組織結構

　　吉省通俗教育講演所的內部組織結構基本遵照《通俗教育講演所規程》的要求，包括所長、講演員和辦事員，權責尙屬明確，職員也多能控制在五人左右，一改晚清地方機構臃腫龐雜之弊。所內人員構成以講員爲主，辦事員之職常由所長或講員分擔，不另聘他人。講員因任職資格有明確要求，且需要一定的經驗技能，已呈現專業化趨勢，由勸學員或教員兼任的現象大爲減少。相對而言，所長的任用隨意性稍大，地方官員傾向於選擇有長期教學經歷並擔任過管理職務者。一縣之地，候選人往往有限，因此所長大多由校長、勸學所所長或教育行政管理人員兼任。如樺甸縣講演所所長王鳳翱，爲當地勸學所所長，伊通縣講演所所長宋錫譽是女校校長，並兼地方勸學員，琿春縣講演所所長何廉惠爲琿春勸學所所長，吉林縣兩任所長韓瑞汾和孫果三其時分別擔任視學和師範講習所學監。

　　總體而言，民國初年任所長者多屬當地素有學望、熱心教育之士，很多人早在清末即接受師範教育並從事相關工作多年。如吉林縣立講演所第五任所長張清修，畢業於縣師範傳習所，任高等小學主任教員長達五年，其後充縣立勸學員九年，期間創辦小學五十餘所，因辦學成績卓著獲甲等教育金質獎章兩次。〔註23〕宋錫譽則以附生身份入伊通州師範傳習所，1906 年畢業後任當地兩等小學堂教員，1911 被推舉爲伊通州教育分會副會長，在任期間極力整頓學務，調整學級，從儉辦學。民國後又出任縣立女子高等小學校長，始終熱心奉職，克服了校舍狹隘，設備缺乏等困難，努力改善辦學條件，深得眾望。教學之餘還著有《中庸義錄圖解》、《大學集義圖解》和《孝經論》三部著作，並主筆編修地方志。〔註24〕何廉惠的經歷與宋類似，他畢業於上海單級教育講習社，任琿春副都統衙門筆帖式時即呈文申請辦學堂，清末新政時期歷任學務宣講所所長兼自治研究所教員，自治籌辦公所副所長，琿春

〔註23〕《吉林縣立講演所檔案》，吉林市檔案館藏，34-1-23。
〔註24〕伊通縣志編纂委員會：《伊通縣志》，吉林文史出版社 1991 年版，第 972 頁。

廳議事會會員，吉林諮議局議員。1913 年被選爲琿春縣教育會會長，其後擔任過勸學所所長、勸學員、視學等多個職務。擔任勸學所所長期間，何廉惠按戶口實際情況和道路遠近劃分學區，在各區設立小學，並嚴格管理學田學產，充實教育經費，實行免費勸學法，使入學率大爲提升。至 1928 年，當地學齡兒童就學率已達 75%，在當時可謂成績卓著。〔註 25〕這一時期出任講演所所長者大多爲十九世紀六七十年代生人，其文化觀念雖未必緊隨時代，但也並非極端保守派。他們對傳統文化的天然親近感可能表現爲著書立說，闡釋經典，同時也會主動學習外來文化，接受新鮮事物。何廉惠在請設學堂的呈文中批評私塾教育無益於青少學子，主張設立新式小學堂以養成國民常識，說明他的觀點至少與清末民初主流教育思想相符，此後所著的《世界宗教源流考》更說明其學術視野並不局限於傳統文化。1928 年以後，講演所管理者的整體素質似乎略有下降，甚至有從辦事員直接升爲所長者。

　　學務經驗豐富，且具有強烈的民族主義情節是民初通俗教育工作者的特點之一。如吉林縣立講演所首任所長初兆聲是省城抵制日貨、維持國貨運動的倡導者之一，任省立模範小學校長時就曾勸令各班學生儘量使用本國製造的衣物用品，所需之品實爲本國所無者方可購用外國貨，然尤不可多用，以免將利權爲外人所奪。調任女子師範學校校長後又組織學生向親友派發國產火柴，以此爲宣傳振興國貨之法。〔註 26〕何廉惠也曾於 1932 年因「反滿抗日」的罪名遭日本特務機關逮捕，獲釋後被監視居住，不得離開琿春。管理者的價值取向必然會對講演活動產生影響，而講員由所長挑選推薦的人事制度則加強了這一效應。此外，民初吉省通俗教育講演所所長還多爲地方事務中的活躍人物。同賓縣講演所所長王炳辰曾是當地自衛組織練長，先後率領練勇擊退鬍匪湖南劉和郝文駁對縣城的攻擊，宣統年間又成爲速開國會請願活動的領導者，組織六百餘人聯名上書吉林巡撫，要求立即召開國會。他在請願書中駁斥了人民程度不足，不能即行立憲的論調，指出「民情隨政府爲轉移，斷無強項不從，而自甘化外，若必待人人皆知國而忘家，公而忘私，方可謂程度文明，竊恐唐虞之治亦未克臻」。〔註 27〕而東省地處強鄰環伺之地，情勢

〔註 25〕琿春市地方志編纂委員會：《琿春市志》，吉林人民出版社 2000 年版，第 841～842 頁。

〔註 26〕《初校長提倡國貨熱》，《盛京時報》，1915 年 3 月 7 日，第六版。

〔註 27〕吉林省檔案館、吉林省社會科學院歷史所編：《清代吉林檔案史料選編·辛亥革命》，吉林人民出版社 1981 年版，第 105 頁。

危急，唯有速開國會方能使君民一體，萬眾同心，挽狂瀾於既倒。前文提到的何廉惠在兼任路工處總董期間，負責修築了琿春通往長嶺子、沙坨子和延吉的公路，又呈請籌設汽車場和電話公司，開通琿春和延吉間的汽車運輸，使琿春城內通了電話。初兆聲則參與過驅逐吉林都督陳昭常的活動，又在1916年吉林紳民反對熊正琦、李哲濬、聶汝魁等人的控官案風潮中扮演了重要角色。

綜上所述，通俗講演所所長們的政治立場似乎更接近於清末新政時期的立憲派，對地方自治尤具熱情，同時也帶有強烈的國家主義傾向。對這一時期的很多知識分子而言，二者並不矛盾，國家強大無疑是積極的好事，很多人還寄望於通過政府力量改造社會，而由國家授權的地方自治體系取代傳統自治系統被認為是合理的。大部分講演所所長可以在晚清和民國兩個政府中任職，一方面說明他們的長期教育工作經驗得到認可，另一方面也反映出民初地方政府與其前代相比，無論觀念還是運作方式都沒有本質性變化。

《通俗教育講演所規程》中對所長職責的定位相當模糊，講演所的實際運作狀況顯示，所謂綜理全所事務大體包括三項工作。其一是人事管理，主要指講演員的挑選和推薦。大部分講員都是由所長向地方長官推薦，經批准後錄用，上級很少直接任命講員。所長選擇的講員除本人須滿足講演所規程之各項要求外，常為舊時同僚、同學或由在任講員推薦者。這種特殊關係於管理工作頗多窒礙，表現之一是不稱職講員往往因礙於情面無法及時撤換。吉林縣講員張鳳昌講演不力，當地居民屢在縣屬呈控，但所長趙經柢礙於同寅之誼並未撤差，直到新所長到任後才被撤換。〔註28〕1925年以後，隨著講員辭職現象日趨普遍，講演所內部人事變動頻繁，由教育局直接委派的講員數量有所增加。管理講演所運作經費是所長的第二項重要工作，如前所述，通俗講演所經費並無統一規定，由當地政府酌情撥給，因此各所每年所得經費相差懸殊，部分縣屬基層講演所年度運營經費僅為省立講演所的十分之一。吉林省政府會計年度為當年七月至次年六月，很多所長自每年五六月起便需與縣公署反覆溝通，往往遷延數月才能確定最終數額。講演所的開支情況顯示，絕大部分經費用於支付職員薪金，約占總額的八成左右，其餘款項多用於購置基本辦公用品，包括紙張、筆墨、油燭、柴炭等，很少有餘款置備《通俗教育講演規則》中要求的輔助設備。因講演所運營資金相當有限且

〔註28〕 《吉林縣立講演所檔案》，吉林市檔案館藏，34-1-23。

用途固定，所長每年除申請經費外，鮮有財務工作。監督講員的日常工作也是所長的職責之一，除督促講員按時塡寫講演報告表，定期提交優秀講演稿外，每半年還需至駐講地點檢查一次。

　　值得注意的是，因大部分所長爲兼職，他們在講演所的日常運作中並不扮演關鍵性角色，也很少按照《通俗教育講演所規程》的要求承擔講演工作，具體管理事務多交由辦事員處理。辦事員是講所內薪金最低的職位，1918 年吉林縣立講演所講員月薪爲 19 元，辦事員僅爲 10 元。〔註29〕辦事員的工作內容極爲瑣碎繁雜，所內大部分公函往來都由他們處理，主要包括接收上級指令和起草工作彙報。除負責文書工作外，還要定期採買辦公用品，檢查講員報銷憑證，代所長批准講員的請假要求等。辦事員位微權重的問題導致兩個後果，其一是他們的權力逐漸擴大，並成爲對講演所管理事務最爲熟悉的職員，1928 年以後由辦事員直接提升爲所長的現象開始出現，但辦事員對通俗教育工作未必精通；其二是辦事員的財務權力過大且缺乏監督，導致講員控告辦事員侵吞公款的案例時有發生。雖經縣公署調查，多爲查無實證，但多少反映出講演所內部權責分配失衡的問題。規模較小的縣立講所多不雇辦事員，文書工作由所長或講員自辦，僅用一二夫役處理雜務。

　　講員是構成講演所的主體，他們人數最多，工作最爲繁重。除履行日常講演職責外，通俗講演所主持下的其他教育活動也多由他們實施。如管理巡行書庫、推廣國音國語、監督改造說書生等。1916 年吉林省通俗教育講演所調查表顯示，民國初年吉省講演員履歷基本符合《通俗教育講演所規程》要求，大部分人接受過中等程度教育，擔任過勸學員或學校教員者占相當比例，少數人還接受過專業的通俗講演培訓。但對於偏僻縣治而言，合格講員仍屬難得，樺甸縣講演所四名講員無一符合要求，侯振才、牟天增、王振華三人僅爲高等小學畢業，許國昌則不滿二十五歲。〔註30〕但因該縣知事一再聲明，縣境內實無適當人選，最終也不得不降低標準，姑予照准。在通俗講演所創辦早期，兼職講演員仍普遍存在，如虎林縣講員孫象田和馬鳴珂均爲當地縣署職員，額穆縣講員由國民學校教員輪流擔任，綏遠縣講員任九如是小學教員。大量任用兼職講員有利於節省開支，除少數巡迴講員需額外補貼膳宿交通費外，多數人都是純盡義務，不支薪水。補貼金額也往往極其有限，穆稜

〔註29〕　《吉林縣立講演所檔案》，吉林市檔案館藏，34-2-40。
〔註30〕　《吉林省政府檔案》，吉林省檔案館藏，J101-05-1730。

－51－

縣講員每人每年所得補貼僅四百弔，全縣每年用於籌辦講演活動的資金不超過兩千弔，折合大洋約 200 元。〔註31〕1920 年以後，講員兼職現象明顯減少，吉林、長春等繁盛地區的講員率先實現了專業化，但部分縣的通俗講演活動直到三十年代後仍主要由兼職講員辦理。

三、講演所的日常運作

　　民國初年吉林省地方教育經費大致有三個來源。其一是國家撥款，在 1915 年頒佈的各省教育廳經費規定中，吉林與陝西、甘肅、新疆、黑龍江、雲南、貴州、廣西等省併列為三等地區，每年可得 18200 元。〔註32〕但此款項只用於支付教育部直屬機關開支，專門教育、普通教育及義務教育等經費仍由地方財政支出。其二是地方政府直接籌集的教育經費，歸屬於縣自治財政系統。起源於清末新政時期的地方自治財政體系，其初衷無非是為了榨取地方財富，避免改革措施過度損耗官款，各地為籌辦新政紛紛設置種類繁多的稅收名目，其中的大部分都延續至民國時期。1913 年的分稅制改革嘗試將地方稅界定為地方自治團體因處理自治事務諸經費所徵收之租稅，並把屠捐、牲畜捐、魚捐、雜貨捐等稅種列為地方稅收項目。傳統上，屠宰稅和坰捐是地方教育經費的大宗，但當時吉林省各縣尚未嚴格貫徹教育專款制度，很多地區也未指定某項稅收為教育用款，根據需要將某項收入撥出作為臨時經費的做法在興辦通俗教育活動時極其常見。其三是學田地租收入，吉林學田多由官方管理，學田進租仍是縣屬各鎮鄉學校經費的基本來源。但此項收入受年景豐歉及糧價起伏的影響頗大，若災歉頻仍，學租必會有所折耗，即便年景豐登，最終收入也要視糧價高低而定。1915 年吉林各鄉鎮學校就曾因秋季糧價低落，收入大減，難以償還商戶借款，以致虧累甚巨。〔註33〕各縣對於學租的管理方式不一，部分地區將此進款加入教育經費項下，統一支配，還有一些地區則將學租用於支付指定學校用款。綜上所述，吉林省各縣興辦通俗教育活動的經費主要來自於地方自治財政系統，大多使用稅捐餘款，缺少穩定來源。全縣教育費除用於行政管理和學校教育外，可供社會教育支配的資金往往相當有限。

〔註31〕　《吉林省政府檔案》，吉林省檔案館藏，J101-05-1730。
〔註32〕　《各省教育廳經費之規定》，《盛京時報》，1915 年 7 月 2 日，第三版。
〔註33〕　《鄉學款項之艱窘》，《盛京時報》，1915 年 3 月 25 日，第六版。

通俗講演所的工作內容大致相近，日常活動即是組織通俗講演，但運作方式有所區別，可分爲城內駐講和巡迴講演兩類。城內駐講者如省立講演所，三處駐講點分別設在河南街、牛馬行和德勝門外，全部位於城垣內，由講員逐日赴所講演。巡迴講演所的運作方式相對複雜，以吉林縣立講演所爲例，下屬講員分爲東西南北四路，每路由一人負責，不定期調換，承擔吉林省城周邊共二十個鄉鎮地區的巡行講演工作。東路講演點包括烏拉街、缸窯、尤家屯、雙岔河和江密峰，西路講演點包括波泥河、樺皮廠、二道溝、西營城和段家屯（後改爲太平村），南路講演點包括三家子、雙河鎮、岔路河、一拉溪和大綏河，北路講演點包括下九臺、葦子溝、木石河、上河灣和其塔木。各講演點均爲當地人口繁盛處，大多有集日，便於聚集聽眾。相鄰駐講點的距離通常不超過一日腳程，講員可朝發夕至，逐日講演。巡講路線及每地停駐時間並無硬性規定，由講員根據聽眾人數和反應自行決定是否移駐他地，但每兩月須巡行該路各鎮一周，每個巡行週期內，須在各鎮至少駐講十日。〔註34〕除以上固定駐講點外，每逢七八兩月農忙之際，市鎮無人聽講，講所即組織屬員深入村屯講演，暑期巡講歷時近兩月，所及村鎮可達三十餘處。寒假則聘請各鄉士紳在當地就近組織講演，爲期較短，多在半月內結束。〔註35〕吉林全省各縣情況複雜，除省城及周邊鄉鎮地區講演由省立講演所和吉林縣立講演所分擔外，大部分縣屬基層講演所採取城內講演和巡迴講演相結合的模式。如磐石縣講演所講員二人，一員常駐城內講演，一員赴鎮鄉巡迴講演。濛江縣講演所則因民戶寥落，不設固定辦公地點，依巡警區劃分講演範圍，將全境分爲四區，每區各設巡迴講演員一人。

城內講演一般在通衢要道或繁盛商圈設有專門講堂，由講員每日於固定時間登臺講演，便於聽眾按時到場聽講。巡迴講演則多採取露天宣講的形式，時間安排相對自由。講員攜縣公署頒發的身份憑證，到境後聯繫當地警局，警局查驗身份後再派員協助組織講演。講題及時間須先期揭示，非有正當理由不得變更或停講。講演時長各地要求不一，多爲二至四小時，起訖時間視當地情形及節令氣候酌定。1922 年以後，根據省教育廳發佈的《整理各縣通俗教育講演所辦法》規定，縣治內講所每月講演須在二十五日以上。〔註36〕

〔註34〕《吉林縣立講演所檔案》，吉林市檔案館藏，34-1-31。
〔註35〕《吉林縣立講演所檔案》，吉林市檔案館藏，34-1-12。
〔註36〕《吉林縣立講演所檔案》，吉林市檔案館藏，34-2-47。

講員假期與一般公職人員不同，爲星期日及國慶日翌日，以便充分利用假日民眾閒暇時間較多之機進行講演。與清末宣講活動相比，通俗講演的組織方式和氛圍都更加寬鬆。講演中到場的警員僅負責維持現場秩序，很少監督講演內容。取消了宣講所中對於聽眾的各項嚴苛要求，任何人都可到場聽講。

作爲地方自辦項目，通俗講演活動的成效與當地官員的態度關係甚大。如農安縣知事樂紹奎一貫注重教育，除經常下鄉考察各學堂成績外，還親自評閱各校試卷，並自備獎品費款八十餘元，獎勵成績優秀的學生。在他的主持下，該縣通俗教育活動也頗爲發達，1915 年即重設教育宣講所，並於當年10 月 23 日開講。知事先親自登臺演說愛國之要言，繼而由講員演講教育普及之宗旨及中日雜居之對待，臨去時又發給聽眾勸告國民愛國說一本，懇切勸導人民與國家之關係，一般聽講者皆知識頓開，喜形於色。〔註 37〕爲克服夏季暑熱之時聽眾稀少的問題，講演所還置備留聲機一臺，隨時開唱，待人多再行正式講演。農安縣講員的薪水也遠高於多數地區，八名講員收入皆依據各區國民學校職教員薪水比例制定，一改社會教育工作者收入低於學校教員的局面。城內講員李雲章月薪爲 26 元，其餘巡行講員每月支給伙食補貼 14元，講所全年經費超過 1400 元，甚至高於吉林縣立講演所。〔註 38〕資金充裕，待遇優厚，有利於構建素質較高的講員群體，當地通俗講演活動屢獲讚譽也就不足爲奇了。

縱觀吉林全省通俗教育講演所的發展歷程，大致可分爲三個時期：1916～1918 年是通俗講演所的創立時期，各縣講演所多在這一時期陸續組建完畢；1918～1922 年爲通俗講演所的建設時期，這一時期的主要工作是規範基層講演所工作流程和考核標準。以 1918 年和 1922 年公佈的《整頓各縣講演所辦法》爲標誌，督促各縣講所嚴格依照人事任用標準選擇講員，遵守工作時間安排，認眞審核講稿，按期填表造冊，彙報講演情形，對於不合定章的講員要給予訓誡、減俸、免職等處罰。〔註 39〕1922～1928 年則是通俗講演所平穩運作並逐步爲民眾教育館取代的過程。但和民國時期的很多問題一樣，制度設計與實際運作之間存在著相當大的差異。現存的吉林基層講演所檔案表明，1916 年以後各縣通俗教育講演所的管理及運作流程基本遵循創設時期

〔註 37〕 《復設宣講所》，《盛京時報》，1915 年 10 月 28 日，第七版。
〔註 38〕 《吉林省政府檔案》，吉林省檔案館藏，J101-05-1730。
〔註 39〕 《吉林縣立講演所檔案》，吉林市檔案館藏，34-2-47。

制定的規章，省教育廳雖多次發佈整頓辦法，但遲至 1928 年以前仍鮮有本質性變化。實際上省級教育管理部門對講所工作的監管頗爲鬆懈，缺乏明確的考核標準，除督促各所定期填報並提交講演報告表外，很少直接介入講所日常活動。管理各縣通俗講演所事務的機構通常爲當地勸學所及其後的教育局，主要負責傳達各項指令，匯總及上報講演所活動記錄，布置一些臨時性講演等。總體而言，講演所的日常運作相對自由，受上級管理部門干涉較少，同時也意味著講員能得到的官方資源支持不多。

第三節　講演所主持下的通俗教育活動

在 1928 年各縣講演所陸續改組爲通俗教育館以前，大部分通俗教育活動都由講演所主持，除負責組織日常及臨時講演活動外，還要承擔通俗圖書館、巡行書庫等通俗教育附屬設施的管理工作，甚至監督說書生、改良說書詞，整飭地方風化等都一度列入講演所職責範圍內。

一、通俗講演

日常講演是通俗講演所的首要工作。按照多數講演所章程的規定，講員每周只休息一天，舊曆新年、中秋等傳統節日休假時長也很少超過五天，全年工作天數在三百天左右。以此推算，各縣講演所平均每年組織的講演場次應超過 300 場，規模稍大者如省立講演所或吉林縣立講演所則可能更多。臨時講演主要在省城內舉辦，大多是爲配合某項宣傳活動，如國慶節紀念日演說，爲歐戰協濟會籌款勸募等。此類講演在 1918 年前後最爲盛行，進入二十年代後便逐漸銷聲匿跡。參與各類宣傳活動是通俗講演所的常規工作之一，大致可分爲兩種。一種是與民間講演團、學校職教員等合作，共同組織密集的專題講演活動，爲歐戰協濟會籌款即屬此類。1918 年 11 月起，慶祝協約國勝利的慶典活動在各地陸續舉辦，政府、學校、民間組織甚至宗教團體都積極參與其中。大多數活動都是在爲歐戰協濟會籌款的名義下進行，該組織曾發起募捐活動，旨在解決戰後軍人和勞工安置問題。吉林省經公決認捐四萬元，但初期捐款情況不甚理想，尋常商民對於國際事務尚不熟悉，官方不得不大力提倡以促進行，而通俗講演被認爲是最有效的鼓吹之法。11 月 20 日，歐戰協濟會中國吉林籌款部在省城公眾運動場召開集會，申明宗旨並開始宣

傳募捐。籌款工作被認爲事關國體，除省立講演所在省垣連續組織多次專題講演外，各縣講員也被要求在當地宣傳勸募，有些講員還與教員、學生組成臨時宣講團深入村屯講演。至次年一月，籌款目標達成，連一些財政艱窘的縣治也完成了認捐數額，如素稱貧瘠的同賓縣，捐款達六百大洋，〔註 40〕遠超講演所的全年運營經費。一批講員因成績突出受到嘉獎，說明通俗講演所在官方宣傳活動中的作用受到一定程度的認可。

除參與專題宣講外，講員還會在日常講演工作中對某些官方倡導或民間自發的活動進行宣傳，其方法大多是在常規講演後附上一段相對短小的講辭，或臨時加入某個講題，並在短時間內密集使用。救國儲金運動是吉林通俗講演所早期參加的宣傳活動之一，這項由民間自發的愛國運動帶有鮮明的理想主義色彩，其可行性雖然早已爲張謇等務實主義者質疑，但在民族主義情緒的推動下仍風行全國，盛極一時。吉林省認購儲金額一度高達 126400 元，在當時全省財政赤字已近 300 萬元的情況下，這個數字相當驚人。最初官方因擔心民眾情緒影響中日交涉，對運動持消極態度，但講演員的表現則相當積極。很多講員自發參與救國儲金宣傳活動，如吉林縣講員沈殿即兼任了救國儲金團吉林支部勸導員。〔註 41〕其後官方態度轉爲積極，地方官員也明確表態支持儲金運動，當時吉省已成立的通俗教育講演所多在不同程度上參與過救國儲金宣傳活動。但彼時講演所尚處於草創階段，沒有證據表明該項活動是經過統一策劃和布置的，各講所的宣傳應多屬自發行爲。在涉及民族主義問題時，講演所職員的態度往往比官方更加積極，也時常借職務之便率先開展相關宣傳活動，這一特點在同時期的抵制日貨運動中也有所表現。說明講演所作爲官方意識形態宣傳工具，至少在其成立初期，行動易受社會環境感染，並不完全由政府節制。

在官方布置的宣傳任務中，勸導兒童勿吸食紙煙和傳播國音國語是兩個典型例子。民國時期，吸食紙煙已逐漸被視爲不良喜好，常規講演中也有勸導戒煙的相關題目。但一方面戒除鴉片的宣傳需要更加突出，佔用了大量時間，另一方面紙煙對於身體的危害尚不普及，講員往往從節省開支的角度切入題目。1918 年教育部通令各省縣講演機關開展嚴禁兒童吸食紙煙的宣傳活

〔註40〕黑龍江省延壽縣志編纂委員會：《延壽縣志》，三環出版社 1991 年版，第 636 頁。

〔註41〕《吉林縣立講演所檔案》，吉林市檔案館藏，34-1-10。

動，詳細闡述了煙草的危害，指出煙草還有毒素，薰灼肺臟，易導致癆症、腦症等疾病，兒童身體尚未發育成熟，所受危害更大。因此一面要求警區設法取締，一面令中小學以下各級學校設法禁勸。考慮到當時中國教育尚未普及，未入學校之兒童其數當遠過於已入學校之兒童，故而要求講演所履行社會指導之責，開展禁止兒童吸食紙煙的宣傳以爲配合。所謂「懲戒之權操於行政，勸導之責端在講演」〔註42〕，雙管齊下，以收宏效。但目前現存的講員報告表和報告書中，很少看到涉及這一主題的講演材料，實際上多數講員可能並未眞正進行相關宣傳。原因之一也許是這些額外宣傳任務並不在考核範圍內，且缺乏足夠素材，導致講員在完成日常工作後不願再承擔這項職責。傳播國音國語運動發起自民國初年，主要通過統一讀音、推廣注音字母等方法嘗試推動教育和文字的普及。1918 年教育部正式公佈注音字母，其後又通過了傳播國音國語方法案，講演所遂成爲傳播國音的重要機構之一。按照該方案的要求，講演所需購進國音留聲機片一二副，在宣講時開唱，並由講員給聽的人切實說明，以廣傳習。但當時吉林省內各縣級講演所鮮有置備留聲機者，此項工作顯然難以推進。上述兩個例子說明，官方對通俗講演所職能範圍的定位相當寬泛，大凡與宣傳推廣有關之事多會將講演所納入其中。但對於各級講演所的人力、財力等實際資源狀況則缺乏考慮，過於瑣碎繁重的工作使基層講演所不堪重負，導致很多宣傳工作無法達到預期效果。

二、巡行文庫

除保證講演活動正常運作外，管理巡行文庫也是通俗講演所的職責之一。早在 1916 年，巡行文庫就與通俗圖書館並列爲通俗教育的重要方法，官方已認識到「國民智識程度之高下恒視讀書者數目之多寡爲衡，而讀書者智識之能否加增即以國家之有無設備爲斷」〔註43〕，爲城鄉居民提供便利的閱讀條件有利於提高民眾素質。巡行文庫的運作方式類似於流動圖書館，先由各縣設通俗文庫總部一所，「採集人民必需而易曉之各種圖書，輸送城鎮鄉各支部，再由支部轉送各村落閱覽所，限定日期閱畢，由處送回總部收存。」〔註44〕

〔註42〕《吉林縣立講演所檔案》，吉林市檔案館藏，34-1-10。
〔註43〕《吉林縣立講演所檔案》，吉林市檔案館藏，34-1-17。
〔註44〕中國第二歷史檔案館：《中華民國史檔案資料彙編・文化》，江蘇古籍出版社 1991 年版，第 136 頁。

其優勢有二，首先是資源利用率更高，文庫中的書籍可以在各基層閱覽所間流通，無需購置過多重複書目；其次是覆蓋面更廣，縣級以下地區通常無力設置圖書館，巡行文庫則可以直接爲村屯居民提供閱讀便利。與南方諸省相比，吉林省巡行文庫發展較晚，直到 1920 年前後才次第舉辦。但也有少數地區使用縣財政經費率先自辦，如懷德縣巡行文庫早在 1913 年即由各鄉鎮董事會主持創辦，成爲省內最早設置巡行文庫的縣治之一。1918 年省教育廳擬從教育經費項下撥出十分之一專款作爲辦理各項通俗教育之經費，並準備推廣巡行文庫。但當時款項支絀，只得緩期舉辦，直到兩年後省農會將糧米特捐撥出作爲通俗教育經費才使資金狀況有所好轉。按照省教育廳規定，新設巡行文庫由通俗講演所兼辦，文庫庫長由所長充任，各路管理員也由講員兼理，雇員則負責登記來往書籍記錄，各員都不再另支薪水。惟四鄉巡行講演時可雇傭夫役，幫助講員擔荷書報，以供鄉鎮居民閱覽。〔註45〕

　　巡行文庫的書目以宗旨純正爲要，主要包括兩大類。其一是當時爲適應宣傳需要而出版的各類通俗教育叢書，部分書目經教育部審定成爲講員推薦用書，是這一時期廣泛使用的通俗教育素材；其二是自清末開始流行的各種通俗小說。第一類書籍大多爲白話文或淺近文言體編寫，種類繁多，內容豐富，且價格相對低廉，每冊均價在兩角以內，很適合作爲民眾教育材料。第二類小說則多爲清末民初之際出版的翻譯作品，題材主要有教育小說、政治小說和愛國小說，當時更爲流行的言情小說和偵探小說等皆不在此列。下表爲 1921 年吉林縣巡行文庫書目表，可以據此窺見當時官方對通俗教育內容的定位。

表 1.5　1921 年吉林縣巡行文庫書目〔註46〕

通俗教育叢書（商務印書館）	《日用衛生》《旅行衛生》《人格修養法》《常識修養法》《意志修養法》《實務才幹養成法》《精神與身體健全法》《讀書法》《交際術》《衣服論》《食物論》《居住論》
通俗教育講演參考書	《自助論》《公民鑒》《小兒語述義》《幼兒保育法》《蒙師箴言》《通俗教育談》《地方自治精義》《地方行政要義》《經濟原論》《經濟概要》《國恥小史》《中國風俗史》《中國商業史》《中國工業史》《上海通商史》《步行中國遊記》

〔註45〕　《吉林縣立講演所檔案》，吉林市檔案館藏，34-1-1。
〔註46〕　《吉林縣立講演所檔案》，吉林市檔案館藏，34-1-17。

常識	《雷電誌異錄》《生理學問答》《衛生治療新書》《衛生新論》《伊索寓言》《伊索寓言講義》《新社會》《鼠疫》
通俗教育小說	《愛國二童子傳》《火山報仇錄》《孝女耐兒傳》《二義同囚錄》《魯賓孫漂流記》《鷹梯小豪傑》《大荒歸客記》《冰雪姻緣》《模範町村》《義黑》《塊肉餘生述》《馨兒就學記》《孤離感遇記》《埋石棄石記》
通俗教育畫	《司馬破缸》《匡衡鑿壁》《蘇武牧羊》《完璧歸趙》《木蘭從軍》《管寧割席》《對牛彈琴》《守株待兔》《鷸蚌相爭》《舉案齊眉》《聞雞起舞》《孔融讓梨》《孟母斷機》《天足女學生》《賽馬》《兵艦》《電車》《摩托車》《自轉車》《婚禮儉約》《汽船》《捕鯨》《駱駝》等共五十餘幅

　　吉林縣巡行文庫共有書籍 51 本，其中小說 14 本，另有宣傳畫五十餘幅。37 本通俗教育叢書中，介紹日常生活常識的書籍所佔比重最大，約有一半篇目，題材涉及衣食住行、交友、讀書、衛生等諸多問題。另外近兩成書目的主旨是關於個人修養方法，包括培養工作能力、增長知識、鍛鍊意志等內容。民國前期出版的通俗教育書目中，上述兩種書籍占相當比例，與清末通俗讀物大多宣揚傳統道德和愛國精神的情況已大不相同，政府和讀者對個人提升和生計問題的關注多少反映出民國時期社會文化風貌的些許變化。民眾在官方眼中的角色可能有所變化，不再只是供國家驅使利用的資源，其自身的發展也需要給予關注和指導。其餘通俗教育書目包括政治經濟常識、兒童教育、自然科普和歷史等題材，主要用於增長見聞，普及地方自治知識並激勵民眾愛國熱情。總體而言，通俗教育叢書大多帶有教科書色彩，內容嚴謹，知識性強，但普遍缺少趣味性，很難成為暢銷書，而呂思勉的《國恥小史》則是一個例外。作為當時廣為流傳的歷史著作之一，這部作品不僅在各類社會教育活動中出現頻率極高，也是很多學校教員非常重視的材料。小學、中學以致各類專科學校如法政學校、軍校等都常以此為教材開設相關課程，或組織學生閱讀討論。如保定軍校制定的課程表中即有《國恥小史》一門，徐特立創辦的夜校中除教國文、算數、地理外，也講授《國恥小史》，劉百川在出任東海中學附屬實驗小學校長期間則將《國恥小史》作為雪國恥訓練的核心教材，指導學生閱讀並共同研究雪恥辦法，[註47] 足見該書影響力之大。將《國恥小史》列入巡行文庫書目，說明在民國前期的通俗教育活動中，民族主義仍是相當重要的主題，既受到官方和知識界重視，也頗受民眾歡迎。

〔註47〕劉百川：《一個小學校長的日記》，華文出版社 2012 年版，第 79 頁。

　　此外，通俗教育小說也是巡行文庫的重要組成部分，但與清末相比內容變化不大。十四部小說中，大半爲 1911 年以前出版的譯著，林紓一人的作品就達八部之多。民國前期小說已成爲出版界中最爲活躍的因素之一，題材各異的通俗小說大量發行，而這一顯著變化並未在官方的通俗教育活動中得到反映，從一個側面說明政府倡導的通俗教育與眞正的通俗文化間存在相當差異。通俗教育畫則是通俗教育的一項輔助措施，它的出現時間較早，但應用範圍有限，需要張貼懸掛，多用於室內擺設裝飾。通俗教育畫的內容大致有兩類，一種是描繪中國著名歷史故事，如《蘇武牧羊》、《木蘭從軍》、《孔融讓梨》等，另一種則主要表現新社會風貌，如《天足女學生》、《摩托車》、《汽船》等，嘗試新舊兼顧的努力顯而易見，這也是貫穿通俗教育活動的特點之一。

　　綜上所述，巡行文庫的設計主要仍是以教育民眾爲出發點，較少考慮讀者興趣。這在基層閱覽所的管理方面表現得更加明顯，巡行文庫中的圖書只能在館閱覽，不可外借。即使某書頁數太多，當日無法閱畢，也須次日再來復借，絕不可攜往他處。因條件所限，吉林巡行文庫所至地點仍以繁盛集鎮爲限，對於多數鄉村居民而言，爲借閱圖書頻繁前往集鎮可能並不太現實。除遵守公共圖書館的一些常見規則如出入有序、愛惜公物、不可任意朗讀或高聲喧嘩外，讀者還必須保持正確體態，閱書時只可端立或正坐，不可敧倚或盤膝擊股。〔註 48〕這些略顯僵化的規定多少會給讀者造成不便，影響閱讀熱情。通俗教育講演所運作巡行文庫的方式表明，官方對通俗教育設施的定位遠非服務機構，即便以教育機構的標準衡量，也顯得過於呆板和官僚化。政府端坐於施教者的位置，民眾則完全被視爲受教育者，所謂啓蒙民眾和傳統的教化民眾，二者的分野可能並不如想像中大。

三、監督改造說書生

　　監督改造說書生也是講演所的工作之一。如前所述，改良傳統說書表演使其成爲民眾啓蒙工具的構想早在清末新政時期就已出現，但當時僅限於呼籲說書先生主動篩選改良說書詞，並無強制措施。進入民國後，官方對民間娛樂活動的管理趨於嚴格，包括說書、戲曲、話劇和電影在內的新舊娛樂方

〔註48〕《吉林縣立講演所檔案》，吉林市檔案館藏，34-1-17。

式都先後成爲被監管對象。民國初年，吉省政府對不符合其旨趣的說書活動
已有取締之意，加之當時講演員奇缺，改造說書生使其暫代講員之職也不失
爲折中之策。吉林教育總社遂於 1912 年 11 月創辦說書生練習所，要求省城內
各茶館說書生及各地說書生入所研習，畢業後能按政府條例施行改良者成爲
改良說書師，由練習所推薦入各級講演機關工作。說書生練習所類似於一個
短期培訓機構，學習時間極其有限，修業期僅爲一個月，每日研習約兩小時。
所內聘普通講師和科學講師各一，前者負責爲說書生們講解字義文理，後者
則介紹淺近科學常識，並演示理化實驗。此外還要組織說書生們研究通俗小
說，如《英雄淚》、《國事悲》、《革命戰史》、《美洲童子萬里尋親記》等，以
便將其改良後用於講演，激勵民眾愛國之心。〔註 49〕官方改造傳統民間表演
的意圖顯而易見，但短短幾十個小時的學習能否達到目的則令人懷疑，且當
時吉林省內通俗講演所甚少，由練習所介紹畢業生入講演機關工作的承諾恐
怕也很難兌現。

俞雍衡在《通俗講演》中曾認爲如果能成功改良說書詞，說書人可以成
爲最合適的講演員，但這一設想的操作難度頗大。首先，說書人受教育程度
大多很低，粗通文理者已相當難得，不識之無者比比皆是，要求他們主動放
棄傳統表演內容，重新學習包括自然科學在內的新知識，確屬勉爲其難；其
次，儘管在官方看來，說書人不過是「讀熟幾十本傳奇彈詞以及佛卷等類的
書本子，用極粗陋的語言夾以俚曲，帶著穢褻的表演，描摹入神地說給民眾
聽」〔註 50〕，但其表演對大眾的吸引力顯然遠勝於通俗講演，所到之處常能
召集大批民眾，與苦於招徠聽眾的通俗講演活動形成鮮明對比。更新表演內
容很可能影響說書人的收入，僅從商業利益的角度考慮，鮮有人會配合官方
的改造活動；再次，通俗講演員收入微薄是普遍存在的現象，即便官方能爲
改良說書師們提供職位，其薪水也未必具有吸引力；最後，由政府對說書先
生進行登記考試的辦法也很難奏效，因爲說書生大多是流動作業，城鎮中的
茶舍戲院，鄉村中的市場集會都可以成爲表演場所，監管難度過大。因此對
說書生的改造活動大多停留在設想階段，而吉林省 1912 年創辦的說書生練習
所顯然也沒有達到預期目的，但官方並未放棄此類嘗試。1918 年以後，通俗

〔註 49〕《吉林說書生練習所試辦簡章》，《通俗教育研究錄》第 6 期，1912 年 12 月
　　　　 25 日，第 40 頁。
〔註 50〕俞雍衡：《通俗講演》，浙江省立圖書館印行所 1931 年版，第 14 頁。

講演所承擔了監管說書活動的職責。據改良說書案中提供的方法，應先由各縣署採購改良書詞分發說書生講演，遇有意義不明之處責成講員爲之講解，講員則按照就近原則召集說書生進行勸導改良。〔註51〕在這裡，說書生已儼然被當作通俗講演的輔助力量，而實際上講演員的工作與說書表演鮮有共通之處，甚至常常形成競爭，講員也很難約束管理說書生。1918年6月吉林縣講演員沈殿彙報此項工作情況時稱，巡講區域內並無娛樂場所，也鮮有說評大鼓表演，「偶而夜間聞有絃歌之聲送入耳鼓，前往調查均係小本經營，夜間無事，閉門娛樂，並無妨害風化等事，既不能勸導改良，亦無加以干涉之理。」〔註52〕最終講員只於每日講畢時勸誡聽眾不要閱讀淫亂邪書，並推薦一些教育部審定的善本小說，以符提案宗旨。

通俗教育講演所主持下的工作種類繁多，且往往缺乏充分聯繫，說明其職責定位相當模糊，官方常以專司社會教育一言概括講演所職能。在民眾教育館出現以前，講演所實際上扮演著社會教育綜合管理機構的角色，但又缺乏完善的組織架構設計。人力財力資源有限，承擔的責任又過重過繁，一方面削弱了通俗講演職能的發揮，另一方面也使很多社會教育活動流於形式，無法有效開展。

綜上所述，吉林通俗教育講演所的建設基本遵循民間倡辦，官方主導的模式，規模較大的講演所管理者及職員多屬學界人士，吸納了部分對民眾啓蒙運動頗具熱誠和經驗的知識分子。與其後的民眾教育館相比，通俗講演所的日常運作相對自由，受官方約束較少。朱智賢在《通俗講演設施法》中設計的講演所架構包括五個部門，講演股、編輯股、事務股、調查股和交際股，統由所務會議管理。〔註53〕而吉林通俗講演所的組織方式則一直遵循《通俗教育講演所規程》的要求，結構相當簡潔，並未出現官僚機構擴張的弊病。但規模過小、職責過繁，加之資源有限，不可避免地限制了講演所開展通俗教育活動的成效。

〔註51〕《吉林縣立講演所檔案》，吉林市檔案館藏，34-1-17。
〔註52〕《吉林縣立講演所檔案》，吉林市檔案館藏，34-1-12。
〔註53〕朱智賢：《通俗講演設施法》，山東省立民眾教育出版部1932年版，第17頁。

第二章　通俗講演內容分析

第一節　官方通俗講演素材的設計

一、《吉林通俗講演稿範本》概況

　　按照 1915 年教育部公佈的《通俗教育講演規則》，講演內容包括愛國、守法、常識等八大項，講員在該框架內撰寫或編輯講稿，定期匯總上報教育部備案即可。但在實施過程中，官方逐漸意識到講演內容的設計遠比預想中複雜，不僅要對講題主旨做出更具體的規範，還需處理很多技術性問題。例如對講演材料長度的把握，發一個單音要半秒，五秒鐘內可以說兩句短話，一分鐘內平均約說出百個單音，因此時長半小時的講演需要準備的講稿長度在三千字左右。〔註1〕又如講稿的組織方式，可仿造小說傳奇的手法，以趣味為主，用引證和比喻代替邏輯，將重要結論放在篇首，中間穿插故事。標題要簡短具體，避免使用學名術語，最好能引起聽眾的好奇心。介紹駱駝時可說沙漠之舟，談五卅慘案用血染的馬路為題，講天文知識則直接名為天上有什麼東西。〔註2〕以上這些技巧顯然不是普通講演員所熟悉的，因此完全依靠基層講員創作講演稿並不現實，必須由官方提供更高質量的標準化講稿作為範例。

　　1916 年 2 月，吉林巡按使公署政務廳教育科主任洪汝沖在審查各縣立講

〔註1〕 俞雍衡：《通俗講演》，浙江省立圖書館印行所 1931 年版，第 17～18 頁。
〔註2〕 俞雍衡：《通俗講演》，浙江省立圖書館印行所 1931 年版，第 25～26 頁。

演所上交講稿時發現，其內容多屬「老生常談，虛泛重複，稍新者言及愛國又往往近於排外，易引起國際惡感，甚或憤時嫉俗，語多偏激，鮮不溢出部定規則範圍之外，求一可以勉強報部者亦幾不可多得」〔註3〕。基層講員程度太低，任其自由撰稿恐百弊叢生，不若仿山東省例，改由省屬編纂講稿，彙編成集，名爲《吉林通俗講演稿範本》，每月一期，分發各縣供講員使用，既免駁雜之弊，又收統一之效。洪汝沖的提議很快獲批，教育科每年得經費 1375 元用於講稿範本的編纂和發行。《吉林通俗講演稿範本》並不屬於公開出版物，每期僅印刷五百本，除供本省講員使用並報教育部和內務部備案外，其餘分寄各省通俗教育講演機關，以便交流之用。相互交換通俗講演範本以擴充素材的做法在當時似乎相當常見，包括黑龍江、遼寧、陝西、山西、山東、河南、湖南、江西、福建，甚至甘肅、新疆等偏遠地區在內的眾多省份都曾與吉林省通俗講演機關開展此類交流活動。

　　《吉林通俗講演稿範本》稿件來源分爲撰著、徵文和選錄三種，撰著部分多爲本省講員所寫之優秀稿本，經潤色後編入範本。徵文活動則由教育科組織，每月擬定題目數個，登報徵集。投稿人須開列眞實姓名及住址，以便選刊後通知，至於刊登時願否登出眞姓名，聽投稿人自便。應徵稿件字數不限，擇優錄取，入選者每千字酌給稿酬吉洋五角至三元，但如發覺存在抄襲問題將取消酬金。〔註4〕選錄稿件大多採擇各類報刊雜誌中適合作爲講演題材的短文或其他地區出版的通俗講演稿，包括《直隸學務日報》、《陝西模範巡行宣講團講案》、《浙江宣講稿選萃》、《山東通俗講演稿選萃》、《湖南通俗教育報》等。此項爲講稿之主要來源，約占稿件總數的六成左右。此外，還有部分講稿改編自上層知識分子作品，使其更淺顯易懂。如《何故愛國》、《公共心》和《自治》三篇講稿即改編自梁啓超的《國民淺訓》，《國會制度》改編自北大教員陳遵統的講稿，《說如何工作可使生財極多的》介紹英國經濟學家威廉姆·傑文斯的效用理論。每期講稿範本篇目不一，長則十餘篇，短則八九篇，內容逐漸豐富，由最初僅刊登範文到加入部分講演技巧指導。如 1917 年 5 月出版的《通俗講演稿範本》中以迷信大害爲例，教導講員如何破題並設計講演內容。首先指出該題要旨，「爲天下事物莫不有理，不求其理而輕信之，曰神，曰鬼，曰怪，曰妖，可笑孰甚。且妄費精神，虛耗物力，甚或紊

〔註3〕　《吉林省政府檔案》，吉林省檔案館藏，J101-05-1757。
〔註4〕　《吉林省政府檔案》，吉林省檔案館藏，J101-05-1757。

淆風紀，擾亂治安，害於一人，施及社會，此大誤焉。吾人宜各探求眞理，破除迷信，強國富家，可立而待也。」〔註5〕之後按句分解，逐一舉例說明論點，以磷火說明鬼怪乃無稽之談，用焚香燒燭證明迷信活動圖靡錢財，最後號召民眾探求眞理，杜絕迷信。如此詳盡的指導對於缺乏訓練和經驗的基層講演員而言應是相當實用的，有利於他們理解講題並學習如何撰寫講稿。

表2.1　1916～1917 年《吉林通俗講演稿範本》部分題目

類別	題目	來源	合計
愛國類	說愛國	錄山東通俗講演稿選粹	14篇
	何故愛國	譯梁任公先生國民淺訓	
	勸寶（保）愛國貨	錄浙江宣講稿選粹	
	獨立	改濱江縣講員吳順升稿	
	人不可無責任心	王作霖	
	人不可無責任心	扶顚	
	社會親愛是強國的根基	錄浙江宣講稿選粹	
	世界愛國之偉人	怡淵	
	說我國國債實在的情形	錄湖南通俗教育報	
	釋民氣	改雙城縣通俗講演所姚述唐稿	
	公共心	譯梁任公先生國民淺訓	
	說我國現在金融界的危迫狀況	錄湖南通俗教育報	
	歐洲戰爭中的少年		
	納稅的義務	錄陝西模範巡行宣講團講案	
守法類	人民不可放棄法律上的權力	錄奉天通俗教育講演錄	13篇
	勸息訟	錄浙江宣講稿選粹	
	守本分	錄陝西模範通俗教育講演所講案	
	戒貪財	錄京師通俗講演錄	
	法律是都要知道的	鈞夏	
	欠債的不可拖延狡騙	錄湖南通俗教育報	
	說奢華的害處	改濱江縣講員張果良稿	
	說化莠為良的方法	錄湖南通俗教育報	
	改過只要有決性	念銘	

〔註5〕　《吉林通俗教育講演稿範本》，1917 年 5 月 20 日第 16 期，「講題」。

	文明國人的守法律	錄京師通俗講演錄	
	守法才能自由	錄山東講演稿	
	勸焚毀淫書淫畫	錄湖南講稿彙編	
	說雇工	錄陝西模範巡行宣講團講案	
道德類	論改過遷善	錄福建通俗講演書	10篇
	欲望不可過於奢侈	錄江西通俗教育旬報	
	戒詈罵說誑	選浙江宣講稿選粹	
	講法國孟德斯鳩的陰德	錄廣西宣講書	
	友道感言	錄京師通俗講演錄	
	軍人道德說	錄湖南通俗教育報	
	佛倫的道德	錄奉天通俗教育講演錄	
	說良心	改雙城縣通俗講演所姚述唐稿	
	說信用	錄奉天通俗教育講演錄	
	勸勿薄待家室	韶仲	
美感類	學生的堅苦心	錄陝西模範通俗教育講演所講案	1篇
常識類	日蝕月蝕之理	濱江縣講員張果良稿	14篇
	論吉林地勢		
	說地球	省立通俗教育講演所講員矯廷傑稿	
	風雨錶針	錄陝西模範巡行宣講團講案	
	說雷電	錄湖南通俗教育報	
	亞細亞洲人種的分別	斌賢	
	說飛行機的理由	錄陝西模範巡行宣講團講案	
	說雪		
	中國五族人種的源流	東遊	
	火災防避法	錄陝西模範通俗教育講演所講案	
	世界最小的共和國		
	破除迷信	錄浙江宣講稿選粹	
	說美國黑人教育	譯江蘇省教育會講演詞	
	商家宜注重告白	錄湖南講稿彙編	
實業類	實業成功之秘訣	錄奉天通俗教育講演錄	15篇
	栽種漆樹的法子	錄湖南通俗講演稿彙編	
	農業應注意之事項	錄直隸教育會遊行講演錄	

	實業的改良	選山東通俗講演稿選粹
	柞樹春蠶飼養方法	錄陝西模範巡行宣講團講案
	柞樹秋蠶飼養法	錄陝西模範巡行宣講團講案
	說如何工作可使生財極多的	譯英儒哲分斯學說
	勸農家宜急研究農業教育	錄直隸教育會遊行講演錄
	豆腐	錄陝西模範巡行宣講團講案
	吉林省宜注重畜牧	生人
	女子宜有職業	改方正縣通俗講演所陳丙午稿
	發展吉林水產辦法	鍾旨
	說養雞之利	助芝
	說蠶桑	錄京兆講案彙編
	趕快擴張織維工業	錄湖南通俗教育報
體育類	國民注重體育與強國之關係	錄直隸教育會遊行講演錄	6篇
	說體操	錄奉天通俗教育講演錄
	說注重體育	錄江西通俗旬報
	勤勞與體育之關係	錄江西通俗教育旬報
	體育有強種的關係	姚述唐
	運動身體的益處	錄湖南通俗教育報
衛生類	衛生之利益	改磐石縣講員王作霖稿	9篇
	說注重衛生	錄浙江宣講稿選粹
	嫖賭與壽命的關係	改濱江縣講員張果良稿
	秋季衛生	錄陝西模範通俗教育講演所講案
	十年長壽新法	錄甘肅通俗日報
	說冬季衛生	鈞夏
	講起早的好處	錄廣西宣講書
	說澡塘維新的好處	錄奉天通俗教育講演錄
	說飲食	錄奉天通俗教育講演錄
特別類	論今日學生宜組織演說會以練習演說	譯北京都市教育稿	37篇
	說演戲	錄福建通俗教育雜誌
	論小家庭主義的適宜	錄陝西模範通俗教育講演所講案
	初等小學堂的功課和功課的作用	錄直隸勸學白語
	國會制度	譯北京大學校教員陳遵統講稿

窮苦子弟最好是半日入學堂半日習小工藝或作小買賣	改方正縣講員陳丙午稿
人不可無世界眼光	東遊
閱報的利益	改磐石縣講員王作霖稿
女子應當上學的緣故	錄直隸勸學白話
講國民要有希望心	錄廣西宣講書
整理家庭的容易方法	省立通俗教育講演所講員矯廷傑稿
富家子弟要練習勞動	錄陝西模範通俗教育講演所講案
說各省力爭恢復約法的緣故	錄湖南通俗教育報
鄉土觀念與對外觀念	譯梁任公先生國民淺訓
調查學齡兒童合強迫教育的緣故	錄直隸勸學白話
文明國保護兒童的責成	錄美國丁義華氏演說稿
養兵不如提倡軍國民教育	扶顛
解釋契稅條例	
自治（一）	譯梁任公先生國民淺訓
自治（二）	譯梁任公先生國民淺訓
十年期滿之痛言	怡淵
教育兒童談	錄甘肅通俗日報
通俗教育的成效	斌賢
說警察權的重要	
說多賑	錄陝西模範通俗教育講演所講案
小學畢業的學生都要注重謀生的方法	錄甘肅通俗日報
說鴉片之害	錄陝西模範巡行宣講團講案
說司法獨立	錄直隸學務日報
說社會	錄京兆講案彙編
說人格	改濱江駐縣講員吳順升稿
說家庭教育	錄京師通俗講演錄
貧民工藝廠的利益	錄陝西模範巡行宣講團講案
說童子軍	錄湖南通俗教育報
中國教育界的恐慌同救濟方法	譯蔡子民先生演說詞
智育德育體育要並重	改濱江縣講員張果良稿

說露天學校	錄直隸學務日報
國民要有財政上的常識	錄甘肅通俗日報

資料來源：《吉林通俗講演稿範本》，1916 年 7 月 20 日第 6 期，1916 年 8 月 20 日第 7 期，1916 年 9 月 20 日第 8 期，1916 年 10 月 20 日第 9 期，1916 年 11 月 20 日第 10 期，1917 年 1 月 20 日第 12 期，1917 年 5 月 20 日第 16 期。

　　《吉林通俗講演稿範本》的編輯方式大體遵循《通俗教育講演規則》中為講演內容劃定的類目，分為愛國類、守法類、道德類、美感類、常識類、實業類、體育類、衛生類和特別類共計九種題材。上表為 1916～1917 年七期講稿範本題目匯總，共有講題 119 個，其中特別類講題最多，約占 31%，實業類次之，占 12.6%，常識類和愛國類題目都為 14 個，各占 11.7%，守法類題目占 10.9%，與清末宣講所相比，道德類題目的比重似乎有所下降，僅占 8.4%，體育和衛生類講題合計 15 個，占 12.6%，美感類題材最少，僅有一篇。

二、官方講演素材分析

　　直接歸入愛國類項下的題目並不算多，似乎無法反映清末民初以來民族主義情緒日益高漲的趨勢。但考慮到當時的愛國主義宣傳涉獵甚廣，從地方自治到興辦實業，從抵制洋貨到戒除鴉片，從婦女放足到兒童教育，其落腳點皆可與愛國相關，直接談論愛國的講題有限也不足為奇。愛國類題目大致包含三個內容，其一是探討愛國問題本身，即為什麼愛國，《說愛國》和《何故愛國》是其中的代表作。二者都嘗試通過闡明國民與國家休戚與共的關係來說明愛國的必要性，但立論角度又截然不同。前者將國民視為國家附屬物，要求民眾「凡有思慮，都要注重在國家利害上，把國家的光榮恥辱就當作自己的光榮恥辱」，國家則被抽象為一個相當模糊的概念，國民必須無條件地感恩於它，「自遠祖以至祖父，受這國的田宅，穿這國的衣服，享這國的飲食，營這國的生業。旁人不得侵犯我，外人不得奴隸我，皆因著有個國家在」，〔註6〕進而要求民眾去除私念，一心愛國。相較之下，改編自《國民淺訓》的《何故愛國》則更切中事理，並帶有鮮明的自由主義色彩。文章雖將中國人把國事「當作閒是閒非不願多管」的念頭視為國家積弱的最大病根，但同時也指

〔註6〕　《說愛國》，《吉林通俗教育講演稿範本》，1916 年 7 月 20 日第 6 期。

出國家公共服務職能長期缺位是民眾缺乏愛國心的根源，「從前國家組織靡有
妥善，所行的政事靡有利到人民，人民總不覺得有這個國家」。〔註7〕梁啓超
並未要求民眾無條件愛國，而是突出強調國家的公共管理職能爲個人能力所
不及，因此個人發展須依靠國家力量的保護。人類的自愛是天性使然，不能
勉強也無須放棄，若瞭解國家對於人民的益處，自然就會明白愛國就是愛自
己的道理。梁氏的國家理論明顯帶有國家社會共同體學說和社會契約論影響
的印記，在一定程度上代表了當時部分新式知識分子對於愛國問題的觀點。
愛國類題材的第二項內容是申明國民的各項責任，即探討怎樣愛國的問題。
《人不可無責任心》、《公共心》、《納稅的義務》和《獨立》等篇目都是從不
同角度闡述國民應盡義務及應具備的素質。扶顛的《人不可無責任心》認爲
國人缺乏責任感是國家積貧積弱的病根，士農工商各盡義務才能立國於地球
之上。王作霖則將責任分爲個人責任和公共責任兩部分，要求民眾除在本職
工作中恪盡職守，盡到個人責任外，還要關注國家利益，承擔公共責任。改
編自《國民淺訓》的《公共心》專注於探討公共責任，體現了梁啓超的「群
學」思想。他認爲人作爲社會性動物，總要合群才能站得住腳，而中國人若
要合群必須改掉先私後公的惡習，「把辦私事的一種手段，一番熱心，替公家
出力，公家事業能夠發達，一人的私利也跟著無窮無盡了。」〔註8〕同時還提
議將地方自治作爲養成國民公共心的練習場，使民眾在組織自治機關，辦理
地方事務的過程中體驗到公共利益與私人利益的關係。《納稅的義務》通過講
解稅款的用途，勸導民眾主動繳納，勿偷漏瞞報。《獨立》的論調則與同時期
新文化運動倡導者的主張頗有類似之處，認爲個人對其他家族成員的依賴導
致民眾普遍缺乏自立精神，難以獨立謀生，也就無法承擔國家主人翁的責任，
因此要求人民須憑自己的知識能力，不依靠他人，立足於社會，如此方盡到
個人責任。值得注意的是，文章並未將批評的矛頭指向家族制度，只是簡單
指出個人不宜過度依賴親朋故友，雖可集合群力共營一業，但應「有扶助的
力量，靡有依賴的性質」〔註9〕。此外《說我國現在金融界的危迫狀況》、《說
我國國債實在的情形》等篇目都是講述國家財政艱窘之狀，呼籲民眾講求生
財學問，擴充理財知識，努力營謀，爲政府後盾。愛國類題材的第三項內容

〔註7〕 《何故愛國》，《吉林通俗教育講演稿範本》1916 年 8 月 20 日第 7 期。
〔註8〕 《公共心》，《吉林通俗教育講演稿範本》1916 年 11 月 20 日第 10 期。
〔註9〕 《獨立》，《吉林通俗教育講演稿範本》1916 年 9 月 20 日第 8 期。

是樹立愛國榜樣，號召民眾學習。《世界愛國之偉人》將美國總統林肯與林則徐做比，介紹林肯解放黑奴和林則徐禁煙的過程，認爲人道主義是愛國的根本，因此二人都是偉大的愛國者。文中對鴉片戰爭經過的簡略敘述慷慨沉痛，雖未必盡合史實，卻足以撼動人心。《歐洲戰爭中的少年》則截取比利時少年愛狄斯傳遞情報的故事，稱讚他的忠孝智勇，號召中國少年學習。此文風格與林紓的譯作有相通之處，同樣是將傳統中國的倫理觀念植入外國故事之中，以表現中西文化的共同點。

　　守法類題目是講演的另一重點，大致可分爲三類。第一類側重於告誡民眾遵守法律，宣傳守法的重要性。《法律是都要知道的》、《文明國人的守法律》和《守法才能自由》皆屬此項。以家規比國法是這類講題常用的切入點，強調民國律法出於民意，爲保護人民權利而制定，因此人民遵守國法即是保護自身利益的觀點也被普遍接受。如《法律是都要知道的》，列舉了法律保護人民生命、身體、名譽、自由和財產免受他人侵害的作用，以此說明尊重法律就是尊重自身的權益的道理。《守法才能自由》則闡釋了公民自由的權限問題，指出自由必須在法律規定的範圍內才可實現，如違法犯罪，不僅自身受害，累及家人，還會被剝奪法定的權利。最後強調國家法律並非爲了拘束人民而立，乃是爲保護人民所立，國民恪守本分，不觸犯法條，自然可以得到自由。《文明國人的守法律》列舉英王亨利五世和德皇威廉二世的故事，盛讚二人身爲君主仍遵守法律的美德，據此教導民眾更應遵紀守法，其背後的邏輯並未超出王子犯法與庶民同罪的傳統思維模式，說明官方尚未認識到法律實爲國家權力來源之一，或至少沒有向民眾解釋該政治原理的意向。守法類題材的第二項內容主要是針對具體的法律條文進行闡釋，幫助民眾理解其含義，《欠債的不可拖延狡騙》、《說雇工》和《人民不可放棄法律上的權利》三篇講題即屬此類。這類講題更新較快，須隨國家政策而改變宣傳重點，短時間內使用頻率較高，但通常數月內就會停止相關講演。其後陸續增加的題目如《解釋刑律總則第六章共犯罪》、《解釋嗎啡治罪的條例》、《解釋刑律分則第十九章的造度量衡的罪名》、《解釋縣治戶口編查規則》等都屬此項。《欠債的不可拖延狡騙》詳細介紹了國家處理債務糾紛的流程，重點說明對債務人執行強制措施的方法，包括如何扣押、封存並拍賣其財產，並對僞造文書憑證、蓄意欺詐等罪責應受之處罰進行講解。《說雇工》則表現出官方嘗試在雇主和雇工之間保持相對公允態度的努力。文章一方面勸說雇工要認識到「富

貴貧賤不能均勻，本是物情如此」〔註10〕，既然自己無法獨立營謀生活，唯有寄人籬下，藉人資財，受人指揮。而食人之祿，忠人之事乃古今中外天公地道的定理，因此各行各業的雇工都應勤勉工作，不負職責。另一方面，雇主也應尊重雇工，並介紹七項保護雇工權利的法規，包括童工、女工勞動規則，勞動時間及勞動時長限制，勞動保護、工資及勞動合同保障等。這些條例內容大多是參照西方國家法規，當時中國尚無相關立法，只要求雇主根據行業情況自覺整頓。文章最後部分強調法律不可偏重偏輕，爲防止雇主不利於雇工，設下保護雇工的法律，若雇工放棄職分，有害於雇主，同樣要受懲處，並呼籲雇工雇主應各盡各道，共同努力。《人民不可放棄法律上的權利》是難得的以介紹憲法中之公民權利爲主旨的講題，文章開篇即言明公民權利不可放棄，「凡法律所付與的權利，人人都可以享受的，既然可以享受權利，就應該主張權利，既然應該主張權利，就可以行使權利。」〔註11〕其後又從公權和私權兩方面闡釋公民權利，介紹包括請願權、訴願權、選舉權和被選舉權在內的各項公權及人身權、財產權等私權。憲法中對公民權利的界定顯然深受日本影響，永佃權、地役權等更是直接模仿了日本民法中的相關條文。守法類題材的第三項內容是大量勸誡性講題，從嚴格意義上說，很多題目並不屬於法律問題，甚至不能算作公共性議題。如《說奢華的害處》、《戒貪財》、《勸焚毀淫書淫畫》等篇目談論的話題多爲個人生活方式選擇問題，《說奢華的害處》列舉過分追求優越生活條件的害處，包括易導致所入不敷所出，心力渙散，無法專注事業，養成依賴怠惰的性格，輕視他人感受等，並要求民眾量入爲出，勿逞一時豪性。《戒貪財》通過一個頗爲生動的小故事勸告聽眾愛惜光陰，勤習本業，克勤克儉才是發財正途，徒供財神，妄想發財便是貪，必定無濟於事。《勸焚毀淫書淫畫》則對私生活領域日益開放的風氣表示強烈不滿，認爲由夫妻正理上發生出來的至情才是合適的愛情，而今身犯淫惡的男女不再含羞自恨，反明目張膽，自號多情，洋洋得意，似此輕薄淫蕩的風氣皆因淫書淫畫流傳太廣所致。除要求書鋪配合警署查禁焚毀外，還號召民眾自覺抵制。上述三題的共同特點是無視公共領域和私人領域的界限，將道德選擇當做法律問題討論，對民間道德習俗標準的依賴說明官方可能尚未做

〔註10〕 《說雇工》，《吉林通俗教育講演稿範本》1917 年 5 月 20 日第 16 期。
〔註11〕 《人民不可放棄法律上的權利》，《吉林通俗教育講演稿範本》1916 年 7 月 20 日第 6 期。

好扮演現代國家權威角色的準備。至少在法律宣傳活動中，缺少理性的公平正義原則，使政府看起來更像傳統道德習俗的代理人，而非先進意識形態的象徵。游民問題是勸誡類講題中時常涉及的公共議題之一，《說化莠為良的方法》表現出民初政府對游民態度的變化，官方不再將游民產生的原因歸結為其自身的懶散墮落，而是認為年幼失學、年長失業是游民出現並淪為盜賊的根源。因此號召各地鄉董團紳聯合殷實富戶廣設貧民工藝廠和游民習藝所，用地方資源消化游民問題。

總體而言，勸誡類講題在守法題材中所佔比重最大，說明此項宣傳的重點是要求人民遵紀守法，盡職守分，很少向人民申明其權利所在。守法與守本分常常是彼此混淆的概念，在題為《守本分》的講稿中，政府告誡民眾要根據自己的本領、地位和職分謀取名利，追求本分以外的名利是無法成功的。如農人就要辛苦力耕，「除田畝以外，無論如何安閒，也不生希望，才是守本分」〔註 12〕。此處立論不僅脫離實際，且毫無人道精神，將國民工具化的傾向展露無遺。其後又用王沐和舒元謙的例子來說明一飲一啄皆是前定，只有安分守己才能趨福避禍，如此守法宣傳已與因果善書相去不遠。解釋公民權利的講稿所佔比重極小，在目前可見的資料中，僅包括《解釋中華民國臨時約法》和《人民不可放棄法律上的權利》，且後者只存在於通俗講演稿範本中，並未見於實際講演，說明法律為治民工具的統治理念並未因民國到來而發生根本性轉變。

儘管官方對通俗講演的道德教育功能極為重視，但直接歸於道德類項下的講題數量並不多。教育部曾特別強調社會教育工作事理繁賾，道德教育實為根本，要求各講演所加意研究，努力推行，以期收化民成俗之效，而講稿範本中的道德類講題所佔篇目卻不足一成。這一方面是由於守法類和道德類題材的界限並不明晰，很多守法類講題已代行道德教育功能，另一方面也說明官方過分突出道德教育的思路未必能得到通俗講演工作者的認可。如上表所示，道德類講題共 10 篇，所涉題材相當寬泛，包括交友、修身、持家等眾多私人生活領域問題。與愛國類和守法類講稿不同，大部分道德類講題的主旨非常具體化，會給予聽眾細緻的指導和建議，如《戒詈罵說誑》中要求民眾改變言談中的陋習，糾正言語粗俗的毛病，又借用《伊索寓言》中狼來了的故事來闡釋勿打誑語，維護個人信用的重要性。《勸勿薄待家室》則努力說

〔註12〕《守本分》，《吉林通俗教育講演稿範本》1916 年 8 月 20 日第 7 期。

服男子善待妻兒，認爲女子料理家務，其責任不遜於男子，「男女責任一樣重
大，事體一樣操心」〔註13〕，因此女人不是白養的閒人，更不是男人的奴隸。
虐待妻子的行爲既不符合倫理，又違背人道，實爲庸懦無能之輩所爲。文中
部分言辭甚至有偏袒女子之嫌，如把妻子的撒潑刁蠻行爲歸結爲丈夫己身不
正，不能與人爲善，需反躬自責，而女子性情柔順，廉恥心重，好言勸導必
能悔悟。但文章同時也承認，中國女權尚未興起，所謂男女平權之談一時難
以實現，要求男子善待妻子也無非是因爲家中成員自父母兄弟以下，多爲男
子附屬，全靠男子體恤愛護。講稿所傳達的思想雖與現代女權主義本質不符，
但就當時環境而言，反對家庭暴力的主張已屬先進。還有一些講題的主旨相
對空泛，或語多牢騷、或文題不符，或邏輯混亂。如《說良心》中先將國力
疲敝的原因歸結爲人心不古，世風日下，認爲「有良心的敵不過靡良心的，
所以把這國度一天低似一天，振也振不起，救也救不轉」〔註14〕。繼而提出
維持世風的方法，也無非是於酒色財氣四個方面加以節制，如此便可增長良
心，強盛國力。通俗講演內容與民眾日常生活需要保持密切聯繫是可以理解
的，但過分誇大某些陋習的危害，且論述方式粗糙不堪，恐怕很難令聽眾信
服。《欲望不可過於奢侈》與守法類講題《說奢華的害處》的內容相近，強調
個人欲望要與身份地位相符，「位列公卿的人，他就鐘鳴鼎食，家資豪富的人，
他就衣錦乘肥，雖然所費不少，不得說他是奢侈，因爲合他所處的地位。」〔註
15〕普通人則必須在飲食、衣服、妻室及冠婚喪祭等諸多方面力行節儉，以免
衣食不濟。相對而言，道德類講題的趣味性較強，《論改過遷善》、《講法國孟
德斯鳩的陰德》和《佛倫的道德》等篇目都有足夠的故事性，筆法類於小說。
《論改過遷善》引用周處除三害的故事，鼓勵犯有過失的人，只要決心改正
也可重爲良善之輩。《講法國孟德斯鳩的陰德》則詳細敘述了孟德斯鳩不貪圖
名利，匿名贖救商人羅菩的故事，號召民眾將救人之急當作分內事。《佛倫的
道德》稱讚法國小學生佛倫將友人所竊之教堂寶石串以郵寄的方式物歸原主
的做法，同時保全公義和友道。上述三篇講稿的說教內容都很少，絕大部分
篇幅用於講故事，正如文章編者所言，事雖奇異，確屬有據之談，摹寫略詳，

〔註13〕《勸勿薄待家室》，《吉林通俗教育講演稿範本》1917 年 1 月 20 日第 12 期。
〔註14〕《說良心》，《吉林通俗教育講演稿範本》1916 年 11 月 20 日第 10 期。
〔註15〕《欲望不可過於奢侈》，《吉林通俗教育講演稿範本》1916 年 8 月 20 日第 7
期。

最易感動聽眾。並非所有講演都面向普通大眾，有些講稿是針對特殊職業人群設計的，如《說信用》和《軍人道德說》即分別宣傳商人和軍人的職業道德。《說信用》以漢口匯發茶棧因製假售賣被俄國商人報官受罰之事為例，說明商業信用的重要性，並提出振興中國實業的三項主張。其一是要經理人講道德，公正勤勉，珍視企業資本，如此才能推廣公司組織；其二是商人不應售賣假貨，若貨真價實，言無二價，顧客自會盈門，既能賺錢又有名譽；其三是要不貪小利，如開礦設廠時工程設施不可減省，以免危及工人生命，購進原材料時不要貪圖便宜，影響產品質量，推廣產品時要適當做廣告宣傳，打開銷路。與空泛的道德說教相比，《說信用》中提出的建議頗具實用性，1918年以後實業宣傳在通俗講演中的地位提高，類似的題材經常被講員應用於實際講演。《軍人道德說》的受眾則要小的多，講稿主旨是要求軍人盡職盡責，努力維護國家對內對外威信，但其中的某些具體事項值得玩味。除勇敢團結、遵守紀律、服從命令、善待平民等常見要求外，文中特別強調軍人對待外人「絕對的要講文明，切不可有一毫野蠻舉動，倘有一毫野蠻舉動，鬧起國際的交涉來，國家的威信那就因而毀損了」〔註16〕。將勿輕起事端作為軍人職業道德的一部分，可見民初政府維護外部環境穩定的謹慎態度，也說明官方對通俗講演功效的定位並不完全局限於普及常識，灌輸國家的內政外交理念也是題中應有之義。

　　常識類講稿中，與自然科學相關的題材所佔篇目最多，約一半左右。《說地球》、《日蝕月蝕之理》、《說雷電》和《說雪》四篇介紹天文學和氣象學的一些基本常識，其中雖不乏謬誤，但對當時多數中國人而言已屬先進知識。如《說地球》中闡釋了地球形成的過程，認為地球是由宇宙塵和瓦斯體聚合而成，瓦斯體中的氣體液化後與塵土混合成為泥漿，又經過漫長的變遷後形成高山峻嶺、深溝低谷和海洋湖泊等地形。上述闡釋顯然借鑒了盛行於19世紀的康德一拉普拉斯星雲學說，但到20世紀初該假說已逐漸被摩耳頓的星子學說取代。當然，要求通俗講演內容緊跟學術前沿成果未免過於苛刻，能將相對確定的科學常識介紹給普通民眾即已達成社會教育的目標。《說地球》中需要用大量篇幅論證地球是圓的，共用六個例子來說服聽眾，足見當時向下層社會普及自然常識的艱巨性。宣傳科學知識與官方倡導的移風易俗，破除迷信活動是緊密相連的。《日蝕月蝕之理》和《說雷電》兩篇講稿都表現出鮮

〔註16〕 《軍人道德說》，《吉林通俗教育講演稿範本》1916年10月20日第9期。

明的反迷信態度，前者通過介紹日蝕和月蝕形成的原理，批駁民間關於天狗食日月的傳說，後者講述富蘭克林的風箏實驗，詳釋雷電產生的過程，以此說明對雷公電母的崇拜實在荒謬可笑。將科學知識應用於實際生活也是常識類講演的特點之一，如《說雪》在闡明降雪原理後特別強調雪對於農業生產的重要性，可以預防蝗災發生，並保護植物嫩芽。《說雷電》也用大量篇幅向民眾講解防避雷電的措施，包括不要靠近大樹和高牆，避免身穿濕衣，勿手持鐵器，在房屋頂安裝避雷針等。介紹先進科學成果是科普性題材的另一重要內容，如《風雨錶針》詳細講解了晴雨錶的原理、製作方法和演進歷程，及其在農事、軍事、日常生活中的應用，使民眾認識到物理化學知識的重要性。《說飛行機的理由》則介紹當時流行的幾種飛行器，包括熱氣球、飛艇、螺旋飛機、鳥翅飛機和平帆飛車等，說明其機械構造和工作原理。飛機因其在一戰中的廣泛應用而成為民國初年備受關注的新發明，許多通俗教育素材中都有關於飛行機的資料，但介紹往往流於膚淺籠統，或出於激勵民眾起見，隨意闡釋。如《說飛行機的理由》中認為飛機雖製造精巧，但其原理不過與放紙鳶類似，並沒有什麼稱奇之處，〔註17〕講演材料本身缺乏科學精神恐怕於通俗教育的常識普及功能無益。

　　史地知識是常識類講題的第二項內容，其中最引人注目的是關於人種學問題的討論。辛亥革命後，官方既將五族共和作為處理國內民族問題的指導思想，在文化教育領域內則要倡導有利於民族一體化的觀念，而彼時學術界對於人種學的強烈興趣和部分初步研究成果為官方宣傳提供了必要的素材。民國初年，人種學成為中國學界的顯學之一，很大程度上是源於民族主義情緒的推動，這也導致很多關於中國人種的考察並非嚴格意義上的學術研究。例如當時學者普遍信奉達爾文的進化論，但並不認同他關於人類起源於非洲的假說，很多人都堅信現代人類應是不同祖先各自演化的結果，而亞洲也應是人類起源地之一。具體到中國人種的起源，則極力附會古史，稱五族本同宗共祖，乃一線血脈，一本之親。民國初年中國學界關於人種學的研究大多憑藉史書和譜系學、姓氏學古籍，很少使用遺傳學、地質學、考古學或解剖學研究成果。《亞細亞洲人種的分別》和《中國五族人種的源流》兩篇講稿基本代表了當時官方認可的人種學研究成果。前者接受布魯門巴哈按照體質特徵劃分人種的方法，將亞洲人種分為蒙古人、高加索人和馬來人。認為馬來

〔註17〕《說飛行機的理由》，《吉林通俗教育講演稿範本》1916 年 10 月 20 日第 9 期。

人是亞細亞洲最初的土著居民，也就是所謂的九黎三苗，因黃帝子孫勢力擴張而被驅逐至熱帶以南海外島中。《中國五族人種的源流》則對這一過程做了更詳盡的敘述。文中稱漢族的起源地為西方崑崙山，五千年前沿黃河源流進入中國，在陝甘之地開疆擴土，到黃帝以後繁衍興旺，四處遷徙，驅逐了土著居民。漢族起源自帕米爾高原的學說最早由西方人類學家提出，根據是帕米爾高原地勢較高，當海平面下降之時，應是最早浮現的陸地，故此處可能為人類始祖發生之所。此說流傳甚廣，受到大批學者追捧，梁啟超、劉師培等人都曾在報刊雜誌上撰文宣傳，呂思勉的《白話本國史》在探討漢族起源問題時也持這一觀點。〔註18〕1915 年頒佈的國歌《中華雄踞天地間》中有一句歌詞為「華胄從來崑崙巔」，說明漢族源於崑崙山地區的學說已得到官方認可。在論述民族關係問題時，學界和政府都帶有明顯的漢族中心主義色彩，除將漢族定為中國的主體民族外，其他四族都被認為是漢族的分支。《中國五族人種的源流》中把滿族的起源追溯至肅慎氏，而根據《山海經》的記載，肅慎又是黃帝之孫顓頊的後代。蒙古人為匈奴族民，《史記》中認為匈奴為夏禹後裔。回族則被認為是虞舜的子孫，藏民與蒙古同種，也是顓頊夏禹的後代，甚至前清愛新覺羅氏被說成是與宋太宗子孫同族，蒙古土爾扈特部落為宋理宗後嗣。文中以家庭倫理喻民族關係，認為五族關係如家中各房的譜系分支，終是「枝幹千條，同歸一本，江河萬派，同出一源」〔註19〕。對於已經存在的民族融合現象，官方也持積極態度，但這一過程被定位為少數民族被漢族漸次吸納同化的歷史。在通俗教育講演中加入人種學內容，一則使下層民眾相信中國人種與西方同樣優秀，可以增強民族自豪感，次則強調五族本是同宗同源，有利於提高國家凝聚力，至於宣傳素材本身是否科學完善，並非政府關注的重點。常識類講題中涉及的地理知識以介紹中國地理環境為主，各省也可結合當地情況講解區域地理概況。如《論吉林地勢》中除說明吉林省的位置、面積、行政區劃、山脈河流和物產等基本信息外，還詳細介紹了省內各商埠中外國勢力的分佈狀況，並指出吉林西部缺少鐵路，交通不便，故修治道路應是第一要務。文章最後部分延續通俗講演的愛國主旨，激勵民眾利用豐富物產發展實業，以期挽回利權。與世界地理有關的題目相對

〔註18〕呂思勉：《白話本國史》，商務印書館 1933 年版，第 14～15 頁。
〔註19〕《中國五族人種的源流》，《吉林通俗教育講演稿範本》1916 年 11 月 20 日第 10 期。

較少，如《世界最小的共和國》談到在意土戰爭中建立的尼加利耶共和國，驚歎其全國人口尚不如中國一小學校學生人數。此題主旨未做任何延伸，似乎僅爲增長見聞起見，目的如此單純的講題在通俗講演中實屬罕見。

常識類題材中也有更具實用性的講題，如《火災防避法》詳細講解了預防火災的措施，火災發生時逃生的辦法，以及不同類型的火災如何撲救，甚至還包括滅火藥水的兩種配製方法。因吉林省城遍地大木橫鋪，火災頻發，加之冬季取水困難，不易撲救，向民眾宣傳防避火災知識應是相當必要的。《商家宜注重告白》則向商人介紹廣告的作用，並講解廣告詞的設計方法，如說明語言宜淺顯明白，不可過於誇張，如有些許滑稽色彩更能引人注意。小本經營的傳統商人往往不注重廣告，而通俗講演的聽眾中又常有行商坐賈，引入一些相對先進的商業經驗幫助他們提高經營技巧，也頗合倡導國貨的潮流。《說美國黑人教育》用布克·華盛頓創辦塔斯基吉師範學校的事蹟說明職業教育的重要性，認爲教育的宗旨應是手腦並重，反對輕視手工勞動的觀念。實業教育列入學制已久，但發展相對緩慢。1917 年的全國實業學校校長會議上，湖北夏口縣立乙種商業學校認爲，「吾國實業學校之不振由於地方人民沿於習慣，囿於成見，往往誤會以爲子弟入校即是藝徒，多鄙視之，不令就學」〔註20〕，因此應將實業教育的宣傳列爲通俗講演內容，使一般人民通曉實業學校與國民生計之關係，「實業之力究其效果，大之可以富國，小之可以謀生，獲益之處較普通學校爲尤巨。況國民有獨立自主之藝術，則人格高尚，與往古利用原生之訓亦自相符。」〔註21〕待學生父兄釋此疑團，然後實業學生可望踴躍，實業學校可望發達矣。職業教育有時也稱爲生計教育，脫胎於清末民初的實業教育，施教對象由最初的失業學生拓展至全民。高陽曾將其定義爲「用各種教育的方法與力量，來訓練或指導民眾，使有謀生的知識和技能」〔註22〕。使城鄉無業、失業和不業者有一定職業被認爲是克服遊惰之習，浮誇之氣的關鍵，不僅可充實國力，且能減少游民，保持社會安定。1917 年以後，通俗講演中與職業教育相關的材料大幅增加，主旨大多是闡釋職業的重要性，如伊通縣講員趙師普的《人不可無職業》、王海泉的《說職業於人生之關係》、吉林縣講員董會昌的《職業爲生活之本》等皆屬此類。

〔註20〕《吉林縣立講演所檔案》，吉林市檔案館藏，34-1-18。
〔註21〕《吉林縣立講演所檔案》，吉林市檔案館藏，34-1-18。
〔註22〕高陽：《高陽教育文選》（田曉明主編），蘇州大學出版社 2012 年版，第 47 頁。

　　破除迷信是常識類講題關注的另一重點，對燒香祈願、佛道法事、迎神賽會、風水堪輿、降神扶乩等民間活動的集中批判反映出這一時期國家精英階層的反宗教傾向。通俗講演嘗試從三個角度說服民眾遠離傳統迷信活動，其一是前文所述的科學常識普及，通過講解各類自然現象的原理瓦解偶像崇拜；其二是尋找民間信仰的邏輯缺陷，如《破除迷信》中在談到拜菩薩的現象時評論道，「世上若真有菩薩，必祐好人，不祐惡人，好人不拜菩薩，菩薩也歡喜，惡人竟拜菩薩，菩薩更恨怒。況且世傳菩薩是位正神，那（哪）裏有正神來受些須香燭，就不顧好歹護祐的嗎？」〔註23〕在批評風水堪輿之術時又說，墳墓地勢與子孫家道若真有關係，「為什麼富貴人家，很講究風水的，也能衰敗呢？為什麼貧賤人家，連祖墳都麼有作得，也能夠發富發貴呢？而且風水先生為什麼自己不揀一塊兒好地，把他祖宗遷葬，及身落得富貴呢？」〔註24〕對於下層民眾而言，類似的勸導可能比科學知識更具說服力。其三是從經濟角度說服民眾，強調各式迷信活動大多需要耗費錢財，謝禮酬金開銷不菲，勞民傷財且毫無用處。講稿範文《破除迷信》內所抨擊的各類民間信仰活動在此後的通俗講演中都逐一受到系統批判，成為出現頻率極高的一類講題。

　　實業類講題大致分為三種，一類旨在倡導實業，或探討創辦實業的方法，或批評拒絕改良的現象。如《實業成功之秘訣》引用英國人塞繆爾・伯傑的名言，認為熟練、堅忍、正軌是實業成功的秘訣。要求實業家首先要對所從事業務有深入瞭解，注重實踐經驗，不能僅以理論指導生產，其次要有堅忍耐勞的意志品質，百折不回，終能成功，最後還須堅持正道，不可為追求一時利益而誤入歧途。《實業的改良》則分析了中國實業發展緩慢的原因，將阻礙改良的因素歸為四類，並分別提出對策。對於因信息閉塞不知改良之法的民眾，只要開通其知識眼界，將新法舊法做一對比，自然會對新法趨之若鶩；對於資本不足無力改良的現象，要由國家制定完善的公司法規，以便投資人可放心入股，待集資難度降低，公司自會層出不窮；對於泥古守舊者則用古代先賢順勢而為，隨時改良的例子說服他，可達以彼之矛攻彼之盾的效果；對於心存觀望，但求苟安一時的人便需向其說明改良實業的急迫性，用朝鮮、印度、猶太、越南等國的亡國故事警醒他，使其內心悚動，振作精神。文中

〔註23〕《破除迷信》，《吉林通俗教育講演稿範本》1917 年 5 月 20 日第 16 期。
〔註24〕《破除迷信》，《吉林通俗教育講演稿範本》1917 年 5 月 20 日第 16 期。

還特別強調，勸化改良乃是國民的天職，同胞的義務，知識階層倘明知國事危急仍默不一語，如睡人失火，不爲疾呼，盲人臨井，不使止步，有失職守。〔註25〕實業類講題的第二項內容是教導勞動者如何提高工作效率，如《說如何工作可使生財極多的》引入了英國新古典經濟學家威廉姆・傑文斯的效用理論，在略去大量經濟學術語後，試圖向聽眾說明財富是勞動和資源結合的產物，因此提高工作效率是增長個人財富的關鍵，繼而從因時制宜、因地制宜和工作技術三個方面探討如何改善勞動成果。文中列舉一些常識性例子，如農人在烈日中除草，漁民於晨暮之際釣魚，挪威工人在降雪後進山伐木等，便於民眾理解，並建立合理安排工作時間的觀念。

實業類講題的第三項內容是爲各類生產活動提供技術性指導，所佔篇目最多，其中又以農業題材爲主，工業題材爲輔。與農業有關的講題中，種植業題材相對較少，正如《勸農家宜急研究農業教育》一文中所說的，近代中國耕作技術沿習舊法，鮮有改良，全賴農民素日經驗維持，雖大略不錯，可惜知其然不知其所以然，故介紹種植業改良的講稿主要圍繞解釋傳統耕作技術中的農學原理展開。包括判斷地性，選擇適宜作物，改良土壤，修建水利設施，輪栽技術應用等。以輪栽爲例，文中詳細闡釋了輪栽所以能保持土地肥力的原因，如種子吸收土壤養質不同，植物的常見病蟲害不同，植物根鬚入土深淺不同，某些植物所含養分可爲其他作物所用等。在解釋種子吸收養分不同的性質如何保持地力時，文中以人的口味做比，「就像人的飲食一樣，因爲性情不同，所以有好吃甜的，有好吃酸的。若年年老種一樣的種子，久而久之他就將土中供給他吃的那種養質，就吃盡了，若是輪栽呢，就未有這種毛病了。因爲去年種的那種種子是愛吃甜的，他不過將這甜的養質吃了去，將這酸的養質可就留下了，今年種的這種種子愛吃酸的，可就將那苦的養質留下了。」〔註26〕此處比喻雖不甚嚴謹，卻極易於民眾理解，類似的講解方法在通俗講演中經常出現。民國初年，很多地方政府都已認識到經濟作物獲利更豐，因此推廣棉花、煙草、漆樹等經濟作物種植技術的講題在農業類題材中占相當篇幅。如《農業應注意之事項中》特別提及棉花種植的幾個要點，包括對種子進行預處理的方法，入土深度，施肥原則，及土壤選擇等，以便

<hr>

〔註25〕《實業的改良》，《吉林通俗教育講演稿範本》1916 年 8 月 20 日第 7 期。
〔註26〕《勸農家宜急研究農業教育》，《吉林通俗教育講演稿範本》1916 年 10 月 20
　　　　日第 9 期。

保證出芽率，並防止植株因枝葉過茂導致蒴果減少。

　　推廣養殖業是實業類講題的一大重點，其中又以養蠶業著力最多。吉林地區的蠶業始於清道光年間，由山東移民引入蠶種，因當地山深林密，多採取荒山放養的方式。至民國初年吉省官方開始將推廣養蠶業作為振興實業的重要舉措之一，除由農事試驗場、農會和工藝廠經營規模較大的山蠶放養活動外，還在通俗講演中反覆勸導民眾，說明養蠶之利益，講解養蠶技術，試圖激發鄉民養蠶的積極性，《說桑蠶》、《柞樹春蠶飼養法》和《柞樹秋蠶飼養法》三篇講稿都與此相關。《說桑蠶》主要介紹桑樹栽培方法，認為北方氣候乾燥少雨，土壤多砂質，適宜桑樹生長，繼而詳細描述了培植及栽種桑苗、整枝、施肥、除草等各項技術細節。包括育苗方法、下種時間、生長進程，甚至接枝時切口的位置和深度，移種時所需土坑的尺寸，無不一一講解。對於在吉林地區頗有根基的柞蠶養殖業，指導則更加詳盡。《柞樹春蠶飼養法》按照養蠶的一般流程，闡釋購種、配蛾、出蟻、飼葉、蠶眠、移蠶、防害、放蠶和留種等各項環節的做法及注意事項，《柞樹秋蠶飼養法》又針對秋季養蠶的特點對技術環節做相應調整。兩篇文章均極詳盡，如講到移蠶時，除強調定期移枝的重要性外，還說明移蠶須用手從蠶尾上倒提，不可捏提頭部，以免蠶受病。防害一節分別講解蛇蟲、鳥類和螻蟻的防避方法，並提醒民眾放蠶時如天氣炎熱可將蠶放在山陰，若氣溫稍低則放於山陽。〔註 27〕吉林養蠶業在民國前期取得一定進展，至 1917 年，永吉、伊通、磐石、榆樹等縣飼蠶戶已達 514 戶，收繭 2235 擔，制絲 432 斤，1921 年以後，蠶絲出口量大增，柞蠶繭價格每千粒漲至 6 塊銀元，飼蠶戶數量也持續增長，尤以吉林道和延吉道為盛。〔註 28〕通俗講演對推進吉林養蠶業發展的作用很難精確評估，但如此詳盡實用的指導對提高鄉民養蠶技術應有所幫助。

　　家禽、家畜養殖技術在實業類講題中也多有提及，講稿不僅詳細介紹傳統飼養經驗，且注意引入國外先進技術。如《說養雞之利》參酌美國養雞方法，在選種原則、飼料配製、日常管理、孵化方法等各方面都豐富了原有經驗，並為規模化養殖提供建議。以飼喂技術為例，文中提出飼料成分應包括動物質、植物質和礦物質，除使用穀物外，還應摻入昆蟲、魚類、動物內臟、新鮮綠葉菜、燒骨粉、貝殼、卵殼等，以保證營養均衡。如加入食鹽可幫助

〔註 27〕《柞樹春蠶飼養法》，《吉林通俗教育講演稿範本》1916 年 8 月 20 日第 7 期。
〔註 28〕浙江大學編：《中國蠶業史》（上），上海人民出版社 2010 年版，第 253 頁。

消化，換羽時用硫磺末或花椒拌和食料則能促進換羽過程。日常管理過程中，要爲雞提供運動場所，場中墊乾淨沙土，多栽樹木，但應限制運動時間，不可任其自由活動，以免影響增重產卵。〔註29〕尤其值得一提的是，彼時規模化養雞場剛剛興起於美國東西部沿海地區，而通俗講演中已能描述出其大略，包括箱式雞舍、強制飼餵器、簡易人工孵化器的製作方法，增肥飼料的配方，密集養殖時的防疫流程等。說明中國政府和知識階層對世界產業經濟發展和技術更新保持著相當密切的關注，並嘗試利用部分新技術改良中國傳統農業生產方式。而講稿開篇即強調一戰爆發以來，雞肉雞蛋出口量大增，銷路無虞，文中又詳細介紹雞蛋儲藏和運輸的方法，表明官方已改變對農業經濟的傳統定位，不再滿足於自給自足的經營模式，意識到農產品市場化的重要性，儘管當時的認識可能只局限於增加國家出口收入。《吉林省宜注意畜牧》和《發展吉林水產辦法》兩篇講稿則根據吉林地區地廣人稀、水文資源相對豐富的地理環境，分別對畜牧業和漁業發展提出建議。前者指出畜牧業產品如肉乳、羊毛、皮革等可以爲工業生產提供原料，畜力又可用於開荒耕作，糞肥還能保持地力，甚至有助於增加就業機會，維持地方治安。繼而提出發展畜牧業的各項主張，其中不乏一些頗具現代意識的經營方式，例如在各縣設立畜牧公司，儲備資本，以供牧戶資金周轉時借貸，統一採購良種，雇工人代牧，組織當地牧戶成立畜牧場，劃清放牧區域，設場長管理協調相關事宜，有條件的縣鄉還可自辦畜牧專門學校或牧務研究所，培養專業人才。〔註30〕但同時講稿中也申明，牧民自發成立的畜牧場應將場名、位置、牧區、牧戶及畜產總數彙報縣公署備案，這似乎說明官方試圖在經濟發展的過程中扮演更重要的管理角色。相對而言，《發展吉林水產辦法》中對漁業提出的建議要簡略得多，只涉及改良捕魚方法和對產品進行深加工兩項措施。文中介紹了國外捕魚船新技術，並針對漁戶資本不足，無力升級設備的現象，提出組織漁業公司，湊足資金，以便逐步改良。而漁獲易腐敗，如天氣炎熱，銷路不暢會給漁民造成損失，傳統處理方法是晾曬魚乾，引入罐頭製作工藝則有助於提高產品附加值，但與升級捕魚船一樣，此項技術所需成本過高，普通漁戶恐怕難以從中受益。與農副業相關的題材在實業類講稿中也有所提

〔註29〕《說養雞之利》，《吉林通俗教育講演稿範本》1917 年 5 月 20 日第 16 期。
〔註30〕《吉林省宜注意畜牧》，《吉林通俗教育講演稿範本》1916 年 11 月 20 日第 10 期。

及，如《豆腐》一文中先引用日本農會的研究成果，介紹豆腐的營養成分，通過對比牛奶與豆漿的蛋白質、脂肪和糖分含量，說明豆漿的營養價值不遜於牛奶，且成本相對低廉，經常食用可改善普通中國民眾膳食結構中缺乏蛋白質的問題。繼而詳述豆腐的兩種製作方法，並援引李石曾在法國創辦豆腐公司例，認為豆腐雖是常見之物，如能加意研究，大力推廣，實現規模生產，小則能為個人致富之基，大則可為國家挽回部分利權。

　　與農業類題材相比，工業類講題的比重要小得多，如上表所示，15 篇實業類講稿中，僅《趕快擴張織維工業》一篇與工業有關。一戰期間，中國輕工業發展取得長足進步，但當時東北地區的現代工業基礎仍相對薄弱，紡織業和礦業是這一時期通俗講演中倡辦工業的兩個主題。前者已成為抵制外貨運動最大的受益者之一，且投入資本相對較少，被證明是獲益頗豐的行業，後者則可能是因吉林地區礦產資源豐富，加之外國資本開礦設廠的刺激，官方遂將發展礦業作為收回利權的舉措之一。一般而言，工業類講題具有兩個特點，首先是內容主旨通常和國貨運動緊密聯繫，如《趕快擴張織維工業》中開篇即大談洋貨對土貨的衝擊和中國在對外貿易中的不利處境，視「現金流出為國家最危險的事體」〔註 31〕，認為中國物產豐富，勞動力資源充足，市場龐大，如任外貨充斥國內市場，終至國力耗盡，無法補救，因此必須極力擴張本國工業。此類講題的第二個特點是涉及技術細節的內容相對較少，可操作性不強，通常只能提供簡單管理經驗和部分商品概況。無論紡織業、礦業或其他工業部門，在述及興辦方法時大體都圍繞三點，資本需雄厚、經理要得人、設備應盡量先進，很少能根據行業差異提出更具體的建議。工業類講題數量少，內容籠統，一方面可能由於通俗講演面向的聽眾大多沒有能力興辦工廠，另一方面也因為相關專業人才缺乏，鮮有更具實用性的素材，要求基層講演員將複雜的工業技術問題一一講解清楚，顯然是不現實的。

　　總體而言，實業類講題以農業技術性內容為主，具備一定的可操作性，但偶而也有少數講稿考慮欠周，提出不切實際的項目。民國初年，吉林省政府曾嘗試推廣經濟林木的種植，漆樹因對土壤要求低且較耐寒，成為通俗講演中重點推介的項目之一，《栽種漆樹的法子》即是向民眾介紹漆樹種植技術的例子。文中提及的種漆新法源自日本，屬當時先進技術，由馬叔度引入中

〔註31〕《趕快擴張織維工業》，《吉林通俗教育講演稿範本》1917 年 5 月 20 日第 16 期。

國，講稿對漆樹種植各項技術環節的講解也頗為詳盡。但漆樹成材需十年時間，且每年四月採漆，此前兩月必須氣候溫潤方可出漆，而吉林地區冬季寒冷乾燥，即便漆樹可以成活，也很難產出優質生漆，推廣漆樹種植項目的嘗試當然也就無法取得成效。不過此類講題終屬少數，多數講演對提高民眾的生產技術應有所裨益。此外，實業類講題中還會引入一些先進的商業思想，為改良傳統生產方式提供思路，最典型的例子是對公司組織的倡導。晚清時期的有識之士在與西方社會的接觸中已認識到公司對於國家經濟發展的巨大作用，薛福成的《論公司不舉之病》中即認為，公司可「糾眾智以為智，眾能以為能，眾財以為財，其端始於工商，其究可贊造化。盡其能事，移山可也，填海可也，驅駕風電，制御水火亦可也。」〔註32〕而自洋務運動時期開始的實踐活動也表明，西方式的現代公司運作方法更有利於吸納資本，分擔風險。農牧墾殖公司是東北地區出現較早，發展相對成熟的公司組織，但當時民間商人仍以個體經營模式為主，農民亦多沿習傳統家庭生產方式，在基層社會推廣公司組織有利於集中分散資本，使興辦規模較大的經濟項目成為可能。通俗講演中論及畜牧業、漁業和農副業發展時都曾提倡民眾自發組織公司，合眾人之力實現設備升級、規模生產和人才培養等目標。與北京、上海等大城市不同，吉林通俗講演活動面向的聽眾主要為鄉民，在農村基層社會中推廣公司組織的效果當然未必盡如人意，但以國家輿論工具促進農業生產模式現代化的嘗試，其意義應得到足夠重視。

衛生體育類講題在講稿範本中所佔比例不多，但內容與日常生活關係密切，尤其是衛生類題材，主要專注於為下層民眾提供具有可操作性的健康指導，因此在實際講演中使用頻率較高。講稿內容多從衣、食、住三方面入手，介紹一些基本的衛生常識。如勸導民眾衣物應時常換洗，保持清潔，被雨水淋濕的衣服要立刻換下，不可靠自身熱力烘乾；飲食要講究新鮮乾淨，瓜果洗淨去皮後方可入口，膳食搭配不宜過於油膩，但求適宜即可，注意防避蚊蟲，以免食物受到污染致病；住所要寬闊向陽，經常打掃，每日開窗通風，院內多栽樹木等。講稿的編排顯然也考慮到了季節因素，會根據時令變化調整講演重點。如1916年9月的講稿中有《秋季衛生》一篇，勸誡民眾秋天晝夜溫差加大，夜間應注意保暖，不可圖一時爽快當街露宿，以免胸腹受寒，引發腹瀉，且秋田禾高之時，野獸易隱蔽其中，在室外休息易被攻擊，並特

〔註32〕陳紹聞主編：《中國近代經濟文選》，上海人民出版社1984年版，第375頁。

別提醒小兒父母留意孩子飲食，生冷瓜果不可食用過度。〔註33〕1916 年 11 月的講稿中則加入《說冬季衛生》篇目，提醒民眾取暖時要防範煤煙中毒，燒炕時注意控制溫度，以免冷熱刺激過劇，引發關節疼痛，出門避免受寒，預防肺結核傳染。〔註34〕衛生類講演尤其關注下層民眾的生活環境，認為窮人雖無法身著綾羅綢緞，享用豐腴食物，住進高樓大廈，但若能講求衛生，粗茶淡飯亦可保持健康。文中所提之改良措施，也大多成本低廉，簡便易行，如在夏季蚊蟲較多時提倡使用蒼蠅籠和蒼蠅紙，降低患傳染病的幾率，晨起後要及時開窗通風，保持室內空氣新鮮等。雖然中醫在當時的上層知識分子中正受到猛烈批判，通俗講演的內容卻並不拘泥於傳統和現代的分際，但求講解清楚，易於民眾理解，方法實用即可。例如多篇講稿在提到傳染病的防治問題時都引入了微生物的概念，《說注意衛生》一文甚至詳細講解了蒼蠅的生理特徵，包括翅膀和腿部的結構等，以便說明疾病傳播的過程，上述內容屬於應用現代生物學研究成果的例子。《十年長壽新法》則吸收西醫經驗，介紹美國新式的柔軟體操，即每日睡夢初醒時在榻上徐徐運動，欠伸肢體的一套動作，認為堅持此法可強身健體，袪病延年。〔註35〕同時講稿中也經常使用中醫概念，並介紹一些切實有效的治療手段，如《說冬季衛生》中視冬天為收斂的季節，提出人體應順應四季的變化，注重冬季調護，開春以後才能減少疾病。《秋季衛生》中在解釋被雨淋濕的衣服為何要及時換下時，引用《洗冤集錄》中的案例，認為暑濕之氣藏伏衣內，一旦貼近人體就會從汗孔鑽入，導致生病。講解如何救護煤煙中毒時則介紹了用白蘿蔔汁灌服患者的方法。有時講稿中會應用一些民間養生概念，以簡化複雜問題的說明。如《講起早的好處》一文在述及新鮮空氣對人體的益處時解釋說，「空氣是人洗血的好東西，吸的空氣新鮮，那血就洗得乾淨，血脈流通，精神清爽，身體自然就強健了。」〔註36〕用洗血的說法取代血氧含量和呼吸原理等複雜問題，顯然較易於民眾理解，在面對知識儲備嚴重不足的聽眾時，類似的講解方法可能比嚴謹的科學普及更有效。為增強通俗講演的社會效應，一些子虛烏有的民間故事也可被用作素材，如《說飲食》中用一秀才誤食蠍子後患饞病，導致家

〔註33〕 《秋季衛生》，《吉林通俗教育講演稿範本》1916 年 9 月 20 日第 8 期。
〔註34〕 《說冬季衛生》，《吉林通俗教育講演稿範本》1916 年 11 月 20 日第 10 期。
〔註35〕 《十年長壽新法》，《吉林通俗教育講演稿範本》1916 年 10 月 20 日第 9 期。
〔註36〕 《講起早的好處》，《吉林通俗教育講演稿範本》1917 年 1 月 20 日第 12 期。

財散盡的故事，勸導民眾要注意飲食衛生。〔註 37〕綜上所述，衛生類講題給予民眾很多實用的健康指導，但講解方式相對多樣化，內容未必信實。

　　體育類題材的突出特點是國家主義色彩濃厚，與 1915 年後興起的軍國民教育思潮聯繫密切，但缺乏可操作性，多淪為空泛之談。尚武精神原非中國傳統文化的主流，近代以來與西方國家的接觸才使國防意識漸漸為普通民眾所瞭解，一戰中各國軍事力量得到極大程度的展示，中國裏挾於整軍經武的潮流之中，自不免受其影響。加之日本提出的「二十一條」被公諸於世，一時群情激憤，知識界在愛國主義感召下重拾清末以來的軍事教育思想，認為只有全體國民皆受訓練，有隨時上陣禦侮的能力方可保國雪恥，而體育又被視為軍國民教育的重要內容之一。通俗講演中的體育類題材多從闡釋體育對於個人、國家和民族的利益著手，如《運動身體的益處》通過講解達爾文的進化論，說明身體各器官用進廢退的道理，以此鼓勵民眾積極參與運動，強健身體，預防疾病。〔註 38〕《國民注意體育與強國之關係》則強調國家盛衰在於國民的強弱，並以德國和日本為例，認為普魯士能從 1806 年的戰敗中崛起統一德意志，日本能由亞洲弱國一躍而躋身列強，皆因注重國民體育。〔註 39〕文中還特別提到了 1915 年 5 月 5 日的國恥，痛陳中國因兵不精械不利只能含恨忍辱的痛苦，說明「二十一條」確實為國家決意推行軍國民教育的一大助因。《體育有強種的關係》側重於從遺傳學的角度分析中國人身體孱弱的原因，認為強壯的父母所生子女自然也強壯，疲弱的父母其子女就容易先天不足，由此「種下疲軟孱弱的病根，遺傳下來，一代不如一代」〔註 40〕，若要提高民族素質，就必須使成年人皆養成勤於鍛鍊的習慣。講稿中雖然也會談及身強體健，精力充沛對個人生活和事業的好處，但最終都會將主旨歸於保國強種，而東亞病夫一詞的頻繁出現也許可以在某種程度上解釋體育類講演中強烈的民族主義情緒。與世界強國接觸帶來的壓力日益強化著中國的危機意識，官方嘗試將這種危機感傳遞給下層民眾，而身體的對抗成為國家間對抗最直觀的體現。同時講稿中也處處流露出對西方文明的欽羨之情，讚歎外

〔註 37〕　《說飲食》，《吉林通俗教育講演稿範本》1917 年 5 月 20 日第 16 期。
〔註 38〕　《運動身體的益處》，《吉林通俗教育講演稿範本》1917 年 1 月 20 日第 12 期。
〔註 39〕　《國民注意體育與強國之關係》，《吉林通俗教育講演稿範本》1916 年 7 月 20
　　　　　日第 6 期。
〔註 40〕　《體育有強種的關係》，《吉林通俗教育講演稿範本》1916 年 11 月 20 日第 10
　　　　　期。

國人體格高壯，精力充沛，神采飛揚，國內體育活動普及，運動設施完善，連俾斯麥高達 280 磅的體重都成為令人激賞的對象〔註41〕。所推薦之運動項目也以西方流行的體育活動為主，如擊劍、騎馬、游泳、足球、賽艇等，偶有推薦八段錦等傳統武術作為鍛鍊方法的文字，但均一語帶過，並無詳細講解。在從各種角度反覆強調體育鍛鍊的重要性後，講演中提供的鍛鍊方法和指導卻極少，且常因過於粗略而不具備可操作性。如《說體操》中用大量篇幅說明強健身體的緊迫性和必要性，而關於體操的具體做法則隻字未提，僅提倡民眾在工作之餘多參與踢毽子、跳繩、打秋韆等遊戲。《勤勞與體育之關係》甚至將日常勞動直接歸入體育，稱只要民眾勤奮工作，身上的筋肉就會越來越發達，白晝力作，夜能安寢，少生邪僻念頭，可以致壽考。〔註42〕考慮到當時國內基礎設施匱乏，運動場所和器械稀缺，推廣西方流行的運動項目並不具備可行性，且社會教育不同於學校教育，很難組織民眾集中進行鍛鍊，因此通俗講演對體育運動的宣傳成效不彰也在情理之中。

講稿範本中的特別類講題數量最多，但主旨並不統一，八大類題材以外的講題多被籠統歸入特別類，其內容大體包括兩個方面。第一是教育問題，尤其注重探討兒童教育的形式和方法，以突出家庭教育的重要地位和強調新式基礎教育的優越性為特徵。《教育兒童談》和《說家庭教育》是關於家庭教育的兩篇代表性講稿，二者都嘗試改變下層民眾視教育為教師專屬職責的觀念。《教育兒童談》首先指出，兒童只有在家庭內先受過良好教育，入學後才易於訓練，「比方栽一棵樹木，根本上已經培植完好，長到三四尺高以後，稍一護持就挺然而上，成了一個端端正正的好材料。」〔註43〕繼而詳細講解家庭教育方法，認為以忠孝節悌為核心的禮法教育是幼兒成長的根基，每日飲食起居的規矩應早早確立，問安、著裝、吃飯和待客等禮數要督促兒童遵行。然後再輔以智識教育，其內容又包括識數、辯方、認字、記帳各項，家長可利用平日遊戲散步之機，啟發幼童興趣，除教孩子掌握淺近常識外，還能使他們將學習視為樂事。最後文中還指出了家庭教育應注意的幾大事項，如富家子弟不可過於嬌慣奢侈，但也不宜怒罵痛撻，以免傷害孩子廉恥之心，零

〔註41〕《說注重體育》，《吉林通俗教育講演稿範本》1916 年 9 月 20 日第 8 期。
〔註42〕《勤勞與體育之關係》，《吉林通俗教育講演稿範本》1916 年 10 月 20 日第 9 期。
〔註43〕《教育兒童談》，《吉林通俗教育講演稿範本》1916 年 11 月 20 日第 10 期。

用錢和壓歲錢可引導兒童儲蓄，有助於養成勤儉節約的習慣等。《說家庭教育》則從兒童心理學的角度說明家長在家庭教育中的重要作用，認為兒童的天性是判斷力弱，模仿力強，父母教導不正，孩子自然行為不端。若父母多污言穢語，兒童就學會了罵人，父母常失信於人，日久孩子也就養成撒謊的惡習，父母愛占小便宜，孩子則可能漸漸淪為盜賊。因此身教勝於言教，為人父母必須謹言慎行，身作表率，才可寄望於孩子出人頭地。〔註44〕

　　介紹新式學校的辦學方法及其優越性也是教育類講題的內容之一，如《初等小學堂的功課合功課的用處》詳細說明了國民學校中所設各科目的用途，認為修身、國文、算數、體育、手工、圖畫、唱歌各課程的搭配符合兒童的天性，有益於德育、智育和體育的全面發展，比照私塾將學生禁於室內教成書呆子的方法要好得多。民國政府對待傳統私塾的態度與清末新政時期相似，以改良為主，取締為輔。考慮到新式小學堂的規模和輻射範圍有限，通過培訓塾師，改革教學內容等措施將私塾變為私立國民學校，以補基礎教育資源匱乏之弊，也不失為折衷之策。但很多私塾因條件所限，無法滿足新式教育的要求，多數鄉村塾師沒有接受過系統的新學教育，難以講授手工、美術、音樂等課程，即是新式教科書也不易購得，因此所謂改良往往是虛應公事。而私塾教育在鄉村地區根基深厚，加之塾師收入與學生數量成正比，故而督課較勤，家長也多樂於送子弟入私塾，官方遂將私塾爭搶學齡兒童問題視為新式教育擴張的阻力之一。考察民國前期吉林地區的通俗講演內容可以發現，批評私塾弊病，宣揚國民學校優越性一直是教育類講題的重點。除國民學校外，講稿中還提及了露天學校、半日學校等新式教育機構。認為前者興辦較易，又可吸納資質遲鈍和體弱多病的兒童，建議附設於國民學校內，以補正常教育所不及。後者僅半日授課，且免收學費，貧苦子弟可入校學習，既能增進學問，開通知識，又不誤平時謀生之業。〔註45〕全面介紹各類新型教育機構，表明政府希望擴大新式教育影響力，使多數兒童都能接受國家認可的教育方式。此外一些比較新穎的兒童教育形式在通俗講演中也有所涉獵，如《說童子軍》介紹了一種1912年才傳入中國的兒童教育模式，認為這種源於英國的教育方法符合兒童心理需求的發展，可以彌補家庭教育和學校

〔註44〕《說家庭教育》，《吉林通俗教育講演稿範本》1917年1月20日第12期。
〔註45〕《窮苦子弟最好是半日入學堂半日習小工藝或作小買賣》，《吉林通俗教育講演稿範本》1916年8月20日第7期。

教育之不足，又能防止孩童受物質文明腐蝕過甚。〔註 46〕鑒於中國當時尚無兒童保護的相關立法，講稿範本中還特別錄入了美國牧師丁義華的一篇講辭，指出保護兒童身體健康及受教育的權利是政府職責，中國應模仿歐美國家舉措，制定禁止使用童工的法規，並推廣簡易新字和注音字母，便於貧苦子弟掌握讀寫技能。〔註 47〕

　　除關注兒童教育問題外，民國前期的很多教育思潮在通俗講演中都有所體現。如《養兵不如提倡軍國民教育》中闡釋了盛行一時的軍國民教育思想，認爲中國軍人多市井之徒，缺乏訓練和職業道德，素質堪憂，若能模仿德日兩國成例，將軍事教育寓於學校教育、家庭教育和社會教育之中，則國民皆爲精兵，既可強國又節省經費。〔註 48〕《小學畢業的學生都要注重謀生的方法》和《中國教育界的恐慌同救濟方法》則體現了實用主義教育思想的影響。二者都圍繞學生就業問題展開議論，批評人們視學校爲士大夫養成所的錯誤觀念，前者認爲初高兩等小學校提供的不過是每個國民都應當接受的通識教育，若無力繼續升學，就宜著手謀生之法，不應囿於成見，因顧惜所謂讀書人的體面而拒絕從事農工商工作。〔註 49〕後者更直言不諱地指出，當時的學校畢業生已數倍於科舉時代及第者，國家無法提供足夠官職，因此學生畢業即謀求公職的做法實屬好高騖遠，若不大力發展職業教育，使學生有一技之長可以謀生，最終必定有損新式教育信用。《中國教育界的恐慌同救濟方法》改寫自蔡元培先生在江蘇省教育會中的演說，文中提出了一些在當時頗爲先進的教育理念，如蔡氏結合在歐洲考察的經驗，認爲投機性商業行將消亡，因此職業教育應專注於農工兩項。民國初年方興未艾的美感教育思想在講稿中述及如何培養職業道德時也有所體現，蔡元培駁斥了時人借宗教力量振興道德的建議，指出宗教乃非理性產物，不符合世界發展大勢，以中國民眾科學素養之低，貿然提倡宗教將貽害無窮。宗教之積極作用在於「能夠教人置身在利害生死以外」〔註 50〕，而美育也具有同樣的力量，因此應以美感教育

〔註 46〕《説童子軍》，《吉林通俗教育講演稿範本》1917 年 5 月 20 日第 16 期。

〔註 47〕《文明國保護兒童的責成》，《吉林通俗教育講演稿範本》1916 年 9 月 20 日第 8 期。

〔註 48〕《養兵不如提倡軍國民教育》，《吉林通俗教育講演稿範本》1916 年 10 月 20 日第 9 期。

〔註 49〕《小學畢業的學生都要注重謀生的方法》，《吉林通俗教育講演稿範本》1917 年 1 月 20 日第 12 期。

〔註 50〕《中國教育界的恐慌同救濟方法》，《吉林通俗教育講演稿範本》1917 年 5 月

代替宗教。嚴復在赫伯特‧斯賓塞的理論基礎上構建出的德智體三育教育思想此時也仍在廣泛流傳，通俗講演中將其視爲國民教育目標。認爲只要三育並重，就可養成道德高尙、身體強健、知識開通的國民，國力強盛亦自然可期。

　　還有一些講題涉及社會教育本身的方法問題，如《論今日學生宜組織演說會以練習演說》和《說演戲》分別介紹了校內講演和新式戲劇在社會教育中的應用，其中關於學生練習講演的必要性和演說技巧的講解尤爲詳盡。文章首先指出，學生是未來社會的中堅，將在很多關鍵領域承擔重要責任，無論外交談判、法庭辯論還是立法會議都需要有良好的口才，而要履行啓蒙大眾的職責更必須有優秀的通俗講演能力，能把眞實學問以淺近語言表述出來。由學生自發成立演說會，於閑暇之時舉辦面向校外公眾的講演，不僅能鍛鍊學生的個人能力，還可密切學校和社會之間的聯繫，對民眾啓蒙運動也大有裨益。文中還借鑒通俗講演所的運作經驗，建議學生演說會邀請社會名流到場講演，以壯聲勢，擴大影響，並可應用一些輔助教學手段如電影等，引起聽眾興趣。關於講演技巧的說明則更加詳細，除強調講辭要內容生動，觀點新穎外，還按身振和講音兩大項分別講解了講演者表達喜怒哀樂和愛惡情緒時應採取的肢體語言和語音語調。如「哀」一項即分爲哀訴、悲傷、憂愁、痛苦四種，其語調各有不同，哀訴應「語勢別放，務極靜婉，聲音宜低，感動人於不自如」，悲傷要求「語勢務弱，腔調別流於急切劇烈，聲音要低要柔」，憂愁「聲音要弱，別發高聲，腔調也要柔，並且要長」，痛苦一條下的注解則是「聲音含在喉中，靜婉發出，腔調大小高低時常變換，也不妨偶作激烈語」。〔註51〕在通俗講演中大力倡導學生演說會，傳播演說技巧，說明民國前期官方對學生自發的講演活動持寬容甚至支持的態度。雖然講稿中也談到青年因意氣太盛，難免於講演中流露攻擊非難、逾越常軌之詞，但若教師能善加引導，認眞督責，反而可以將其變爲學生修身的機會。事實上，學生自發的講演活動一直是官辦通俗講演工作的有益補充，正如胡適所言，「那些『同胞快醒，國要亡了』、『殺賣國賊』、『愛國是人生的義務』等等空話的講演，是不能持久的，說了兩三遍就沒有了。」〔註52〕而學生已接受相對完備

---

20 日第 16 期。

〔註51〕 《論今日學生宜組織演說會以練習演說》，《吉林通俗教育講演稿範本》1916
年 7 月 20 日第 6 期。

〔註52〕 胡適：《胡適文集》第 11 卷（歐陽哲生編），北京大學出版社 1998 年版，第
52～53 頁。

的新學訓練，有利於避免基層講員講演內容空洞的問題，有學生參與的很多愛國宣講活動都取得一定成效即是明證。

政治常識是特別類講演的第二項重要內容，其中很多講稿改編自上層知識分子的作品，因而展現出較高的思想水準。1916 年 6 月黎元洪繼任大總統後，社會氛圍相對寬鬆，通俗講演中關於民主政治的講題明顯增多，國會制度、臨時約法、司法獨立和地方自治等各項內容都有所涉獵，且國家主義色彩均大爲淡化，相當一部分文章顯示出自由主義傾向。如《國會制度》一文從英國議會的起源講起，追溯了《大憲章》產生的歷史，上下兩院的權限和運作方式，以及代議制的理論基礎，進而指出由代表平民利益的眾議院和更具政治經驗的參議院共同組成的中華民國國會，可以兼顧公平和效率，既能保障人民利益，又不至於因缺乏行政外交常識而有誤國事。〔註 53〕《說各省力爭恢復約法的緣故》則從護國軍務院提出的三項要求入手，對比了新舊約法的差異，批評 1914 年公佈的《中華民國約法》是袁世凱挾勢弄權的產物，認爲唯有恢復《臨時約法》方能正本清源，鞏固立憲國基。儘管民國初年地方司法體系尚未取得獨立地位，根據 1914 年頒佈的《縣知事兼理司法事務暫行條例》規定，「凡未設法院之司法事務，委任縣知事處理之」〔註54〕，但官方早已認可司法獨立爲國家制度建設要務，通俗講演中對該問題也有所涉及。《說司法獨立》即嘗試將這一基本憲政理念灌輸給民眾，文中闡釋了司法獨立的理由、操作方法和制度保障，指出法官終身任職制可保證其任免和升遷不受行政官員干涉，進而保障司法獨立，而訟案當事人也可根據司法獨立原則，要求與案件有特殊關聯的法官迴避，以保障判決結果公正。最後文章強調，司法獨立是「國家保護人民最要緊的制度」〔註 55〕，共和國人民務須瞭解。盛行於清末民初的地方自治思潮也是通俗講演的重點之一，《自治（一）》和《自治（二）》兩篇講稿集中闡述了當時主流的地方自治主張。文中認爲地方自治事宜千頭萬緒，應首先以保甲、修路和興辦小學堂三項爲主，其事大多平常，民眾易於參與，鄉紳富戶承擔出資督率之責，中等以下人家出壯丁工作即可。因地方公共事業與民眾自身利益密切相關，「事事都目睹親歷的，

〔註 53〕 《國會制度》，《吉林通俗教育講演稿範本》1916 年 8 月 20 日第 7 期。
〔註 54〕 湖北省司法行政史志編纂委員會：《清末民國司法行政史料輯要》，湖北省司法廳司法志編輯室 1988 年版，第 410 頁。
〔註 55〕 《說司法獨立》，《吉林通俗教育講演稿範本》1917 年 1 月 20 日第 12 期。

那利害關係當場就見出來」，故人民可將興辦地方自治作爲參與國務的練習場，逐漸體會到公共利益和私人利益並非對立，「所有公益事業，還是個人各謀私益，不過盤算得好，會攏來成就一個極好的總結果……就是國家政務，原來也是從多數的個個私益發生。」〔註56〕而國家對於地方自治不可干涉過度，只需頒佈自治制度，爲議事、執行、籌款和稽核等各項事宜定下一妥善章程即可，萬勿重蹈清末興辦自治的覆轍，由地方官員用民間資本辦理自治事務，既無益於養成民眾的公共心，又容易導致官民矛盾激化。相對於熱情空泛的愛國類講題，特別類講題中的政治常識性內容更側重於闡釋人民權利。如《國民要有財政上的常識》中首先承認國家由人民供養，並引用日本經濟學家小林醜三郎的觀點，認爲普及財政常識不僅有助於民眾理解租稅制度，積極納稅，而且可使人民具備審查政府預算決算案的能力，「凡屬種種不得當的費用，不合法的徵收，都可以質問盤駁，國家節一分費用，人民就輕一分擔負，眞是人人都具有這等常識，所有國家需用款項，用得得當不得當，一一都周知了。」司法、財政、立法組織和地方自治等內容的加入充實了政治常識類講題，使其成爲講稿範本中最具有現代意義的素材之一，並眞正具備了開通民智的可能性。

除上述兩種講題外，特別類項下的其他素材主旨相當龐雜，家庭管理、慈善事業、禁絕鴉片等內容都包括在內，且各講稿的基本觀點未必一致，甚至在探討同一問題時，也常有相互牴牾之處。如《整理家庭的容易方法》和《論小家庭主義的適宜》都闡述了家庭管理的方法，但二者旨趣截然不同。前者提供的各項建議顯然是面向傳統的中國大家庭，認爲治家首在確立家規，家人作息時間必須統一，家務分工應明確，各人恪守定章家中方能井井有條。針對大家庭人多事繁，利益分配不均的狀況，文中提議在日常生活中採取同居分食的辦法應對，並一再強調同胞之情的重要性，勸導民眾不要因對遺產的貪念損害兄弟和睦。其中關於家庭理財一節所引用的經驗也來自宗法制大家族主義踐行者陸九韶，以量入爲出爲核心思想，將收入「十分均開，留三分作水旱不測的用，一分作祭祀的用，六分作十二個月的家常日用」〔註57〕。文章最後明確提出，若父祖、兄弟、子侄能同居一處，和睦生活，實在

〔註56〕 《自治（一）》，《吉林通俗教育講演稿範本》1916 年 10 月 20 日第 9 期。
〔註57〕 《整理家庭的容易方法》，《吉林通俗教育講演稿範本》1916 年 9 月 20 日第 8 期。

是世間美事，且門庭興旺，財產充裕正是國家富強的基礎。而《論小家庭主義的適宜》中的主張則與當時知識界流行的論調有相似之處，認爲大家庭人口眾多，彼此依靠，不利於培養國民獨立精神，發展健全人格，且子女過多難以教養，長大後不易成材，最終使家庭陷入人口越多家產越薄的怪圈。小家庭的最佳結構是夫妻二人，子女一二人，責任清晰，鮮有利益糾葛，雖無數代同堂的虛名，卻更符合天演公理。尤其值得一提的是，文中還對傳統的婚姻觀和生育觀提出了批評，認爲世人將「不孝有三，無後爲大」當作奢侈放縱的理由，實在是曲解了孟子的原意，普通人家多子的結果無非是艱於養，失於教，使「國家每年徒增許多無知識的游民，家庭添許多無藝業的浪子」〔註58〕，且兒童死亡率已有所下降，即便生產減少，只要小心照料，保存的數量也不減從前。爲勸說民眾轉變生育觀，講稿中甚至以動物的生育能力爲例，說明競爭力越強的物種生育後代越少，競爭力越弱的物種生育越繁盛。中國傳統的大家庭模式和宗法觀念在民國前期受到新式知識分子，尤其是青年學生的猛烈批判，被視爲追求個人自由的主要障礙。但考慮到民國政府在很多方面仍表現出對傳統文化的依賴和對權威的尊重，於通俗講演中出現如此激進的言論似乎令人詫異。一方面，類似的態度可以被視爲對既成事實的認可，因爲經濟領域的衝擊和城市化的推進不可避免地破壞了家庭成員間固有的聯繫，進城謀生的農民、手工業者和遷居城市的鄉紳與其原宗族的關係可能早已細若遊絲。官方對國家主義的大力倡導也在瓦解著家長的權威，通俗講演的目標之一即是努力使民眾意識到自己在國家和社會中的責任，並時常強調人民對國家應負的責任，淡化家庭責任。而國民作爲國家的基本分子，其地位至少在理論上是平等的，這就變相削弱了家長的全能作用。國家權力在司法和教育領域的擴張更打破了公權不干涉家庭關係的傳統，加之男女平權、個人獨立等觀念的盛行，最終使建立在等級制基礎上的大家庭結構趨於崩潰。另一方面，官方對小家庭模式和現代婚姻觀、生育觀的倡導也說明，北京政府在社會生活領域的保守傾向可能並不強烈，其西化程度應遠超當時多數中國民眾。

　　慈善事業和禁絕鴉片是特別類講演中相對重要的兩個話題。民國初年興辦慈善事業的方式與前代大體相同，既有官方主持的制度化救濟活動，也有

〔註58〕《論小家庭主義的適宜》，《吉林通俗教育講演稿範本》1916 年 7 月 20 日第 6期。

民間自辦的項目，而政府因資源有限，往往對倡辦民間慈善事業更加熱心，
通俗講演遂成爲極佳的宣傳工具。《說冬賑》和《貧民工藝廠的利益》兩篇講
稿的主旨都是鼓勵民眾積極參與公益活動，前者勸導富庶人家捐資濟民，既
可獲得名譽，又能保障自身安全，並特別強調辦慈善並不限於富戶，只要存
人道精神，勇於任事，普通民眾都可以嘗試集資興辦。〔註 59〕與歷史悠久的
冬賑相比，清末時期出現的貧民工藝廠被認爲是更先進的社會救濟方式。當
時的知識界普遍相信，貧民工藝廠教養兼施的形式比單純爲窮人提供衣食救
濟更有效，既能收納走投無路的游民，不違人道主義，又可教他們學會一定
的謀生技能，防止其因生活困頓走上犯罪之途，符合法律精神。《貧民工藝廠
的利益》中一面號召民眾集股捐資，多設慈善設施，一面勸誡游民要安分守法，
在工藝廠中努力勞動，不可懶散應付，並批評拒絕進入工藝廠的貧民是「寧可
圖些眼前不道德的自由，決不想到將來的許多不道德的不自由」〔註 60〕。

　　值得注意的是，慈善類講題中經常表現出對窮人的嚴厲態度，將他們的
貧困歸因於性情怠惰，好逸惡勞，或行爲不良，道德衰弱，傳統文化中對待
弱者的悲憫情懷似乎正在消亡，這也許可以被認爲是西化潮流的影響之一。
進入 19 世紀以後，自由主義經濟理論的流行使多數西方國家在處理貧困問題
時傾向於給窮人施加壓力，並開始將就業因素納入社會救濟的考慮範疇內。
以英國爲例，1834 年的《濟貧法修正案》實施後，有勞動能力的人很難再得
到政府的直接救助，貧民必須在濟貧院中從事繁重的工作，才能換取基本生
活資料，還要忍受責打、囚禁等懲罰。連當時的保守黨政治人物迪斯雷利都
認爲，新濟貧法使國家受到了羞辱，因爲它等於宣佈貧窮在英國是一種犯罪。
而類似的嚴厲措施在《貧民工藝廠的利益》中卻倍受讚譽，文中批評民眾自
發的施捨行爲，稱「中國向來施捨飲食財物於乞丐，名爲積福行善，實際上
反害了他們」〔註 61〕，並再三申明，濫施慈善會滋生獎勵游墮的弊病，苛刻
的紀律和管理則有助於窮人完善道德，養成勤奮勞動的習慣，其論調背後的
邏輯與邊沁主義者和馬爾薩斯人口論的信徒們幾乎毫無二致。儘管 20 世紀初
的中國還很難稱得上是一個工業國家，但官方和知識界的社會救濟觀念卻與

〔註 59〕　《說冬賑》，《吉林通俗教育講演稿範本》1916 年 11 月 20 日第 10 期。
〔註 60〕　《貧民工藝廠的利益》，《吉林通俗教育講演稿範本》1917 年 1 月 20 日第 12
　　　　　期。
〔註 61〕　《貧民工藝廠的利益》，《吉林通俗教育講演稿範本》1917 年 1 月 20 日第 12
　　　　　期。

早期工業化時代的歐洲相近。有趣的是，彼時西方各國已在新自由主義的影響下逐漸改變將貧困現象與個人道德問題混爲一談的做法，轉而以更積極的態度幫助底層人民。

　　禁絕鴉片是晚清以來朝野上下有識之士的共識，而政府自 1907 年簽訂《中英禁煙條約》後也開始認眞推行禁煙政策。根據條約規定，若中方能在 1911 年前有效減少本土鴉片的種植和銷售數量，則英國也將相應遞減從印度出口至中國的鴉片數額，每年遞減額度爲十分之一，直到 1917 年完全停止印度輸華鴉片貿易，率先完成禁煙目標的各省有權提前禁止英國鴉片進入本省。〔註62〕爲履行條約中規定的責任，清政府採取了一系列切實有效的禁煙措施，嚴刑峻法不再是唯一的整治手段，各種勸導教化活動作爲輔助方法得到廣泛應用，以禁煙爲主旨的講題在清末民初的通俗講演中屢見不鮮，《十年期滿之痛言》、《說鴉片之害》和《通俗教育的成效》三篇講稿都與此相關。倡導禁煙的演說通常從兩方面入手，其一是申明國家法律，強調民國時期的禁煙令較前代更加嚴屬，種煙、販煙和吸煙者最高都將處以死刑。同時介紹部分監管措施，如英國在華的監督人員會明察暗訪，上報私種罌粟者，官方已購置檢驗設備，吸食鴉片者將無處遁形等，以突顯管理之嚴格，使民眾勿存僥倖心理。其二是把吸煙行爲和個人道德聯繫在一起，稱吸煙者爲毒鬼、賤骨頭，指責其道德敗壞，毫無廉恥，帶累社會，辱沒國家，甚至豬狗不如，諸如此類的言論俯拾皆是。在時人看來，以極盡侮辱之詞勸令禁煙乃是激勵煙民知恥而後勇的慈悲之舉，並無不妥之處。

　　需要指出的是，《吉林通俗教育講演稿範本》中對各講題的分類並不精確，主旨相似的題目經常分屬於不同類別。但其中提供的素材基本表明了官方對通俗講演活動的定位，即通過普及自然和社會常識，使民眾具備普通智識，以愛國主義熱誠激勵民眾，增強其對國家主義的認同感，一言以蔽之，將普通民眾變爲符合現代國家要求的國民。

第二節　通俗講演活動的實施

一、官方素材在通俗講演實踐中的應用

〔註62〕于恩德：《中國禁煙法令變遷史》，中華書局 1934 年版，第 259 頁。

　　如前所述，定期上交講稿是吉林通俗講演所考查講員工作成績的方式之一，這使得大量在講演活動中實際應用過的講辭得以保留，我們可以從中窺見部分基層講員與民眾直接溝通時的情境。絕大部分演講主題符合官方要求，但講員對於講演題目的取捨，講稿範本的修改以及少量自撰講辭都表明，他們對於通俗講演重點的把握和理解顯然有獨到之處。

　　首先就講題而言，《吉林通俗教育講演稿範本》中提供的題目可謂面面俱到，而講員關注的問題則相對集中。如附表所示，以吉林縣立通俗講演所爲例，1916～1928 年間，至少有 774 個題目應用於講演，其中愛國類講題 143 個，道德類講題 120 個，實業類講題 118 個，共占講題總數的 49.2%，常識、衛生和守法類講題合計僅占 19.7%。講演場次的分佈則更加明顯，1575 場演講中，愛國、道德和實業類題目的講演次數分別爲 359 次、241 次和 271 次，占總數的 55.3%，除特別類外的其他類型講題合計僅占 21.9%。與講稿範本提供的素材相比，一個引人注目的變化是，愛國類和道德類講題的比例均大幅上升，常識類和守法類講題的比重則相應下降。如前所述，《吉林通俗教育講演稿範本》中的愛國類講題約占十分之一，而在實際講演過程中，其比重幾乎增加了一倍。講員們顯然非常熱衷於此類題材，即便聽眾因之生厭也仍然不改變選題，董會昌在 1921 年一篇題爲《說國家之組織及愛國的方法》的講演中自嘲道，「這講演員每逢開講就離不了愛國，不但聽的無味，即是講的亦似乎無意思」〔註 63〕，足見愛國類講題應用之廣。但與講稿範本中的內容不同，講員很少談及國家對國民的責任，更不會從自由主義的角度闡釋國家出現的原因，要求民眾順從國家意志幾乎成爲他們唯一關注的問題。個人利益與國家利益常被簡單地捆綁在一起，強調個人對國家的熱愛和奉獻，並有意誇大外部威脅，以越南、朝鮮、印度、波蘭等國爲例，彰顯亡國之民的悲慘處境，有時其言辭近乎恫嚇。高鳳紀在 1918 年一篇提倡軍國民教育的演說辭中這樣描述亡國慘狀，「不但我的田地房屋要由他主，就是我的性命也得由他吩咐，叫活不敢死，叫死不敢活」，進而提出應在兒童教育中即開始灌輸愛國主義，「要叫小孩知道國就是家，家就是國的道理……自小就知道亡國家也跟著要亡的道理，大了自然不敢不去愛國了」。〔註 64〕在這裡，愛國已非民眾自然感情的流露，而是覆亡壓力下的無奈選擇。沈殿在 1926 年一篇涉及國家與

〔註 63〕　《吉林省教育廳檔案》，吉林省檔案館藏，J110-05-0276。
〔註 64〕　《吉林縣立講演所檔案》，吉林市檔案館藏，34-1-15。

國民關係的講演中說得更加露骨，「大凡人有一身一家，全賴國家的護庇，要是無有國家，身且不保，何況家呢？所以爲國民的，總請要把國家看的如同性命一樣。」他試圖以猶太亡國史事爲例，說明亡國即伴有滅種的危險，但因對猶太民族的母系血緣認定體系缺乏瞭解，其闡釋過程錯誤百出。沈殿將猶太人的通婚制度理解爲異族壓迫的結果，認爲猶太男子不得與異族女子通婚，女子則可嫁給外族男子是「外國人想出的滅族化種的法子」。〔註65〕此類以危言迫使民眾愛國的演說，其成效如何不得而知，但顯然與塑造現代國民意識的目標南轅北轍。當個人利益與國家利益發生衝突時，講員也傾向於要求民眾犧牲私利，保護國家利益。伊通縣講演員李德英在《說鼓勵愛國心》中呼籲道，「最要緊時候，那怕是損失個人的財產，犧牲個人的生命，也要爲國家效命的」〔註66〕，並認爲捨身報國乃是國民的天職。總體而言，與官方提供的愛國類素材相比，講演中的自由主義色彩被進一步淡化，國家主義成爲主導思想。

　　道德類題材在實際講演中的比例變化也相當明顯，講稿範本中的道德類講題不足一成，而應用於講演的此類講題約占總數的 15%。個人道德是講演中最關注的問題之一，但其內涵並不明確，傳統行爲規範仍然受到推崇，職業道德也經常提及，有時公共道德也被視爲個人道德的一部分。很多複雜的社會現象都被簡單歸結爲道德問題，如伊通縣講員王海泉在《說官吏、議員及軍人的道德》中認爲政治腐敗的原因是官員不講道德，國內軍閥混戰的原因是軍人不講道德〔註67〕，甚至有講員將國貨銷路不暢的原因歸於消費者不講道德。振興道德則被認爲是富民強國的靈藥，很多講辭中都表達過類似的觀點，中國貧弱不堪源於國民不講道德，只要各行各業的民眾都能完善自身道德，遵循古代聖賢教誨，自然可以挽回頹勢。泛道德化的說教在實際講演中普遍存在，考慮到講演範本中道德類講題的比重已相對較小，這一現象頗值得玩味。儒家的道德評價體系自維新時代起就開始受到新式知識分子的批評，但改革者們對未來完美世界的描述表明，道德仍然被視爲歷史進步的動力之一。及至民國初期，官方的主導思想顯然已更接近於物質主義，通俗講演素材中常識類和實業類講稿的數量均超過道德類也許可以從一個側面證明

〔註65〕　《吉林縣立講演所檔案》，吉林市檔案館藏，34-2-61。
〔註66〕　《吉林省教育廳檔案》，吉林省檔案館藏，J110-05-0310。
〔註67〕　《吉林省教育廳檔案》，吉林省檔案館藏，J110-05-0306。

該趨勢。一方面，官方在努力嘗試將種族競爭、國家主義、科學觀念等一系列對多數民眾而言或生疏或新奇的思想和知識向下層社會輸出，另一方面，講員們卻似乎更習慣於用傳統的道德評判體系闡釋問題。這就使通俗講演的立論常常陷入困境，既要強調國民身處激烈競爭的時代，必須努力掙扎才能求得生存權利，避免亡國滅種的悲劇，又要求民眾遵守各種農業時代的道德標準，其中難免出現矛盾之處。講演員趙維東在《說體智德三教育》中給出了自己的解釋，他認為傳統道德應該予以保留，但也要順勢而變，擴充其內涵，「如修身一事，是無論古今為人不可少的了，但今日的時勢不能但講獨善其身，必還要做出於國家有益，於社會有益的事來才算盡了此身的義務，若像古來隱士獨善其身的，在今日卻不足貴了，若人人全想如此，那社會上的事還有誰去做呢。」〔註 68〕當道德、禮教和秩序的世界被殘酷競爭取代時，這大概是講員能對現實做出的最大讓步，倫常道德必須保守，但可擴充其內容或做一些新的解釋，用各種含義模糊甚至面目全非的教條闡述新問題成為講員們常用的講演方式。

常識類講題是官方講演素材中的重要內容，自然常識和社會常識題材合計約占講題總數的五分之一，而實際講演場次的比重卻下降了近一倍，1575場講演中僅有 140 場與常識類題材有關。普及常識本是通俗講演最重要的目標之一，但講員對此類講題似乎並不感興趣。一方面可能由於講演素材中的內容多與自然科學有關，講員所受新學訓練不足，存在理解障礙，另一方面聽眾對此類與日常生活關聯性不大的題目興味索然也是事實。破除迷信是常識類講題中出現頻率相對較高的內容，其中並不涉及自然科學知識的細節問題，且風水、占卜和燒香等事為民眾所熟知，詳盡生動的自撰講稿顯示講員對此問題著力甚多。這表明很多通俗講演員並不缺乏科學意識，也尊重科學知識，至少不反對官方以科學取代部分傳統民間文化的做法。但他們需要適當的素材用於宣傳，由於其所受的科學訓練嚴重不足，過於專業化的材料對講員和聽眾而言都不太合適。用於講演的守法類題材比重也較講稿範本中有所下降，且主要集中於告誡民眾遵守法律一項，官方素材裏宣傳現代法治精神的內容極少在實際講演中出現。除特別類講題外，其餘主要題材中只有實業類和體育衛生類基本保持了在講稿範本中的比例，說明振興實業和提高國民身體素質是講員和官方共同關注的問題。

〔註68〕 《吉林縣立講演所檔案》，吉林市檔案館藏，34-2-40。

二、講演員對官方素材的選擇

匯總講演報告表中的題目可以發現，講員最關心的話題集中在以下幾個方面，提倡國貨、振興教育、地方自治和戒除鴉片，此外介紹國內外熱點時事也佔據了相當多的場次。1919 年前後是國貨運動的鼎盛時期，通俗講演中與此相關的內容極多，僅《提倡國貨》和《設法叫他不夠本爲抵制的手段》兩篇講稿使用次數即高達 50 餘次。作爲近代社會參與度極高的愛國運動之一，講員顯然也被激烈的民族主義情緒裏挾其中，自願爲國貨運動搖旗吶喊。很多發源於城市的愛國浪潮正是通過通俗講演深入鄉村地區，感染底層民眾，官方往往將其視爲培養國家主義的有益因素，但用過於情緒化的愛國主義動員人民，結果是難以預料的。地方自治也是講員們熱衷的話題，民國初年的講演員大多深受清末新政時期地方自治思潮的影響，有些人還接受過官辦自治教育機構的訓練。他們不僅認同自治爲立憲國家之基礎的理念，對於辦理自治事務的相關細節也有所瞭解，1917 年地方自治恢復後，通俗講演中以自治爲主旨的講題大幅增加。上述兩個例子說明，講員對於題材的偏好會影響講演活動的進行，當他們關注的話題得到官方支持或認可時，相關內容就會在短時間內成爲通俗講演的主要題材之一，而影響講員興趣的因素很多，包括教育背景、時事熱點轉移，甚至某一時期的個人經歷都可能左右講員的選擇。同時講員對官方素材的理解偏差也可能導致既定的社會教育目標無法完成，比較講稿範本和講員自撰講辭可以發現，作爲與現代文明密切相關的元素，自然科學和法制觀念於實際講演中被放在相對次要的位置，愛國主義和道德規範則成爲通俗講演裏最突出的主題，實際上最終傳達給民眾的並非完整的官方意識形態，而是經講員消化理解後的部分片段。

如前所述，講稿範本中的很多文章無法直接應用於講演，講員需結合本地情況加以改編，或增加受眾熟悉的事例，或將措辭進一步通俗化，可以說講員對素材進行再加工的過程是不可避免的。這使官方意識形態中的某些積極因素在實際講演中被弱化，如自然科學和社會科學常識的比重大幅下降，現代科學意識和法治精神很少提及等。但同時一些消極因素也得到了講員的修正，如講稿範本中毫不掩飾的對民眾的鄙薄態度。顯然通俗講演活動面向的受眾很大一部分屬於所謂的下等社會，政府雖多次宣佈講演的目的在於普及常識，使一般人民養成國民資格，但就講演內容而言，其中的很多觀點對民眾並不友善。如《國會制度》中先承認「立憲國最要緊的是叫人民出來管

管國家的事情」，之後又擔心「一般無知識的平民」會耽誤國家事務進行。此文作為講稿範本中頗具民主意識的樣本，尚且對民眾智識抱懷疑態度，其他文章中提及普通民眾更是常以愚民、鄉愚、愚頑等詞指代。儘管講員也常在講演中流露出責備人民的傾向，但上述刺眼字句很少出現，講演者多自稱為「兄弟」，有時也以此稱呼聽眾，「同胞」、「朋友」都是經常使用的詞彙。在糾正民間陋習或批判不良社會現象時，自撰講稿中直言不諱地斥責之詞也明顯減少，轉而以鼓勵民眾模仿現代生活方式，遵守道德行為準則為主。這些措辭變化表明，講員雖未必否認官方對民眾知識水準和道德程度的定位，但至少在講演過程中力求拉近和聽眾的距離，以達到更好的社會效應，類似的務實主義行為客觀上推進了通俗講演活動的開展。

同時，官方意識形態中的某些要素通過講員的加工得以強化，競爭即是一個典型例子。為強調國家存在的必要性，講稿範本突出了競爭因素在國際關係中的作用，將社會達爾文主義用於理解國家關係，但作為官方行為，關於國家衝突的內容表達得相當謹慎克制。講員們則對官方提供的素材做出了極端化的解讀，以講稿範本中《亞細亞洲人種的分別》和講員提交的講辭《說亞細亞洲人種的分合關係》做比，可以清晰地看到上述變化。《亞細亞洲人種的分別》屬於常識類講題，主要介紹當時體質人類學對於亞洲人種的認識，包括體貌特徵，遷徙歷史等內容，文中除感歎馬來人種受白人侵害日漸稀少，竟有滅亡的趨勢外，並未表現出過多的民族主義情緒。而講員自撰稿《說亞細亞洲人種的分合關係》則完全不同，開篇即談起種族競爭問題，「世界上人類種族不同，各國現今都想強自己的種族，弱他人的種族，這雖然是一己私心，可也是自強的公理」〔註69〕，文章結尾又號召，中華四萬萬同胞「當親同一體，彼此互愛，結成一個大團體，勵精圖治，要強中國自己的種族」。又如講稿範本中《智育德育體育要並重》一文，只對教育方法問題發表了議論，強調三育並重的必要性。而講員使用的底稿《說體智德三教育》則在多處引入競爭觀念，用以說明提高國民素質的重要性，文中認為「自從世界交通，文明的競爭日甚一日」〔註70〕，如中國人不能在體能和智慧兩方面與外國人競爭，「是斷乎不能生存的了」。講員們顯然高度認同官方素材中對於世界大勢的論斷，並將其廣泛應用於各類題材，包括職業教育、振興商業、政治常

〔註69〕《吉林縣立講演所檔案》，吉林市檔案館藏，34-1-12。
〔註70〕《吉林縣立講演所檔案》，吉林市檔案館藏，34-2-40。

識在內的很多講題都把國家或民族間的競爭列爲論據之一。總體而言，官方意識形態中與民族主義相關的要素，其對抗性內容多在傳播過程中被放大或扭曲，而政府小心謹慎，力圖避免衝突的意圖卻極少在實際講演中得以體現。如講稿範本中論述國貨問題時會提醒民眾，振興之途主要在於提高中國製造業水平，不應盲目抵制外貨，更不可侵害外商的合法利益，談到對外交涉時強調要以開放平和的心態對待交涉事宜，不要像義和團一樣胡鬧，有誤國事，甚至在講解畜牧業發展的方法時也會要求牧民注意嚴守邊界，不可越界放牧，以免造成領土糾紛，有礙邊防。民國初年，官方以民族主義爲媒介倡導國家主義的意圖尚不如國民政府時期明確，但已展露出類似的意向，而知識界中即便是自由主義者也大多抱有深切的民族主義情懷，數量龐大的底層知識分子群體更視民族主義和國家主義爲振興中國的良方。一面是國家力量倡導，一面是講員自身擁護，民族主義和國家主義成爲通俗講演中的主流觀點也就不足爲奇，但講員任意誇大對抗性成分的現象也說明，政府實際上很難駕馭多變而情緒化的民族主義。

此外，講員自撰稿的另一特點是水平參差不齊，地區差異顯著，且有鮮明的個人風格。一般而言，省立講演所和吉林縣立講演所的稿件水準較高，僻遠鄉鎮如伊通、濛江、舒蘭等地的講稿相對粗糙。優秀者如吉林縣講演員沈殿的破除迷信系列講演，分別對燒香、占卜和風水堪輿進行批判，其行文流暢，條理清晰，語言生動，符合聽眾心理，頗具說服力。在《破除命運的迷信》中，他認爲萬事皆有因果，卻並無定數，普通人家子弟若能努力進修，掌握眞本事，也可漸入小康，富豪之家若奢侈無度也必淪爲貧民，由此勸導民眾用因果關係看待事物的發展和個人際遇，不要執迷於虛幻的命運。〔註71〕《破除燒香的迷信》中則直言所謂神仙一說，不過是用來管理下等人的工具，「說天上有神仙，能管人間事，作好事那神仙就給他好報應，作壞事那神仙就給他壞報應，那下等人知道有這麼厲害的事，所以就不敢作惡爲非了。」〔註72〕若是覺得燒香靈驗便爲非作歹，有恃無恐，就如同種高粱卻指望收穀子，是萬不能如願的。文中還使用了很多饒有趣味的打油詩或民間俗語，便於聽眾理解，如諷刺風水先生時說道，「風水先生慣說空，指南指北指西東，世間

〔註71〕《吉林縣立講演所檔案》，吉林市檔案館藏，34-1-15。
〔註72〕《吉林縣立講演所檔案》，吉林市檔案館藏，34-1-15。

－101－

若有眞龍穴，何不先謀葬乃翁。」〔註73〕總體而言，類似的優秀講稿數量稀少，多數講員自撰稿內容空洞，常流於浮誇的口號式宣傳，伊通縣講員提交的 81 篇講稿，平均每篇僅四百餘字，甚至無法滿足通俗講演的基本時長要求。高鳳紀的《一心努力愛國》堪稱此類粗劣講演的代表，全文僅二百餘字，除將國家貧弱的根源歸於人心不齊外，通篇充斥著「要勸眾位兄弟們，萬眾一心，努力愛國」，「大家把天良放出來，幹些有益的事兒」，「存著這愛國兩個字在腦筋裏面，一刻不可忘記」之類的口號，這些空話顯然很難眞正打動聽眾，也不能給予他們任何有價值的知識，通俗講演活動自然就收效甚微。

自撰稿的主旨也相當瑣碎，講員個人對一些社會現象的粗淺評論經常被用於演講。如王海泉的《說眼鏡鐘錶之奢侈》中批評目力健全者佩戴眼鏡是追求奢侈，無守時需要卻買鐘錶的家庭是講究時髦，〔註74〕顏振鼇的《城市學校與鄉鎮學校之比較》將城鎮學校和鄉鎮學校學生的食宿條件和學習環境做比，認爲城鎮學校風氣開通但是花費大，貧民子弟選擇鄉鎮學校就讀即可。〔註75〕胡殿柏則抱怨民眾不明時勢，聽到警報就無法安心工作，以司馬光砸缸的故事爲例大談鎮定心的重要性，要求居民不要輕談是非，荒廢本業。很多自撰稿不過是對世風人情隨意評論一番，見解又相當平庸，根本無法達到通俗講演的目的，直到官方統一編纂的講稿範本出現後這一狀況才有所改善。講員的選材角度也常常受個人喜好影響，如吉林縣講員高鳳紀熱衷於評論時事，尤其喜歡講說國恥類內容，儘管官方實際上並不積極鼓勵民眾去瞭解相關歷史，特別是民國後的外交交涉細節。高鳳紀不但在講演中回顧了自鴉片戰爭起的數次中外戰爭，痛陳中國失地喪權之恥，而且還詳細講解時事動態，並對與東北地區牽涉最深的日本抱有相當大的敵意。他在 1918 年 3 月一篇題爲《說日本對於中國之野心》的講稿中介紹了大量中日外交衝突，包括轟動一時的昌黎案〔註76〕和長春案〔註77〕，山東各界反對日本設立民政署

〔註73〕　《吉林縣立講演所檔案》，吉林市檔案館藏，34-1-15。
〔註74〕　《吉林省教育廳檔案》，吉林省檔案館藏，J110-05-0306。
〔註75〕　《吉林省教育廳檔案》，吉林省檔案館藏，J110-05-0315。
〔註76〕　1913 年 9 月 11 日，直隸昌黎車站內日軍因買梨與商販發生糾紛，警察調解後散去，晚間大隊日軍包圍警署，對內開槍射擊，擊斃警察三名，重傷兩名，搶走軍械衣服多件，成爲轟動一時的昌黎案。參見王慕陶編：《遠東通信社叢錄》第 4 編，商務印書館 1914 年版，第 288 頁。
〔註77〕　1913 年 9 月 15 日，長春日本料理店前賣梨商販因與日本人爭道被毆打，警察出面勸解不成，遂將小販帶至警署，日本兵百餘人擁至警署，捆去警察四人，

的鬥爭，吉長鐵路交涉事宜等，號召民眾認清日本狼子野心，奮起爭奪東北利權。在該講員提交的講稿中，有近半數稿件與上述內容有關。伊通縣講演員顏振鼇則偏愛中國傳統文化，講題多為《孔子為萬世師表》、《保存國粹就是愛國》、《尊重私德》之類。在《尊重私德》中他認為，曹操、王安石、張居正等個人德行有虧者雖位高權重卻不受民眾敬畏，說明尊重私德是中國社會的固有性質。中外國情有別，國人多無恆產、無職業，受教育程度不足，且法律不甚周密，若再丟掉注重私德的傳統，傷風敗俗、背理害人之事必定愈演愈烈。〔註78〕官方編訂的通俗講稿範本發行後，通俗講演內容過於隨意的問題有所改善，但講員按照個人喜好選擇講演題材的現象長期存在。

按照社會心理學家庫爾特·勒溫的「守門人」理論，在信息傳播通道中可以對信息進行扣壓、擴展、構成或重複的個人稱為「守門人」，他們對信息的篩選和過濾，很大程度上決定了受眾接收到的內容，這是信息流動過程中必然存在的現象。而通俗講演活動中的講員顯然扮演了「守門人」角色，他們根據自己對國家意識形態的理解，綜合考慮聽眾接受能力、當前時事熱點等因素，篩選並重組官方素材，講演員的價值觀、喜好、思考方式、都將融入演講材料，對官方塑造現代國民意識的嘗試產生深刻影響。

第三節 通俗講演內容分析

一、知識階層對官方構建現代國民意識的影響

在某種程度上，通俗講演中所展現的官方意識形態可以被看作是民國初年各方知識精英觀點的融合性產物，其中既包含了國家主義、民族主義和集體主義等思想，又夾雜著少量自由主義和個人主義的理念。政府希望在建立開明形象的同時保持政治運行穩定，努力調和各種相互矛盾的文化流派，並嘗試採擇其中的部分思想用以構建符合自身旨趣的所謂現代國民意識，國家與上層知識分子的微妙關係對此過程產生了深刻的影響。

首先，官方與知識精英們對於當時中國社會狀況的認知顯然存在很多共

搶走軍械多件，此案最終以地方官員與日本領事和解告終。參見王慕陶編：《遠東通信社叢錄》第4編，商務印書館1914年版，第289頁。

〔註78〕《吉林省教育廳檔案》，吉林省檔案館藏，J110-05-0315。

識，就民眾文化領域而言，雙方都認爲普通民眾的素質尙不能滿足現代國家要求，向下層社會輸入先進思想改造民眾意識是相當必要的，熱衷於探討國民資格問題可以被視爲上述共識的表現形式之一。通俗講演稿中國民資格一詞出現的頻率遠超國民權利，被用於各類話題，理想的國民至少要具備以下幾個特點，有強烈的愛國主義精神，認同集體主義價值觀，瞭解基本的科學和社會常識，追求個人道德的完善，此外還包括一系列如身體強健、無煙酒賭博等不良嗜好之類的瑣碎要求。在官方語境下，國家和社會的界限極其模糊，它們被想像成是一個與個人或家族相對的宏大有機體，個體則成爲其中的單元，對整個體系負有天然且不可推卸的責任，民眾能夠承擔此項責任的素質可稱之爲國民資格。作爲一個內涵不斷變化和擴充的概念，國民資格的含義受多種思想影響，傳統的儒家修身教育、西方的古典自由主義、德國和日本的軍事威權主義以及社會達爾文主義等都曾在不同程度上影響過官方和知識精英對國民資格內容的定義。總體而言，雙方對此概念的理解都帶有一定的道德色彩，一方面要求民眾具備自省精神，不斷提升個人道德水準，另一方面強調個體的公共服務精神。但官方和知識階層對於國民資格現實意義的理解則存在分歧。知識精英們因有感於民眾素質低下而倡導國民資格概念，其目的在於普及教育，全面提高民眾素養，使人民皆有能力承擔民主國家國民之責。而官方卻將國民資格塑造爲一個先決條件，宣稱只有滿足國民資格各項要求才可能享受國民權利。

利用或改造知識界流行的理論，使其符合國家意識形態宣傳的需要是通俗講演中普遍存在的現象。以愛國主義爲例，通俗講演中「愛國」一詞被濫用的現象始終存在，並早已突破公共議題範疇，成爲個人道德的評判標準之一。在官方的愛國輿論宣傳中，一方面通過描繪中國偉大的歷史形象，並將其與破敗貧弱的現狀做對比，激發民眾的義憤之情。另一方面則利用已深植於民間的傳統倫理道德體系，以國家代替君主，將國家塑造爲國民的衣食之源，要求國民感恩於國家。而知識界對於愛國主義顯然有另一番解讀，陳獨秀於 1919 年 6 月在《每周評論》上發表題爲《我們究竟應當不應當愛國》的文章，批評當時高漲的愛國熱情大部分是非理性的產物，並直言「我們愛的是國家爲人謀幸福的國家，不是人民爲國家做犧牲的國家」〔註 79〕。如此激進的自由主義觀點，甚至有發展爲反國家主義立場的可能性，自然不會爲官

〔註79〕陳獨秀：《常識之無》，陝西人民出版社 2013 年版，第 74 頁。

方主導的輿論宣傳工具吸納，但這個例子反映出國家與上層知識分子的關係中矛盾的一面。民族國家、愛國主義等概念多是近代以來經西化知識分子介紹而逐步傳入中國的，民國初年的中央政府已意識到國民認同的必要性和潛力，並嘗試將傳統文化中固有的忠誠觀念與現代愛國主義相結合，以便維持權力的正當性。當絕大部分與個體主體性有關的理念被清除後，虛幻的國家利益成為至高無上的信念，這顯然不符合自由派知識分子的初衷。儘管知識界的主流正逐漸趨向於國家主義，但多數言論僅表達了要求國民認同集體主義價值觀或更具公共服務精神的希望，將國家利益無條件凌駕於個人權益之上的觀點尚不多見。對國民教育思想的改造是官方利用學界理論的另一典型案例，按照民國學者陳青之的說法，國民教育思潮興起於 1915 年前後，最初的含義與通識教育相近，是指給一般兒童以必需的生活技能教育，「這種教育，凡屬國民，皆有享受的權利，故謂之國民教育」〔註 80〕。而通俗講演中的國民教育則被賦予和國民資格類似的含義，除培養基本生活能力外，人民必須接受道德、體能、紀律等全方位的訓練，進而認識到個人為國家組織的一分子，喚起國家觀念和為國獻身的精神，如此才能堪任國民資格。與知識界對國民教育的定位相比，官方的國民教育思想帶有強烈的國家主義色彩，教育成為刻板的陶鑄工具，民眾經過此項訓練後則成為國家機器的一部分。

　　如前所述，政府嘗試吸納並調和各種相互矛盾的文化流派，其表現之一是通俗講演中對西方文明的欽慕之情和對傳統文化的依賴之念並存。與清末民族主義興起時期的自信樂觀情緒不同，對中國國民性和民族心理的批判已滲入辛亥革命後高漲的愛國主義浪潮中，並日益成為常見的主題。在通俗講演中則體現為對民間習俗和民眾心理的批評，西方國家的行為方式被認為是文明的標尺，成為官方號召民眾學習的榜樣。如破除迷信系列講演中屢次稱讚外國人不燒香不信邪，所以能國富民強，倡導公共道德時則以國外公園環境整潔，運作良好為例，批評國人各謀私利，不講公德。〔註 81〕在中外對比中突顯西方文明的優越性並要求聽眾對其進行模仿幾乎成為通俗講演的一種程式化說明方法，甚至對國外實際情況不甚瞭解的基層講員也經常把一些道聽途說的傳聞用於講演。除介紹各類西方先進技術外，職業教育、家庭生活、公共衛生等話題中都經常提到國外範例，涉及纏足、早婚等移風易俗類講題

〔註 80〕陳青之：《中國教育史》（下），東方出版社 2012 年版，第 659-660 頁。
〔註 81〕《吉林省教育廳檔案》，吉林省檔案館藏，J110-05-0310。

時更要把「西洋各國所無」當作重要論據。一般而言，通俗講演中的西方文明主要以榜樣的形象出現，其與本土文明對抗性的一面相對弱化，這固然與政府避免外交衝突的謹慎考量有關，但自清末以來的西化潮流顯然也發揮了重要影響。官方意識形態中的理想社會，不僅在物質文明層面上幾乎完全西化，民眾精神生活中的很多細節也被要求遵循西方文明的某些信條，但講稿中經常流露出的危機意識表明，西化潮流的根本動力似乎仍來自於亡國滅種的競爭壓力。值得注意的是，官方素材中介紹西方文明的內容遠遠多於講員自撰稿，國外名人事蹟和格言經常出現，直接論及中外衝突的內容相當有限。講員自撰稿中的民族主義情緒則要強烈得多，大量篇幅被用於渲染國家競爭的殘酷性，這說明以底層知識分子為主的基層講員群體對於西方文明的恐懼和厭惡可能不亞於對其物質文明的欽慕，至少他們對西方文化的好感度要遠遜於精英知識分子。

　　與此同時，對傳統文化的依賴感在通俗講演中也表現得相當明顯。官方素材和講員自撰稿中都經常使用儒家經典來證明其見解的合理性，如《納稅的義務》中在談到稅款用途時引用了《孟子・滕文公》中「無君子莫治野人，無野人莫養君子」的觀點，並宣稱，「現在講究政治的人，大半都崇尚孟子的學說」〔註 82〕，據此要求國民照章納稅，不可令公職人員枵腹從公。伊通縣講員宋福謙的《戒除煙酒》裏也曾將《論語・鄉黨》中「惟酒無量，不及亂」一句作為箴言，用以勸導民眾適量飲酒。〔註 83〕評論時事以「人必自侮，然後人侮之，國必自伐，然後人伐之」激勵國民奮發圖強，倡導實業用「生民之本，足食為先」為證，甚至講解食品衛生時也會將孔子「魚餒而肉敗不食，色惡不食，臭惡不食，失飪不食」的飲食習慣作為標準。但與維新時代不同，這一時期以西學比附中學的現象明顯減少，反之用中學比附西學的做法則相當普遍。通俗講演中論及西式觀念時經常會在中國傳統文化內為外來事物尋找一些牽強的依據，以證明其與本土文化體系並不矛盾。如宋福謙的《說男女平權》一文中，試圖用夫妻一體一詞說明傳統等級化家庭倫理規範的實質正是平權，甚至將夫為妻綱和夫唱婦隨作為男女平權的例證，宣稱此觀念是中國自古就有的，並非起自外洋。〔註 84〕當講演中倡導的行為準則與某些傳

〔註 82〕　《納稅的義務》，《吉林通俗教育講演稿範本》1917 年 5 月 20 日第 16 期。
〔註 83〕　《吉林省教育廳檔案》，吉林省檔案館藏，J110-05-0309。
〔註 84〕　《吉林省教育廳檔案》，吉林省檔案館藏，J110-05-0309。

統文化信條發生衝突時，官方和講員都傾向於重新解釋傳統文化的內涵，以證明其與新式觀念並不矛盾。如在反對早婚多子習俗時，講稿中多次糾正民間對「不孝有三，無後為大」含義的錯誤理解，指出孟子的原話是針對舜不告而娶之事立論，所謂無後乃是未盡到後輩責任的意思，因此古代聖賢並沒有提出過要人盡早結婚的要求。反對堪輿之術時則追溯了風水觀念的起源，認為古人為先祖選擇葬地，「不過要將父母的骨骸封藏穩固……只圖後來不至為城郭道路所踐踏，河渠暴水所沖毀」〔註85〕，而近人卻將其當作求財求福的門徑，實在有違古人原意。上述事例表明，民國前期官方意識形態中的西化成分雖然在逐步增長，但深植於民間的傳統文化意識仍然受到充分重視，政府顯然無意用西化行為方式徹底取代傳統文化，而是希望使二者保持某種程度的平衡。同時，以中學比附西學的做法似乎也暴露出官方對於傳統中國文化思想在新時代的價值表示懷疑，西方文明的強勢毋庸置疑，只能依靠尋找中西文化的共同點來挽救民族自尊心。無論如何，傳統文化的核心部分仍被小心地保護著，其中不合時宜的成分已漸次剔除，有利於在激烈變動的時代維持傳統的合理性，這一做法與新傳統主義者頗有相類之處。

　　民國初年的知識精英們意識到，西方文明對中國傳統文化的滲透是全方位的，其深度和廣度實際上早已突破清末士人所設的「中體西用」之界。對中國的西學傳播者而言，「西用」的範疇和對象是明確且日漸擴充的，由最初的器物層面延伸至制度層面，直至發展到思想價值層面，而「中體」的含義則相對模糊空洞，並有逐步萎縮的趨勢。辛亥革命後，儒家神聖的精神規範與社會政治制度之間的聯繫迅速減弱，在西方文明的強大壓力下，作為被動學習者的中國知識分子感受到了深刻的精神危機，即便是西化程度較高的新式知識分子也很難完全擺脫傳統文化的羈絆，保守主義遂成為一種自覺的文化意識。需要指出的是，民國時期的保守主義者並不排斥西方物質文明，也很少否認進化論，他們的立論大多建立在承認整個宇宙和世界秩序是有機進化的基礎上，只是對於將西方文明嫁接於中國本土文化之上的進化路徑表示懷疑。文化保守主義者傾向於將物質文明和精神文明看作兩個各自獨立的部分，精神文明作為絕對價值的保存庫，既處於現代社會政治進程之外，又構成了衡量進程的評判標準，因此精神文明的價值應居於物質文明之上，而注重精神世界演進的中國文化則優於追逐物質利益的西方文化。他們懷疑西方

〔註85〕《吉林縣立講演所檔案》，吉林市檔案館藏，34-1-15。

道德價值，認爲中國價值觀的核心與西方的道德價值觀相對立，堅信中國文化的更新必須以本土文化爲載體，部分保守主義者主張恢復以社會爲本位的價值觀，否認利己主義的道德正當性，提倡人際關係的和諧。不難發現，文化傳統主義的部分觀點和官方倡導的國民意識有些許互通之處，其中對個人修養、倫理道德、社會和諧等理念的認可皆與通俗講演的旨趣相同，在保護本土文化基礎上激發民族主義感情的思路也得到官方的明確支持。如《說體智德三教育》中提到倫理的重要性，認爲中國「最重倫常，這就是我國的特色，古聖講得極其完密，後人不可不遵，若是將本國的倫常道德先不能保守，是一國的特質先亡了，那國如何能存呢？」〔註86〕《保存國粹就是愛國》則向聽眾介紹了國粹的概念，指出傳統文化爲歷代聖賢的智慧和氣度積累而成，是國家的精神力量，其重要性超過財力和兵力，若「國粹耗失，這個國就麽有實力，國粹存在，國家也存在」〔註87〕，因此要竭力保存國粹。上述講辭表明，與各類全面反傳統的新文化流派相比，文化保守主義顯然更符合政府需要，官方吸收了大量文化保守主義者的觀點，並嘗試將其用於構建現代國民意識。

值得注意的是，官方在選擇應用學術界成果時主要著眼於宣傳需要，並不關注素材本身的科學性，這導致大量已經過時的觀點被用於通俗講演。如前文所述的人類學問題，在論述中國人種起源時，有利於振作民族自尊心的「西來說」曾受到眾多學者們的追捧，漢民族先祖被描繪成將先進文明移植於中國的殖民者，而落后土著居民則被驅逐至沿海島嶼。這一過程與近代西方殖民者的征服活動頗有相似之處，說明當時深受進化論影響的中國學界不但認可殖民征服活動的正當性，而且將其視爲推動歷史進步的英雄壯舉，並希望通過證明祖先的殖民者身份以彰顯中國人種與外國人種具有同樣優秀的特質。但進入民國後，「西來說」開始逐漸受到質疑，一方面是由於部分學者對中國早期古典文獻的運用方法提出質疑，認爲古典文獻不應是正統觀念的神聖園地，而只能作爲研究歷史的材料，其眞實性有待重新評估，作爲「西來說」重要論據的神話傳說也一併受到懷疑。另一方面，「西來說」本身的邏輯缺陷恐怕也是其日漸式微的原因之一，如果承認漢民族祖先以先進文化入主中國的殖民活動是正當的，那麼近代以來強勢的西方對中國的侵略也同樣

〔註86〕《吉林縣立講演所檔案》，吉林市檔案館藏，34-2-40。
〔註87〕《吉林省教育廳檔案》，吉林省檔案館藏，J110-05-0315。

具有合理性。儘管民國初年以章太炎、梁啓超爲代表的中國人種西來說倡導
者實際上已放棄此學說，更有部分學者致力於批判這一假說，但 1916 年的通
俗講演稿範本仍採信此說。已在學界受到廣泛質疑卻被官方列入標準宣傳素
材並長期使用的觀點不只一例，舉凡於國家主義有利的思想多被納入講演材
料。以軍國民教育爲例，1915 年興起的軍國民教育熱潮到一戰結束時已漸趨
冷卻，教育界人士對政府在學校中推行的軍事操練表示反感，提出教育應以
養成健全人格爲本義，在學生中灌輸忠順盲從思想不符合時代潮流。加之德
國戰敗引發知識階層對尚武精神的反思，更加速了軍國民教育思想的衰落，
此後中小學校中的兵操科目逐漸取消，代之以體育科。而通俗講演中提倡軍
國民教育的篇目卻一直存在，遲至 1921 年仍在使用。

　　總體而言，新文化運動時期活躍於知識界的各主要思想流派中，文化保
守主義對官方構建的現代國民意識作用最大，西化傾向更強烈的自由主義則
影響力有限。這一方面是由於自由主義的根基相對薄弱，核心理論仍以引進
外來思想爲主，缺乏與本土文化的深層次聯繫，且其中蘊含的個人主體意識
與官方倡導的國家主義意識形態相悖。另一方面，一戰損害了西方文明的藍
圖，維新時代極力趨新的知識分子如梁啓超、嚴復等都對西學稍感失望，自
由主義者的種種西化主張更顯得不合時宜。實際上，國家意識形態與知識界
各思想流派都有矛盾之處，而官方以實用主義的態度，採擇並融合符合其旨
趣的觀點，將改良主義、國家主義、集體主義、民族主義等思潮融爲一體，
用以構建現代國民意識。

二、官方構建的現代國民意識特徵

　　以民族主義情緒支持國家主義信念是官方構建現代國民意識的特徵之
一。20 世紀早期，激烈的民族主義思想曾在中下層社會產生廣泛影響，對於
多數底層民眾而言，民族主義情緒幾乎是他們表達國家觀念的唯一方式。1916
年以後，深陷軍閥混戰困境中的北京政府顯然意識到民族主義強調國家統一
的特徵有利於鞏固中央政權，而各地軍閥也均承認國家統一觀念，樂於打出
民族主義旗幟，民族主義遂成爲中央和地方政府共同倡導，並在民間社會頗
受歡迎的意識形態，也自然被納入官方構建的現代國民意識之中。但考察標
準化的通俗講演素材內容可以發現，政府在提倡民族主義方面仍多有保留，
其關注焦點也並不在此。正如余英時先生所言，近代中國的民族主義帶有工

具化傾向，「一個政治力量是成功還是失敗，就看它對民族情緒的利用到家不到家。如果能夠得到民族主義的支持，某一種政治力量就會成功，相反的就會失敗。」〔註88〕實際上，官方對於在底層民眾中宣揚民族主義思想可能並不熱心，甚至抱有警惕心理，但以此支持國家主義觀念是符合政府利益的策略。

民國學者普遍認為，教育界中的國家主義思潮興起於 1922 以後〔註89〕，但通俗講演裏的國家主義思想卻貫穿始終。講稿中出現的國家形象帶有全能主義色彩，它代表著一切文明和現代化的要素，並對民眾的日常生活和行為方式享有充分的控制權。民眾的形象則被暗示為是愚昧、落後、守舊、不成熟和頑固不化的，他們必須在國家至上的信念引導下，抑制和放棄私人利益，改變傳統的生活方式和理念，轉向符合國家旨趣的現代行為規範，如此才可具備國民資格。而國民又是一個高度物化的概念，他們要自覺履行各項義務，為國家提供財力和物力支持，富有犧牲精神，同時不應對國家行為提出任何質疑。一言以蔽之，國民的價值來源於其功能性，即國民支持國家機器運作的能力。個體的自然屬性被放在相對次要的位置，多數情況下僅作為引導民眾遵循國家意志的工具。如倡辦實業的演講篇目中經常鼓勵聽眾追求個人財富，但又多以為國家增加富源為最終落腳點。

值得注意的是，通俗講演向民眾灌輸的國家主義觀念並非完全意義上的現代國家主義，國家與國民的關係中不僅包含權利義務成分，還摻雜了大量私人道德和感情。最常見的例子是將國家履行各項行政職責的行為當作對國民的恩惠，要求國民感恩和報答。如《論今日學生宜組織演說會以練習演說》中對國家興辦教育之事評說道，「國家費了多少金錢，經多少人材，千思萬慮，群策群力，替國民興教育立學堂，苦心孤詣，應該社會上人都要感激不盡，趕緊把子女送到學校去讀書，報答國家的恩義才是。」〔註90〕將家庭倫理延伸至國家層面的現象也相當普遍，如《調查學齡兒童合強迫教育的緣故》中以幼稚孩童比喻不明事理的民眾，而國家則扮演明智的父兄角色，認為「一國如同一家」〔註91〕，國家強制人民遵循其意志就如同父兄教導子弟一般合

〔註88〕 余英時：《現代儒學的回顧與展望》，三聯書店 2012 年版，第 22 頁。

〔註89〕 舒新城：《舒新城近代中國教育思想史》，吉林人民出版社 2013 年版，第 222 頁。

〔註90〕 《論今日學生宜組織演說會以練習演說》，《吉林通俗教育講演稿範本》1916 年 7 月 20 日第 6 期。

〔註91〕 《調查學齡兒童合強迫教育的緣故》，《吉林通俗教育講演稿範本》1916 年 9 月 20 日第 8 期。

情合理。在經歷了半個多世紀的外交失敗後，建立強大和統一的國家幾乎成爲中國現代民族主義最強烈的訴求，官方則在此情感基礎上大肆擴張國家主義的輿論空間，將各種含義模糊的現代和非現代性因素都囊括其中，形成一種以控制和服從爲核心的半現代國家主義。

　　思想內容的矛盾性是官方構建現代國民意識的另一特徵。如前所述，通俗講演的內容既反映了知識精英的認知與官方意識形態的共同之處，同時也將各方差異包含其中，矛盾性遂成爲通俗講演的一大特徵，而講員個人的偏頗思想則使問題更加突出。由於講稿來源過於複雜，文中對某些問題的認識難免有些許差異。如美國牧師丁義華的《文明國保護兒童的責成》中認爲，寒素子弟「失了教育的機會，這都是政府放棄責任的緣故」〔註 92〕，其他講稿卻多將政府興辦教育視爲對人民的恩惠。又如講員自撰稿中經常流露出對外國在華活動的反感之情，將中國貧弱的原因歸因於外國勢力，極力倡導抵制外貨運動。而梁啓超的《鄉土觀念與對外觀念》則明確批評了排外思想和活動，指出國家競爭理應光明正大，「如若自己靡有可靠的本領，只是妒忌他人，時時刻刻想傾軋他人，學那無知無識的村婦行徑，這眞可恥極了」。且民眾的盲目排外運動往往無甚成效，「起一回國際交涉，大家就約定排斥某國貨物，其實交涉形勢何嘗因此就有變動」〔註 93〕，因此與各國交通仍需取開放主義，以自立自強爲本。

　　如果上述矛盾之處僅是通俗講演中因技術性問題處理不當而導致的缺陷，那麼對法制觀念的不同闡釋則直接體現了官方意識形態的內在矛盾。1916年 7 月 20 日出版的《通俗教育講演稿範本》第六期中出現過兩篇內容互抵的守法類稿件，《人民不可放棄法律上的權利》和《勸息訟》。前者主張「自己應有的權力，別人不得損害，如有損害的，可以起訴法庭，要求賠償」，並將個人權利與國家利權聯繫起來，認爲「士農工商都要各人主張自己應有的權利，不敢放棄，那外人奪取的權利就可以收回，這是與國家社會都有密切關係的」。〔註 94〕後者則沿襲了傳統的官方指導思想，以息訟止爭爲正確的價值

〔註92〕　《文明國保護兒童的責成》，《吉林通俗教育講演稿範本》1916 年 9 月 20 日第 8 期。

〔註93〕　《鄉土觀念與對外觀念》，《吉林通俗教育講演稿範本》1916 年 9 月 20 日第 8 期。

〔註94〕　《人民不可放棄法律上的權利》，《吉林通俗教育講演稿範本》1916 年 7 月 20 日第 6 期。

取向。將訴訟視爲受人挑撥的結果，力勸民眾勿將民事糾紛訴諸法律，稱「國家設官理訟，除非要有眞正冤屈，才不得不起訴訟，至於小小事件，總以和解爲是」，興訟不僅耗費財力，且爲家族恥辱，「我祖我父，從不喜歡興訟，我破了家法，怎樣對得起祖父」。〔註95〕與《勸息訟》主旨相類的題材很多，如《勿唆人興訟》、《說人不可好訟》、《說訟事競爭的難言》等，累計講演超過二十餘次。相較之下，傳遞現代法制理念的講稿《人民不可放棄法律上的權利》只能存在於紙面之上。這說明在官方意識形態中，保護並倡導個人權利意識的觀念和傳統的治民思想並存，而後者顯然是主導因素。

綜上所述，民國政府構建或更新國民意識的意圖本身有其合理成分。帝制時代的中國政治文化和民眾文化是被一套相對完善的價值觀統合爲一個整體的，家國體系使二者間存在相互溝通的橋樑，而19世紀以來的內外衝擊最終使這套古老的價值觀分崩離析。中華民國作爲現代民族國家，同樣需要類似的整體性文明將政治和民眾文化涵蓋其中，使其不至因劇烈的動盪而產生斷裂。但考察現代國民意識的構建過程可以發現，官方認可的現代化元素仍以自然科學常識和某些西方行爲規範爲主，包括個人主體意識在內的現代文明內核並未囊括其中，允許國民參與並影響國家事務的思想也停留在理論階段，一旦涉及具體問題，政府對民眾能力和潛力的不信任感即顯露無遺。官方對民眾教育活動的定位實際上也與前代差異不大，所謂的現代國民意識，其核心目的僅在於教導民眾既要不斷爲國家機器輸送資源，又要順從管理者的意志。至少在國家政權層面上，中華民國曾經與激進的革命者形象緊密相連，而短短幾年後的國民意識形態建設中卻出現了大量保守主義因素，且已表現出由文化保守主義轉向政治保守主義的趨勢。說明這個以西方政治文明爲模板建立的新國家，其思想根基仍相當淺薄，一旦國家機器開始運作，就會不自覺地回到傳統的軌道上，通俗講演中倡導的半現代國家主義國民意識即是明證。

〔註95〕《勸息訟》，《吉林通俗教育講演稿範本》1916年7月20日第6期。

第三章　通俗教育講演員群體研究

　　對中國的知識分子階層而言，民國初年至 20 世紀 30 年代是一個特殊時期。一方面他們失去了傳統上與國家政權聯繫的穩定途徑，在與民眾的接觸中也無法再以政治權威的面目出現，但仍保有學者的聲譽；另一方面，工作性質的職業化和專門化使大量知識分子流入教育領域，在啓蒙群眾的名義下繼續發揮其影響力，社會教育機構也因之成爲來源複雜的底層知識分子最爲集中的場所之一。本章試以民初吉林通俗教育講演所講員群體爲例，通過考察講員的選拔、培養和考核制度，探討官方語境下對通俗講演員的要求及這些規則的影響，並以講員履歷和報告爲依據，重建他們的生存和工作狀態，包括講員的文化層次、收入水平、代際差異等，進而分析講員的文化和政治立場，探尋其形成的原因，以及他們是如何影響基層社會現代化改造進程的。

第一節　吉林通俗教育講演員的來源

一、通俗講演練習所

　　吉林省通俗教育講演員培訓機構以講演練習所爲核心，同時由清末地方自治研究所和法政學堂演變而來的自治講習所及法政學校也是講員的重要來源，二者目的性雖不如講演練習所明確，但其畢業證書也可爲從事通俗教育工作之資格憑證。這些培訓機構分屬不同行政層級，時限不一，長則六個月，短則三個月，課程內容各有側重。民初官辦通俗教育活動雖一度頗具聲勢，但終屬社會教育範疇，僅被視爲正規教育的補充，中央政府對此多有倡導規

範，而少實質性財政扶持。且地方各屬於興辦之事不甚積極，大多拖延塞責，難以建立規範完善的講員培訓系統。民國初年百業待舉，「教育行政長官及地方熱心教育之士均無不竭力提倡，亟圖社會教育之普及」〔註1〕，短期培訓遂成為培養社會教育工作者的主要形式。實際上這種速成培養模式在民國初年曾大行其道，從稅務、警務傳習所到清丈傳習所，種類繁多的官辦臨時培訓機構訓練了大批具備一定專業技能的政府公務人員，使人才匱乏的窘困局面得以緩解。但因學習時間有限，學生通常需具備一定知識背景，或有相關從業經驗，或接受過初中級基礎教育，或直接從在職人員中選拔。學校的教學條件大多簡陋，教員不過寥寥數人，學生來源也常常魚龍混雜，素質參差不齊。

依照教育部1915年10月頒佈的《通俗教育講演所規程》第九條之規定，講員需年滿25周歲，並滿足下列條件之一：講演傳習所或通俗教育研究所畢業者；曾任講演一年以上著有成績者；曾任小學校以上之教員或簡易師範畢業者；教育會勸學所各職員；地方紳董夙有學望者。〔註2〕就吉省而言，省會和繁榮市鎮的講員大多符合規程要求，僻遠邊荒之地則力有未逮。因有清末舉辦宣講所經驗在前，吉林提學司（後改為教育司）早在通俗講演所創設前既已認識到選拔和培養講員的重要性，並於1912年11月頒佈《通俗教育講演練習所簡章》，決定採用上海通俗教育研究會意見，於省垣設立講演練習所，專司講員培訓之職。講演練習所為期六個月，學習內容大致包括雄辯學、聲容學、修辭學、論理學、心理學、社會學、社會教育學等。規定每屬推選兩名學員入所，所需經費由各屬認解，每員106元，學員畢業後分回各地推行講演。

於開展通俗教育前預設講演練習所培養人才，企劃不可謂不周詳，但效果卻不甚理想。首先是學員選拔困難，根據《通俗教育講演練習所簡章》的規定，入所研習者須具備下列資格之一：曾充宣講所宣講員者；簡易師範畢業者；法政自治研究畢業者；地方公民熱心公益，素擅辯才者。〔註3〕該項要求在省會及繁榮城鎮尚可實施，於荒僻之區則難以推行，樺甸、方正、綏遠、

〔註1〕 《吉林省教育廳檔案》，吉林省檔案館藏，J110-01-0023。
〔註2〕 宋恩榮、章咸：《中華民國教育法規選編》，江蘇教育出版社2005年版，第534頁。
〔註3〕 《吉林省教育廳檔案》，吉林省檔案館藏，J110-01-0023。

濛江等多縣先後致函提學使司，聲明縣境內實無合適人選。綏遠州知事胡承喆稱州治內民戶寥落，且居民多爲商賈，「此等人所知者，某物之行情，所熟者，某品之銷滯。蓋其背棄鄉井室家之樂，以來此藍縷甫啓之區者，其唯一目的所貫注，惟在年末純益之多寡，一旦欲使之納身教育之途，坐荒己業，以爲一方之公益謀，不掩耳而走，即只有避不見人耳。」〔註4〕方正縣知事鄭浩以邊荒之地人才缺乏爲由，遲遲未提交學員人選，稱「能合資格者或不願往，或因職務阻礙又未能往」，〔註5〕至講演練習所開課前夕才選定當地第二初等小學校校長陳丙午入所研習。以無合格人選爲由請求免予選送學員的縣一度多達十餘地，提學司不得不嚴詞督責，申明即便無送選學員亦須承擔講演練習所經費，並降低標準，令各屬選派熱心公益的當地居民即可，如本地實無資格相當者，亦可選送外籍人員。按照最初規劃，講演練習所係由三十七縣組織而成，每縣送校二人，然最終入學者僅四十六人。

　　財政負擔沉重是各縣不願派員入省學習的主要原因。根據提學司訓令，練習員所需經費由各屬分擔，可遵照教育部臨時宣講辦法通令，於行政費項下開支。1913 年 3 月編制的講演練習所預算表顯示，六個月內教職員薪工及雜費開支合計 1896 元，每屬均攤 51.24 元，學員膳宿費由各屬酌給。〔註6〕兩月後又規定各員膳宿統歸官辦，經費暴增至 7844 元，每屬須攤 212 元，各縣抱怨負擔過巨的公函遂紛至沓來。濛江縣知事林秉芳函稱，「（濛江）山深林密，地瘠民貧，經濟困難達於極點……惟是涸澤求漁，目的萬難達到。」〔註7〕樺甸縣知事顏之樂稱當地用款須縣議事會批准，財務處不得擅專，且「歷年公虧積十餘萬弔，現已羅掘無術，勢必取之於民，當此風潮甫息之際，何敢再議加捐。」〔註8〕饒河縣知事趙邦澤則一再申明該地爲初設之區，情形與內地不同，「全境人口不滿二千，升科熟地僅千餘晌……邊荒既少商鋪通融，復無公款挪墊，欲勸令捐納，邊民無識，莫肯輸將，欲節省公費以解交，邊地食用昂貴異常，不堪賠累」〔註9〕，故只得懇請暫免。最終提學司不得不讓步，允許各屬從自治經費項下撥付該項開支，即便如此，部分縣的應繳學費

〔註4〕　《吉林省政府檔案》，吉林省檔案館藏，J101-02-0477。
〔註5〕　《吉林省政府檔案》，吉林省檔案館藏，J101-02-0477。
〔註6〕　《吉林省教育廳檔案》，吉林省檔案館藏，J110-10-0377。
〔註7〕　《吉林省教育廳檔案》，吉林省檔案館藏，J110-10-0125。
〔註8〕　《吉林省政府檔案》，吉林省檔案館藏，J101-02-0477。
〔註9〕　《吉林省教育廳檔案》，吉林省檔案館藏，J110-10-0292。

仍需省財政墊付，個別縣的餘款遲至兩年後尚未結清。

　　儘管《通俗教育講演練習所簡章》中對入學資格的要求並不嚴苛，生源匱乏的現象仍普遍存在，部分地區竟至全境無一人投考。符合條件者大多已出任公職，不願改業，且官辦通俗講演機構的運作模式尚不明確，使講員工作對於新式教育體系下培養的年輕人缺乏吸引力。吉林省首批通俗教育講演練習所學員的履歷顯示，大部分學員都曾經歷過前清自治研究所的訓練，至少三分之一的學員擔任過公職，而明確表示接受過系統化新式教育者僅五人，其中兩人爲中等程度，其餘三人爲高小畢業。清末《自治研究所章程》要求入學者應爲當地士紳，由此推知，民國初年吉省參與通俗講演培訓的學員構成應與清末自治研究所相類，以傳統教育模式下培養的中年士紳爲主，僅有少數人接受過粗淺的新學訓練。學員年齡普遍偏大，並深受傳統教育影響，可能是導致講員的文化立場趨於保守的因素之一。

表 3.1　1913 年吉林省通俗教育講演練習所部分學員履歷

姓名	籍貫	履歷
楊彬	吉林	吉林府司法養成所畢業
趙維東	吉林	吉林府自治研究所畢業
郎壽山	琿春	高等小學畢業
李紹棠	長壽	司法科書記長，勸學所文牘員
王書銘	長壽	自治研究分所畢業，鄉自治宣講所講員
陳丙午	方正	縣自治研究所畢業，第二初等小學校校長
白瑞峰	方正	省自治研究所畢業，縣議事會議員
王德馨	額穆	縣屬教育會副會長
王殿邦	長嶺	縣自治研究所學員
孔照達	阿城	賓州府自治研究所畢業，阿城自治研究分所所長
王恩沛	阿城	賓州府自治研究所畢業，阿城自治研究分所講員
劉維中	阿城	業儒
高士明	汪清	縣屬自治研究所畢業
胡文明	永智	士紳
高鳳紀	永智	永智鎮議事會庶務員
周寶濂	尚禮	自治畢業學員
李慶瑞	尚禮	師範畢業學員

袁獻璋	樺川	自治研究所學員
董會昌	同江	省立中學肄業生
沈玉和	舒蘭	省立第一高等小學畢業生
於和	樺甸	高等小學校甲班學生
徐景文	樺甸	士紳
趙東瀛	雙陽	士紳

資料來源：《吉林省教育廳檔案》，J110-01-0023，J110-10-0016，J110-10-0289，J110-10-0292，J110-10-0373，J110-10-0466，J110-10-0467；《吉林省政府檔案》，J101-02-0477。

　　根據現存的課程表可知，1913 年的省立講演練習所共設置八門課程，每周 36 個學時，其中雄辯術所佔課時最多，爲每周 6 學時，設施法、修辭學、論理學（邏輯學）和心理學這四門與講演技巧密切相關的課程共占 16 學時，比較憲法、社會學和各國教育狀況合計 11 學時。總體而言，講演練習所的課程設置側重於講演技巧和實踐，目的在於培養講員臨場講演的能力，與此相關的課程占總學時的 70%，基礎性課程僅占 30%。可見官方對通俗講演員的職能定位主要局限於傳達國家意志，不鼓勵其表達自己的觀點和立場。講員只需考慮如何吸引聽眾，將通俗講演的社會效應最大化即可，至於所講題材和內容則多來自於官方範本，受到嚴格限制，講員對其是否有足夠深入的理解並非培訓機構關注的重點。

表 3.2　1913 年通俗教育講演練習所課程表〔註10〕

上課時間	星期一	星期二	星期三	星期四	星期五	星期六
9：00〜9：45	比較憲法	修辭學	比較憲法	修辭學	比較憲法	比較憲法
10：00〜10：45	社會學	論理學	社會學	論理學	各國教育狀況	各國教育狀況
11：00〜11：45	雄辯術	雄辯術	雄辯術	雄辯術	雄辯術	雄辯術
1：00〜1：45	設施法	心理學	論理學	設施法	心理學	論理學
2：00〜2：45	設施法	心理學	修辭學	設施法	心理學	各國教育狀況
3：00〜3：45	修辭學	實習	社會學	實習	社會學	實習

〔註10〕《吉林省財政廳檔案》，吉林省檔案館藏，J109-02-1096。

二、地方自治講習所

　　與講演練習所不同，地方自治講習所的宗旨較爲模糊，以養成地方自治人才爲目標。全國範圍內興辦自治講習所的熱潮始於 1919 年，以北京模範自治講習所爲起點，逐步向地方推廣，至 1922 年已深入縣級。自治講習所的招生範圍更廣，不再局限於具備選舉權的地方士紳，根據《各縣地方自治講習分所章程》的規定，選派學員須具有以下資格：一爲年在三十歲以上者；二爲曾在法政學校一年半以上畢業、或前清舉貢出身、或曾任與薦委任以上相當之實職者；三爲曾辦理地方公益事務二年以上、具有經驗者；四爲未曾受刑或破產之宣告者。可見地方自治培訓機構首重學員的法政知識和自治經驗。基層自治講習所的運作狀況表明，在實際操作過程中，招生要求可以進一步放寬，熱心公益且有志於地方自治建設者皆可報名。地方自治講習所招生較易，並有大量學員願自費入所修習。以 1922 年吉林縣地方自治講習所爲例，首期招生 51 人，其中 11 人爲自費學員。申請自費入學者中，既有法政警務學堂畢業生，也有地方活躍士紳，更有多人因未能如願入學聯名請願，要求續招二班自治學員。與清末自治研究所相比，講習所的學習內容更加豐富。1909 年頒佈的《自治研究所章程》規定，自治研究所講授內容包括奏定憲法綱要、法學通論、現行法制大意、諮議局章程及選舉章程、城鎮鄉地方自治章程及選舉章程、調查戶口章程、其他奏定有關自治及選舉各項法律章程、自治籌辦處所定各項籌辦方法，課程設置單一，主要圍繞行憲和選舉展開，且明確要求「講授宗旨應以恪守奏定地方自治章程不越範圍爲要義」。〔註11〕自治講習所的學習內容則大爲拓展，地方自治的各具體事項如文教、衛生、公共基礎設施建設等大多囊括其中，更具可操作性。培訓時間相對縮短，每期僅三個月。

　　自治講習所併非專爲培養通俗講演員而設，但其所頒發的畢業證書是入職講員的有效憑證。由講員出身構成可知，僅由自治講習所畢業而未接受過講演練習所培訓的講員不在少數，因此瞭解自治講習所的學習內容和培養方式有助於研究講員群體的知識水平和職業素養。

　　自治講習所課程設置以實用性爲著眼點，分爲十門，包括慈善行政、教育行政、衛生行政、自治法令、地方財政學要義、戶籍法、自治法規、勸業

〔註11〕故宮博物院明清檔案部編：《清末籌備立憲檔案史料》（下），中華書局，1979年，第 747 頁。

及公共營業、自治綱要和道路水利及土木行政，根據檔案中的一份地方自治講習所畢業試題可以約略推知其講授內容。自治講習所因其宗旨著眼於培養自治人才，故與自治相關事宜尤為突出，在各科目中均有體現。如「衛生行政均有何項機關屬於自治團體，此其目的安在？」「戶籍事務是否自治團體行政，其於行政統系上處何位置？」「集會與結社有無異同，地方自治團體得謂為結社否？」「國家行政相對者稱為自治行政，而自治行政本係國家行政之一部分，地方行政事業之發達有特長之點試論說之」，「國家對於市鄉自治團體之監督辦法，其重要之目的果安在？」〔註12〕另一類試題側重於考查技術性問題，如「少年不良可惜可懼，欲施救濟應用何項方法能使其改惡遷善？創辦之初採何制度為適當？試詳論之。」「下級自治團體所應設之國民學校，如無財力不能設置，或不能如數設置，或設置而不能支持，依照教育法令究有何種方法以補救之？」「在我中華民國今日現狀之下，通俗教育講演所在教育行政上之價值為何？」「信用合夥對於經濟上之功效安在？」「信用合夥以何式為優，其適行以何式較易？」「公路與私路應依何標準而為區別？」「道路植樹事業對於吾人有何利益，試詳論之。」「飲料水於衛生最有關係，為保公眾衛生應以何法研究之？」「關於選舉之方法乃有數種，惟文明程度較低之國家應以何法補救，試詳說之」，「選舉權為公權之一種，未取得中華民國國籍之外國人能參與縣議會之選舉權否？」〔註13〕與注重技巧性訓練的講演練習所相比，自治講習所的學員因對所講主題有相對深入的學習和瞭解，更有助於開展通俗講演活動。

　　因錄取條件寬鬆，取消了選民資格限制，自治講習所的招生過程頗為順利，並未出現全境士民投請送考者竟至無人的窘境，但與入學熱情形成反差的是學員的學習狀態。1922年6月21日吉林縣地方自治講習所的一份通告中談到學員中「聽講者固居多數，而藉請假曠課者亦所在恒有」，並重申了學校紀律，「每逢上課時僅領講義並不在堂聽講至三日以上者，即按照未經入校講習定章，合當自行退學；除例假之外，接連曠課至三日以上者迨畢業時扣去實分數三分之一；每星期內無論已否請假，曠課至六點鐘者迨畢業時扣去實分數十分之二；每學期內曠課時間計逾上課時間三分之一者迨畢業時決不發

〔註12〕《吉林縣立講演所檔案》，吉林市檔案館藏，34-2-60。
〔註13〕《吉林縣立講演所檔案》，吉林市檔案館藏，34-2-60。

給畢業證書。」〔註 14〕可見對部分學員而言，自治講習所的吸引力可能主要在於短期內取得的資格憑證。

三、法政學校

20 世紀 20 年代前，出身於法政學校的講員曾佔據相當大的比例。法政學堂本是清季爲適應新政需要產生的新型學校，1909 年以後大盛，數量遠超其他專門學堂。民初法政學校的擴張更是一日千里，學子皆視其爲通往仕途的捷徑，趨之若鶩，「舊嘗授業之生徒，求爲介紹入學校，入何校，則法政學校也，報章募集生徒之廣告，則十七八法政學校也。」〔註 15〕民國學者高踐四在回顧這一時期通俗教育事業的發展歷程時，曾將法政學堂林立與袁世凱復辟帝制並列，作爲阻礙民眾教育發展因素之一。他認爲人人皆追求做官的捷徑，卻忽視了民主政治的基礎在於健全的公民。〔註 16〕法政學堂屬於正規教育體系，運作規程相對嚴格，但入學要求較爲寬鬆，年在二十五歲以上，國文具有根底者即爲合格。修業期限通常爲兩年，課程包括法學通論、憲法、刑法、行政法、商法、民法、民刑訴訟大意等專業科目，也提供財政學、政治學、國家學、農業政策、社會學等選修課程。1915 年後，法政學校畢業生漸有供大於求之勢，加之許多學校管理混亂，生源良莠不齊，「學員以紈絝子弟居多數，宿舍以內則麻雀葉子牌，出外則在劇園妓館。至上班（班）受業時，各生笑者、談話者、唱歌者、睡眠者、種種怪狀無奇不有。至畢業時，一普通之書函尚多有未能完全書寫，其他學課之成績更不問可知矣。」〔註 17〕教學質量難以保障，整頓法政學校的呼聲日漸高漲，部分私立法政學校甚至被指爲貽誤青年。經數年改革，法政學校的數量和規模都受到壓縮，但在專門學校中仍占相當比例。寬鬆的入學條件是法政學校備受青睞的原因之一，傳統教育模式下培養的士人可以通過它完成某種身份的轉換，在新教育體制中無力繼續上升的小知識分子也可以得到一定程度的資格認可。由法政學校畢業而入職通俗教育工作者顯然沒有接受足夠的講演技巧訓練，但並沒有證據表明這一缺陷影響了他們的工作成效。相反，許多法政學校畢業生擔任了

〔註 14〕《吉林縣立講演所檔案》，吉林市檔案館藏，34-2-58。
〔註 15〕黃炎培：《黃炎培教育文選》（中華職業教育社編），上海教育出版社，1985年，第 10 頁。
〔註 16〕高踐四：《民眾教育》，商務印書館 1933 年版，第 34 頁。
〔註 17〕《法政學校將行取消矣》，《盛京時報》，1916 年 11 月 18 日，第四版。

相對重要的職務，如吉林省通俗教育講演所講演主任姚錫慶，吉林縣講演所所長趙經柢都畢業於法政學堂。

總體而言，以短期培訓爲主要特徵的講員培養模式，其教學內容和形式尚屬切合實際，但效果卻令人失望，即便是以講員培訓爲目的的講演練習所，其畢業學員入職者亦屬寥寥。基層講演所建設滯後使多數返鄉講員無用武之地，只能另覓他職。1915 年 5 月吉林巡按使公署曾因各縣辦理通俗講演事業久無實效，要求上報講演練習所首屆畢業生去向，結果顯示僅有四人按原計劃回籍充任講演員，其餘四十二人或遷居他地，或另謀他職，或去向不明。如磐石、寧安、樺川等縣均表示因經濟困難，學款支紐，無力設置講演所，畢業學員只能暫時安排其他職務或自謀生計。清末宣講所的運作模式此時已不再適用，年輕的講員大多希望以通俗講演爲謀取公職的途徑，無法接受義務宣講形式。如舒蘭縣選派學員李德山和沈玉和，二人即皆以「非有相當薪水不甘義務」爲由拒絕赴任，最終舒蘭縣屬也只得「曉以大義，酌予津貼」，並承諾「一俟籌有經費，再予以相當之薪給」。〔註18〕還有一些畢業生曾短期充任講員，隨後因各種原因離職。如敦化縣學員張桂林和樊榮魁，畢業後回縣擔任講演數月，後因天寒無人聽講，即停止講演，樊榮魁投考駐琿陸軍九十團一營隨營學校，張桂林被送入延吉教員講習所肄業。依蘭縣學員宜祿和長齡則在任職數月後改業，宜祿爲選舉調查員，長齡充稅捐局雇員。賓縣學員陸光斗因病開差，就醫未痊，更兼家務無人經理，無法履職。樺甸縣講員於和被指爲「能力幼稚，擔任講演難期勝任」，解職後改充塾師。汪清縣學員高士明則捲入一宗語焉不詳的訴訟，知事斥其「藉端滋事，橫行鄉里，魚肉紳民，構訟紛紜……甚至禍及韓民，以致日領事出頭干涉」，〔註19〕隨後因誣告罪入獄。各縣選送學員時多屬勉強，考慮不周，很多送選者已有本業，畢業後或重操舊業，或因身兼數職，難以分身。如賓縣學員陸崇武原爲縣立高等小學校長，畢業後返校，從未履職。樺甸縣講員徐景文兼理圖書館事務，無暇遵章講演，最終不得不撤差。短短兩年內，首期講演練習所畢業生已大半散失，有些人在基層講演所設立後成爲職業講演員，大部分人則僅以此爲晉身契機，從未眞正從事通俗講演工作。

〔註18〕《吉林省政府檔案》，吉林省檔案館藏，J101-04-1307。
〔註19〕《吉林省政府檔案》，吉林省檔案館藏，J101-04-1307。

　　民國初年吉省通俗講演員中，畢業於法政學校和自治講習所者遠多於講演練習所學員，進入二十年代後，講員來源更加多樣，農工學校、師範講習所、省立中學、巡警學堂、稅務傳習所畢業生，甚至報社記者都曾充任講員。考慮到民初教育制度混亂，師資匱乏，學非所用的現象普遍存在不足為奇。有趣是的，在教育資源不足的環境下，講員重複訓練的情況卻時有發生。如吉林縣講員趙維東，畢業於吉林府自治研究所第二班，民初入省立講演練習所學習，後又參與了吉林縣自治講習所的培訓。趙維東的經歷並非個案，在已取得入職資格後重複接受性質相似的短期培訓，似乎已成為散落城鄉的小知識分子在過渡時代尋求上進之階的方式之一。科舉制度廢除，新教育體制興起，各類基礎教育設施相繼興建，1913 年的視學報告顯示，其時吉林「各縣之小學，多者五校，少或二三校」，公立中學亦達六所。〔註20〕新式教育的開放性似乎有所擴大，但對很多小知識分子而言，進入精英階層的機會並未增加，反而失去了穩定上升的途徑。一些人選擇進入名目繁多的官辦教育機構學習，希望可以繼續追逐仕途，但大多只能得到有名無實的虛銜，1909 年林伯渠視察磐石縣學務時發現的名譽勸學員就是一個典型例子。該地「縣立師範傳習所開學之始，急於招生，張大其詞，日本所畢業期限最短（原定四個月），且畢業後能得優美差事。於是，一般塾師及素行無賴者皆願投止。嗣因今春學憲飭令延長學期（改為六月），學生大嘩，堂長王訓導將為首各生稟請知縣，先行賞加名譽勸學員名目，以安其心，各生始就帖服。迨畢業後，得館地者甚少，而名譽勸學員徒有其名，無事可辦，亦無薪水，又無薪金。」〔註 21〕轉型失敗的傳統士子依靠短期培訓獲得的文憑謀取功名，顯然缺乏說服力，而新式教育體系下培養的學生也同樣處境艱難。相對於同時期接受過中等教育的畢業生數量而言，高等教育機構的容量極其有限，而出洋留學之資又非普通人所能負擔，由此產生了一批底層知識分子。他們既區別於精英知識階層，又不同於普通民眾，接受過傳統的中學教育和粗淺的新學訓練，初通文墨，關心時事，卻上進無望，生計艱難，很多人只能委身於小學、通俗講演所、貧民半日學校等基層教育機構謀生，而底層知識分子正是構成講員群體的主要成分。

〔註20〕江銘主編：《中國教育督導史》，人民教育出版社，1994 年版，第 382 頁。
〔註21〕吉林省檔案館：《清末林伯渠吉林視學史料》，《歷史檔案》2001 年第 4 期，第73 頁。

第二節　講員的工作環境和收入狀況

一、講員的工作環境

通俗講演所一般以巡迴講演為主要活動形式，除省立講演所講員可在省城內駐講外，多數縣立講所講員需在以縣城為中心的較大區域內進行四鄉巡迴講演。因各地教育基礎設施匱乏，講員的工作和生活環境相當惡劣。鄉鎮地區罕有講演分所，講員到境後通常需自尋交通要道或商戶密集處，簡單布置一番，至警局借講桌條凳，請一二警員到場維持秩序，之後即懸旗振鈴開始講演。露天講演成本低廉，但受天氣影響極大。春秋兩季尚可循序進行，夏季暑熱難耐，聽眾往往不甚踴躍，且常因暴雨停講。每至隆冬時節，行人多畏寒不前，聽眾寥寥，難以為繼。而講演所對講員面臨的實際困難不聞不問，僅以講演場次和聽眾人數為考核標準，講員只得自行採取一些折衷辦法，調整講演形式。如夏季主動入店鋪與商人攀談，「以談話之動機引起一般商人聽講之興趣」〔註22〕，之後即暫借該商戶場地講演；冬季則將露天講演改為旅店講演，於每晚六七點鐘假各旅店同眾講演。

鄉鎮集日是影響講員行程路線的重要因素之一，忙集和閒集的差距極大，忙集聽眾人數多在五十人左右，最多時可達百餘人，錯過集日則很難再聚集聽眾，因此講員一般會在當地開集日前趕到駐講點，以便向趕集鄉民講演。如果條件允許，講演場地內會陳列一些報紙書籍任人翻閱，並懸掛通俗教育畫，既能擴大聲勢，又可保持對民眾的吸引力，防止講演休息期間聽眾走散。偶有天氣條件不利或農事繁忙時，趕集人數過少，講員便會主動尋找酬神賽會等熱鬧處所講演。1918 年 6 月沈殿在缸窯駐講點講演時發現連續多日聽者無多，又聽聞烏拉鎮街商民正在關帝廟演戲酬神，遂趕赴該地，「於晌午散戲時即假戲樓懸旗振鈴，同眾講演，中間陰棚兩邊看樓，農工商界以及婦孺擁擠不開」。〔註23〕類似的情況在報告中屢見不鮮，講員們需要利用各種人群聚集的機會，包括在雇工市場向閒暇雇工講演，在田間地頭向休息的農民講演，吉林縣講員周寶濂甚至曾在下九臺借賭局散場之際向民眾講演。對通俗講演活動負有輔助配合之責的鄉鎮警局則態度各異，有些地區會盡力為講員提供幫助，派員布置會場並維持秩序，但多數警局於此項工作不甚熱心，

〔註22〕《吉林縣立講演所檔案》，吉林市檔案館藏，34-2-61。
〔註23〕《吉林縣立講演所檔案》，吉林市檔案館藏，34-1-12。

常因講演時間過長太嫌絮煩而不願招待。省公署雖多次下達文件，要求基層警局配合講演員工作，但講員往返警局數次求告無果的現象仍時有發生。沈殿於 1918 年 12 月至缸窯講演時，當地警署即稱巡官、巡長皆不在所，無法招待，次日又藉故推託，不願借出講桌，最終講員只得身祖旗手振鈴，獨立街頭講演。〔註 24〕總體而言，巡迴講演員的工作很少得到官方的有力支持，各項困難都需獨立解決。

　　惡劣的交通條件使巡迴講演的旅程頗為艱辛，多數駐講點不通火車，且車資昂貴，1917 年省城至下九臺一地往返費用即高達 2.9 元，而當時講員月收入僅 17 元。因旅費多由個人承擔，講員不得不選擇價格更低廉的交通方式，水路暢通時帆船和輪船可以用於長途出行，而輾轉於各駐講點間的短途旅行則全憑腳力，很少雇車。沈殿在 1918 年 7 月 11 日的報告中曾述及工作之辛苦情狀，「午後霆雨如注，道路異常泥濘，講員擔負急行……因青沙障起，山路崎嶇，不敢稍綏，極力追隨，腳撐成泡，嗣後蹇泡踩破，寸步難行。勉強至團山子河，不意是日下雨渡口無船，無奈只得跣足涉水。省日腳泡破裂，旋因泥水侵害因而發作，又兼至烏諸日辦公，因受鞋襪之居束改成紅腫潰膿」，〔註 25〕諸如此類情形在報告中隨處可見。每年夏秋之際，青沙成障，鬍匪猖獗，講員又須小心選擇巡迴講演路線以躲避匪患，有時甚至被迫繞過一些集鎮，但與大隊賊匪意外遭遇的事件還是時有發生。1922 年 12 月 24 日沈殿在報告中記述了遭遇匪患輾轉躲避的經過，「十七日晚十鐘，樺皮廠街接到蓮花泡警報，又有大股鬍匪欲壓樺皮廠街，該街商民多逃避……講員於十八日冒險轉赴太平村街……惟二十日該街傳來警報，商民逃散一空，講員當即停講轉赴西小荒地王宅暫避匪患。不意鬍匪一千餘名正在大荒地打尖，離講員投宿之處相距三里之遙。」講員高鳳紀還曾與鬍匪正面遭遇，遺失講演旗幟及隨身財物。在時局動盪，治安環境惡化的條件下，巡迴講演員的人身安全顯然無法得到有效保障。

　　講演所對講員的食宿問題亦無明確安排，最初與駐講點鄉校教師同食同宿是較常見的做法，由勸學所每日酌給該校食宿費一弔五百文作為補貼。〔註 26〕1919 年後各鄉校為節約開支，紛紛取消集體伙食，講員食宿費用改為自

〔註 24〕《吉林縣立講演所檔案》，吉林市檔案館藏，34-1-12。
〔註 25〕《吉林縣立講演所檔案》，吉林市檔案館藏，34-1-12。
〔註 26〕《吉林縣立講演所檔案》，吉林市檔案館藏，34-2-36。

理。膳宿、辦公及旅費均由個人承擔，很快使講員感到入不敷出。1920 年吉林縣立講演所講員申請加薪的公函稱，每日食宿及辦公旅費已達八九角之多，而彼時每員月薪仍爲 17 元。爲節省開支，多數巡迴講員選擇在當地國民學校內留宿，但各校條件有限，寢室往往擁擠不堪，教員不堪其擾，常不願招待，講員只得轉向廉價旅館或相熟商戶店中投宿。講演員的工作和生活條件之艱苦遠超一般公教人員，一方面是由諸多客觀原因所致，但另一方面也說明官方對於基層通俗教育活動並未給予足夠重視。

二、講員的收入狀況

　　與在正規學校教育體系中任職的公職人員不同，講員作爲社會教育工作者，其收入標準並無明確規定，社會教育又被視爲學校教育之補充，很難受到充分重視。民國初年吉省各縣教育經費普遍短缺，學款支絀艱窘之狀屢見報端，學校教員薪餉常積壓數月無力發放，講員收入微薄生活困苦更是在所難免。以吉林縣立通俗教育講演所爲例，1915 年講員月薪約爲大洋 17 元，當時省財政廳中最低一級職員薪俸爲 14 元，〔註27〕說明講演所成立之初講員收入向與普通公職人員相當。但此後數年物價騰貴，講員薪俸卻毫無變化，直至 1920 年才首次加薪 5 元，作爲巡迴講演食宿津貼，而彼時吉林縣清鄉分局最低一級職員薪金已達 30 元。〔註28〕1922 年講員薪俸再次增加至 30 元，但此時政府雇員薪金已因銀號停兌之故大幅貶值，不再以現洋爲本位，30 元紙鈔折以市價僅合現洋 19 元。〔註29〕之後六年，講員們數次申請加薪，卻無一獲批，直到 1928 年薪金仍維持 30 元之數。十三年間，講員共加薪兩次，實際收入僅增長 11%，年均增長率不足 1%，遠遠低於物價上漲水平。而在此期間所長加薪卻達四次之多，二者的收入差距也由 1916 年的不足 2 元增至 20 元。

表 3.3　1916～1928 年吉林縣立講演所職員薪金表

時間	薪金（元／月）				備註
	所長	講員	雇員	夫役	
1916	19.22	16.667	10	5	

〔註27〕《財政廳更動員司》，《盛京時報》，1915 年 7 月 4 日，第七版。
〔註28〕《清鄉職員及薪俸》，《盛京時報》，1920 年 2 月 6 日，第四版。
〔註29〕《吉林縣立講演所檔案》，吉林市檔案館藏，34-1-5。

1917	19	17	10	5	
1918	19	17	10	5	
1919	21	17	12	6	所長雇員各加薪 2 元，夫役加薪 1 元，講員未加薪
1920	21	22	12	6	講員加薪 5 元
1921	25	22	16	8	所長雇員各加薪 4 元，夫役加薪 2 元，講員未加薪
1922	35	30	22	10	所長加薪 10 元，講員加薪 8 元，雇員加薪 6 元，夫役加薪 2 元
1923	35	30	22	10	
1924	35	30	22	10	
1925	35	30	22	10	
1926	50	30	22	10	所長加薪 15 元，其餘人員未加薪
1927	50	30	22	10	
1928	50	30	22	10	

資料來源：《吉林縣立講演所檔案》，34-1-5，34-1-10，34-1-11，34-1-16，34-1-17，
　　　　　34-1-28，34-1-31，34-2-36，34-2-40。

「錢法毛荒，百物日昂」是講員報告中出現頻率極高的用語，它代表了影響講員實際收入的兩個重要因素。前者反映出吉林地區混亂的金融市場對講員收入的影響，後者則體現了物價上漲給講員生活造成的困難。1917 年以前，縣教育經費主要以官帖形式發放，偶有洋價低落時則改發大洋。〔註 30〕吉林官帖為銅本位貨幣，最初是以制錢為基礎的兌換券，至 1911 年後完全停止兌換，但仍為省內最主要的流通貨幣，廣泛用於糧食、木材等特產品的交易。官帖市價與糧食市場關係密切，「自每年十月梢起至翌年六月間止，為其市價最高的時期。因在此時期中，適為糧豆上市，需資孔急，故其發行額亦以此時期為最多。至其漲落趨勢大約以一月為最高潮，八九月為最貶買」。〔註 31〕規律性漲跌使官帖成為投機者的目標，甚至官銀號本身也參與其中，官帖騰貴時恣意濫發，價格低落時再回收，賺取差額為利。中央和地方政府都曾試圖收回官帖，1915 年中國銀行以該行發行的小洋票一元兌換官帖七弔之價回收，但因各地兌換處現洋儲備不足，加之不法商人趁機炒作，導致洋價陡

〔註 30〕《教育費改發大洋》，《盛京時報》，1915 年 8 月 13 日，第七版。
〔註 31〕何孝怡編：《東北的金融》，中華書局 1932 年版，第 18 頁。

漲，民間現貨更形匱乏，鄉村地區甚至出現了以物易物的交易方式，〔註 32〕
收回官帖的嘗試也以失敗告終。官帖漲跌無常導致生活必需品價格波動極
大，如 1915 年冬到 1916 年春間，洋價連續數月遞漲，商鋪內百貨價值高提，
各物均價上漲了二至三成，僅麵粉每袋即漲價十弔有餘，〔註 33〕以官帖為主
要收入的講員自然也深受其累。1917 年以後，官帖價格崩潰，一蹶不振，通
俗講演所職員薪俸一律改發銀本位紙幣永衡大洋，其初衷是為抵禦官帖漲跌
無常帶來的損失。但此類新幣主要用於政府財政收支，除繳納賦稅和發放薪
餉時經常使用外，一般商業交易中並不常見，因此市面流通信用度不高，多
需折兌為官帖或現洋應用。新幣發行後不久，市場價格即出現大幅波動，銀
號兌出現銀數額過巨，官方開始設置種種障礙阻止現銀兌換。至 1919 年 1 月，
吉林省公署宣佈將在郵傳、交通和電力等各部門推廣使用永衡大洋票，使「人
民即無現洋，亦決無感受不便之患」〔註 34〕，而原定現洋兌換案一併取消，
此後有強行索兌者，將以擾亂金融之罪名予以嚴懲。停兌現洋之舉使永衡大
洋票價格日低，官銀號雖嘗試通過收回部分紙幣維持信用，但收效甚微。作
為公職人員，講演員生計幾乎完全依賴於政府薪俸，官帖和永衡大洋票幣值
的持續低落自然會使講員生活大受影響。

　　此外物價上漲對講員，尤其是巡迴講演員生活的衝擊亦不可小覷，吉林
縣講員歷年來提交的大量加薪申請詳細反映了當地物價波動對其工作產生的
影響。1918 年秋，歉收導致物價普遍上揚，每日食宿及旅費增至十弔有奇，
較諸春間多耗三分之一。講員月薪大洋 17 元，可折錢四百弔，外鄉講演四十
日即告罄。1922 年秋季，物價再次暴漲，尖店日騰倍於往昔，每日開支增至
一元，講員月薪僅能勉強維持一月開銷，「不但不能養家，且虧累甚巨」〔註
35〕。在申請加薪的公函中，「錢法日壞，物價騰貴，薪桂米珠」等語比比皆是，
講員們甚至以寒無以為衣，饑無以為食來形容生活境況。一份 1926 年的報告
顯示，講員巡迴講演期間的開支每日「即撙節省用一文不敢浪費，亦非吉大
洋九角左右不敷開銷」〔註 36〕，而其月薪仍為吉大洋三十元，實難養家糊口。

〔註 32〕《金融近訊》，《盛京時報》，1915 年 1 月 22 日，第六版。

〔註 33〕《各貨漲價》，《盛京時報》，1916 年 3 月 18 日，第七版。

〔註 34〕傅文齡主編：《吉林永衡官銀錢號》，吉林延邊大學出版社 1993 年版，第 350
頁。

〔註 35〕《吉林縣立講演所檔案》，吉林市檔案館藏，34-2-36。

〔註 36〕《吉林縣立講演所檔案》，吉林市檔案館藏，34-1-11。

薪金過低迫使講員不得不控制駐講時間，以便壓縮開支，由此導致的問題之一是講演效果難以保障。1917 年 2 月 16 日沈殿在報告書中述及至下九臺街講演情形，「因係舊正燈節在即，故土著閒散，農工商界聽者尚屬不少，每日聽講人數擁擠不開，看其現在情形尚可在該街多講幾日。無奈該街食宿兩項異常昂貴，每日兩餐撙節動用亦非八九弔之數不敷開消，並且此次出發攜款無多……多蒙大東日報分社分銷主任王品三君輔助佃款，是以未至柺腹從公。」類似情形曾多次見於講員報告書中，通常在人口繁盛的大鎮，講演效果較好，但物價也往往更高，講員因預算有限只能放棄更有利的講演機會，這無疑會限制通俗講演的社會效應。

由於基層通俗講演所在行政序列上的位置較低，通常屬於勸學所的附設機構，經費由地方學款項下支領，故各地講員收入水平受當地經濟狀況影響較大，其中省立講演所的資金相對充裕，講員待遇也較高，而縣立講演所的經費則常常捉襟見肘。1922 年吉林縣立講演所講員在申請加薪的請願書中稱，「省立通俗教育館講員每人全年所得薪四百二十餘元，而本所講員全年計算僅得薪三百六十元之數，相差六十餘元之多。況省立講演在城辦公，毋庸旅費，而縣立講演巡行鄉鎮，講員個人負擔旅費頗重，每月所得領給卻輕」。〔註37〕1926 年 7 月講所又以其他縣立教育機構爲據，要求增加講員伙食津貼，「城鄉教員每人增薪二元，每年另有獎金，教育委員等早經加薪在案，獨講員等未蒙施惠，實有望隅之歎，並且同屬縣立教育機關，義務相同報酬卻異」，說明這一時期縣立講演所講員的待遇與省立講演所職員存在差距，並可能略遜於其他公教人員。現存資料表明，教育系統中與講演員收入水平最爲接近的職業是小學教員，1921 年邰爽秋主持的問卷調查顯示，當時小學教員的平均年薪爲 203.4 元，〔註38〕每月折合 16.95 元。吉林省小學教員的收入可能更低，1918 年教育廳長楊乃康報告稱，省內小學教員薪俸多寡不一，縣屬小學教員月俸不超過十元，1927 年教育廳又要求各縣提高小學教員俸給，月薪不滿 30 元者根據地方學款酌增。〔註39〕相對而言，吉省講演員收入略高於同時期的小學教員或與其持平，城內駐講者的生活水平應與普通小學教員相當，

〔註37〕《吉林縣立講演所檔案》，吉林市檔案館藏，34-1-5。
〔註38〕李文海主編：《民國時期社會調查叢編·文教事業卷》，福建教育出版社 2004年版，第 119 頁。
〔註39〕吉林省地方志編纂委員會：《吉林省志·教育志》，吉林人民出版社 1992 年版，第 474 頁。

但巡迴講演員的處境則要艱難得多。綜上所述，1916～1928 年間基層講員收入增長緩慢，受通貨膨脹影響，巡迴講演員的實際收入甚至表現出逐步縮水的趨勢。

通俗教育講演員的工資長期徘徊於低水平，導致離職現象日趨普遍，20世紀 20 年代後，隨著新生代講員逐步取代第一代講員，這一問題更加突出。以 1925 年為界，可將講員大致分為兩個年齡組。此界前任職者多為十九世紀七八十年代生人，他們接受了相對完整的傳統教育，清末民初之際也接觸過新學，對地方自治活動尤為熟悉，亦具有強烈的國家主義觀念，於通俗教育事業頗具熱忱，並有多年相關工作經驗，部分講員還接受過短期針對性培訓。以吉林縣講演所為例，四位長期任職的講員中，年齡稍長的趙維東和沈殿皆畢業於吉林府自治研究所，清末即擔任宣講員職務。趙維東自 1912 年起從事通俗教育相關工作，歷任吉林府四鄉宣講所第二路宣講員、通俗教育講演會西路宣講員、通俗教育承辦員、吉林縣講演所城區講演員、省立講演所講員，並於 1917 年創辦私立講演所，以個人資財興辦通俗教育事業。1919 年 2 月因成績卓著被授予金質教育獎章。沈殿為當地活躍士紳，曾出任多個公職。光緒年間即參與宣講聖諭活動，其後充任憲政宣講所義務宣講員。1912 年經公民票選任吉林府議事會議員兼地方自治第二宣講所講員，後歷任省教育會會員、吉林醫院附設醫務進行會衛生科科員、吉林縣立宣講所講員、通俗教育副承辦員、救國儲金團吉林支部勸導員、省城施粥北廠名譽監視員。沈殿為吉林縣立講演所在職時間最長的講員，自 1916 年開始履職至 1928 年被裁退，任期長達 12 年之久。高鳳紀和董會昌畢業於吉林省立通俗教育講演練習所。董曾於 1911 年由文童考入吉林府自治研究所肄業，1913 年 3 月又入省立通俗教育講演練習所學習，畢業後擔任同江縣通俗教育講演員，歷四年，1917 年調充吉林縣立講演所東路講員。高鳳紀於 1913 年任省城牛馬行宣講所義務宣講員，1917 年轉調縣立講演所任西路講員。上述四人中，董會昌於 1922 年病故，同年高鳳紀調充鄉學教員，趙維東於 1926 年被裁退時已任職八年有餘。第一代講員任期普遍較長，工作態度積極，不畏勞苦，常常為追隨各地集期連日趕路，以便聚集更多聽眾。多數講員於準備講演素材一事亦頗用心，不僅自撰講稿比例大且質量較高，講題變化也相當頻繁，每個巡講週期內，在同一駐講點期間均能主動變換題材，避免聽眾生厭。1925 年後任講員者多為二十世紀初生人，大多接受過國內新式教育，但因官方對講演內容嚴格控制，

明確規定講演員如不遵條例，藉端講演，將由該管官廳禁止或處分，故新鮮血液的注入並未給通俗講演事業帶來新氣象。且新一代講員僅將其職務視爲謀生之手段，巡行講演亦不過例行公事。在指定時間內進駐講演點，無論聽眾反應如何，停駐十日即離開，按時到崗者已可謂稱職，鮮有講員主動外出尋找集市、廟會等易於聚集聽眾的機會。很多講員於停駐一地期間只講兩三個題目，甚至連續數日講演一題，敷衍塞責之意可見一斑。僅 1928 年 4 月至 8 月間，在職的三名講員即皆因曠廢職務受到過處罰。韓玉田和劉永清因未按時到崗各罰俸十元，張冠英因發回講所的報告信件未按規定蓋值講地點警局印章，罰俸五元。督促講員認眞履職的函件措辭也日趨嚴厲，1928 年 8 月 20 日的一份公函警告講員，「倘故意敷衍廢弛職務者，本所果若查出，定以調所務用，絕不寬宥」。1926 年後，講員離職問題加劇，吳蔭森和韓玉田均在任一年後申請辭職，張冠英更是在職期間即已謀得省城木稅局職位。以上事實說明，新一代講員對工作缺乏熱情，僅靠講員責任感已很難維持通俗講演事業的發展。

　　離任講員傾向於選擇兩種職業，政府部門公職人員或學校教員。多數講員的受教育程度足以勝任低級公務員，而公職人員的薪金待遇又超過一般通俗講演員，因此有入仕門徑者往往離職他就。如長春縣第一宣講所講員鄭希樵任職有年，因口才卓著，高談雄辯，而屢獲讚譽，每日聽講者座爲之滿，頗受各界歡迎。〔註 40〕同時，此君還是地方政治中的活躍人物，擔任過五族聯合會長春分部和共和黨長春分部職員。1915 年同爲共和黨員的省城著名士紳畢輔廷前往本溪縣任知縣，鄭希樵即辭差隨往，並得收支委員一職。〔註 41〕也有部分講演員經短期培訓後轉職爲法庭書記員、稅務員或警員等其他公務人員，但此類機會並不常有，對多數基層巡迴講演員而言，小學教員是更現實且有吸引力的職業。根據 1916 年教育部頒佈的《檢定小學教員規程》，具備下列資格之一者即可接收檢定：曾在師範學校、中學校或其他中等學校修業二年以上者；曾任或現任國民學校高等小學校教員滿一年者；曾在師範簡易科畢業，期限在六個月以上者；曾研究專科學術兼明教育原理，著有論文者。〔註 42〕結合《通俗教育講演所規程》和《通俗教育講演練習所簡章》的

〔註40〕　《不愧講員》，《盛京時報》，1913 年 4 月 11 日，第七版。
〔註41〕　《宣講員辭職他就》，《盛京時報》，1915 年 6 月 22 日，第七版。
〔註42〕　舒新城編：《中國近代教育史資料（上）》，人民教育出版社 1961 年版，第 350 頁。

要求可以發現，其中對講員資格和練習所學員資格的規定也都與簡易師範有關，這表明由簡易師範學校畢業的學生即同時具備了充任講演員和小學教員的資格。簡易師範自清末新政時期開始出現，通常附設於高等小學堂或中學堂，修業期多在一年以內，很多講員都有在此學習的經歷。加之由中學畢業的年輕講員數量逐漸增多，實際上有相當一部分講演員符合小學教員檢定規程的要求。雖然民國時期的小學教員俸給素稱廉薄，但至少在制度層面上，教員的生活水平尚有一定保障。1928 年大學院公佈《小學教員薪水制度之原則》明確規定，小學教員的最低薪水應不低於當地衣、食、住三事所需費用的兩倍，且此三事標準以舒適爲度。〔註43〕作爲社會教育工作者，通俗講演員的薪俸數額向無此類制度保障，由此導致講員加薪要求缺乏依據，收入增長速度長期低於物價上漲水平。

　　除經濟地位有別外，通俗講演員作爲教育工作者的正當權利也經常受到侵害。1920 年 1 月吉林省教育會改選會長，講員因被剝奪選舉權和被選舉權而上訴教育部，請求對此項規定作出解釋。他們提出「通俗教育爲當務之急，果無講演員選舉被選舉權，是不注重通俗教育，則教育部之社會教育司及教育廳之第三科（專管社會通俗教育），全國各省通俗教育講演所均可取消」〔註44〕。與勸學所一樣，教育會是清末新政時期政府明令推廣的地方教育機構，1906 年頒佈的《奏定各省教育會章程》中規定，「教育會設立之宗旨，期與輔助教育行政，圖教育之普及，應與學務公所及勸學所聯絡一氣。」〔註45〕其工作內容包括主持籌辦師範講習所、宣講所，組織定期講座，增進會員學識，調查境內學齡兒童數量等。顯然，教育會的職權範圍與勸學所高度重合，但行政權力較少，並受提學司監督。進入民國後，各級教育會的行政色彩進一步淡化。1912 年公佈的《教育會章程》明確規定，教育會不得干涉教育行政，其經費主要取自會員提供的會金，如無特殊情況，不再使用地方公款，與官方的聯繫也僅局限於爲政府機構提供專業建議。〔註46〕民國時期教育會的性

〔註43〕宋恩榮、章咸：《中華民國教育法規選編》，江蘇教育出版社 2005 年版，第 638 頁。

〔註44〕《通俗教育爭選舉資格》，《盛京時報》，1920 年 1 月 29 日，第四版。

〔註45〕舒新城編：《中國近代教育史資料（上）》，人民教育出版社 1961 年版，第 358 頁。

〔註46〕舒新城編：《中國近代教育史資料（上）》，人民教育出版社 1961 年版，第 362 ～363 頁。

質似乎更接近於教育工作者的自治性研究組織，因此民主氛圍相對濃厚，會員人數甚眾，擔任教育職務者皆可入會。吉林省教育會會長及職員一向由會員投票選舉產生，1920 年的選舉卻擬定了嚴格的資格限制，將通俗講演員排除在外，說明即便在教育界內部，基層社會教育工作者的地位也很難得到認可。

綜上所述，民國前期吉林省的通俗講演員群體主要由底層知識分子構成，他們大多接受過粗淺的中西學訓練，經短期培訓後進入社會教育工作領域，從事收入微薄條件艱苦的通俗講演活動。由於缺乏制度性保障，講員的俸給待遇低於公教人員的平均水平，且工作環境惡劣，很少得到官方的實質性支持。因此對相當一部分講員而言，從事通俗教育工作並非出於啓蒙民眾的熱情，而是上進無門的無奈選擇，一旦出現更好的工作機會，他們便會離職他就。

第三節　通俗講演員的文化立場及影響

通俗講演活動的開展使講員成為上層知識分子和城鄉大眾溝通的橋樑，在某種程度上，他們對民眾的影響力遠超精英知識階層。接受西式教育的新一代知識分子，雖已在理智層面上認識到啓蒙民眾的必要性，卻無法打破二者間的文化隔閡。底層知識分子作為精英知識階層傳播啓蒙思想的主要對象，此時則開始把各人對這些新觀念新知識的理解繼續向下傳播，當上層知識分子陷入分歧和爭論時，他們卻因對中西學的理解都流於膚淺而鮮有自我懷疑，反而展現出更強的行動力。明確的觀點，簡短的闡釋和粗糙的例子使講員對民眾的文化領導力超過知識精英，而由國家權力推動民眾思想改造的方式則在無意中放大了他們的影響。

一、講員與精英知識分子的文化聯繫

民族主義是精英知識分子和底層知識分子的共同立足點之一。無法否認，近代中國民眾仍然缺乏國家思想，中華民族的認同感雖然存在，但遠未達到自覺的程度，如何將民眾觀念中樸素的認同感轉化為現實的政治力量是官方和知識界共同關注的問題。作為清末民初之際最有代表性的社會思潮之一，民族主義對知識分子群體產生了持久而深刻的影響，它所展現出的強大

社會動員力也使其成爲啓蒙並訓練民眾的有力工具。如前所述，底層知識分子對民族主義的認同感超過精英知識階層，而講員群體的民族主義思想則表現出三大特點，其一是種族意識與民族主義密切相關，其二是以社會達爾文主義爲激發民族主義的源泉，其三是將國家主義作爲民族主義的歸宿。首先應當承認，近代中國的民族主義思潮並不是一種論證嚴密的學說，而是更多地表現爲情緒化的應激反應，講員所謂的民族主義常常與種族意識緊密相關。在前現代社會的中國，族群劃分的標準通常以文化傳統和血緣關係爲基礎，而前者的重要性往往超過後者。因革命宣傳的需要，近代以來的民族主義反其道而行之，突出強調血統民族論，儘管民國建立後，政府提出以五族共和作爲處理國內民族問題的指導方針，但種族意識和民族主義的密切關聯性顯然已經影響了大批底層知識分子。沈殿在評論猶太亡國舊事時感慨道，「猶太那不開化的人民，麼有種族思想，見了別的種族金錢也廣，勢力也大，也就情願將自己的女子許與外族人結婚啦，就彷彿是前清時代，漢族人有了女孩子，願嫁滿人的樣子是（似）的」，〔註47〕進而認爲猶太人亡國的根源正是由於缺乏民族精神。在講員看來，與外族通婚即是民族精神缺失的表現，說明其所謂的民族主義與種族主義仍存在相當多的共性。需要指出的是，官方的積極倡導使民國時期的種族意識內涵有所擴大，民族主義的鋒芒也由對內轉向對外，「五族一家，人民平等」成爲主流宣傳口徑。但政府似乎並不打算清除種族意識對民眾的影響，而是繼續將其用於民族主義宣傳，中外之分取代了滿漢之別，族裔民族主義邏輯依然存在。當民族主義尚缺乏穩定持久，更爲人們所認同的價值基礎時，將種族意識作爲其支點是可以理解的。實際上講員們可能並未意識到其民族主義思想的混亂性，他們專注於將亡國滅種的危險清晰地傳達給民眾，有時甚至有過於誇張之嫌，就學理層面而言，以種族意識支撐民族主義的做法略顯粗陋，但更契合受眾認知水平。

民族主義與社會達爾文主義的密切相關性是講員所持民族主義立場的第二個特點。清季民初的知識分子對於國家關係和歷史進化過程的理解大多帶有社會達爾文主義色彩。一方面長期的外患威脅使民族主義情緒和危機意識產生了穩固的聯繫，另一方面對優勝劣汰、適者生存法則的認同使知識分子，尤其是上層知識分子對於列強的舉動鮮有道德評判，也不把中國的種種弊病歸因於外國，而是展現出更多反求諸己的傾向。對知識精英而言，由禮教和

〔註47〕《吉林縣立講演所檔案》，吉林市檔案館藏，34-2-61。

德化的世界轉向物質主義世界的過程絕非一蹴而就，而是需要經歷激烈的思想碰撞和大量痛苦的反思。維新時代啓蒙者們的學說表明，至少在精神領域內，他們尚未完全背棄儒家文化觀念，康有爲構建的理想社會中，道德完善仍然是歷史進步的目的之一，譚嗣同則把道德作爲「以太」發揮能動作用的重要方式。但進入 20 世紀以後，不僅傳統的儒家社會理想進一步衰落，甚至曾深刻影響中國知識精英的天賦人權、自由平等思想，其生存空間也受到社會達爾文主義的擠壓。在物競天擇，適者生存的理論引導下，根基尚淺的權利觀念難以立足，很快被強者對弱者的控制力取代。儒家學說中視道德爲力量的源泉，洛克的自然權利理論則認爲人權是人人生來就享有的平等權利，社會達爾文主義卻脫離了道德和自然法的約束。在弱肉強食的世界裏，只有強者的權力，再無弱者的權利。需要指出的是，儘管知識精英們嘗試激發國民奮發進取和自我表現的精神，不支持消極退避的態度，但倡導內部競爭的觀點尚不多見，類似的矛盾性在講員的活動中表現得更加明顯。大量講員自撰稿表明，底層知識分子幾乎完全接受了以生存競爭爲核心的進化論思想，並能將其熟練地應用於闡釋各類主題。傳統中國道德價值觀的影響仍然存在，但主要體現在私人關係層面，一旦涉及國家事務，他們的基本立場便會隨之轉變。換言之，講員對民眾提出的要求實際上是雙重標準，作爲個人，中國人需要繼承傳統，做道德君子，而作爲國民又需要充分挖掘個人能力，保持旺盛的競爭鬥志，使中華民族能在物質主義的世界中取得立足之地。對多數講員來說，民族自強和道德完善二者間並不存在矛盾，他們的邏輯相當簡單，既然中國人身處世界交通，競爭激烈的時代，若要避免亡國滅種的悲劇就必須奮發圖強，團結一致，共同抵禦外部威脅，而這正是倡導民族主義的根由。至於以社會達爾文主義學說激發民族主義可能存在的風險，利己主義和物質主義氾濫與蔑視倫理、毀棄道德的現象日盛二者間的聯繫，顯然不是講員關注的問題。自撰稿中既體現了對生機勃勃、永不滿足的進取精神的讚賞欽羨之情，同時也爲個體能力設置了集體主義和國家主義的軌道，希望以公益精神將個人才能導向爲國家服務的目標上來。在社會達爾文主義的邏輯框架內，講員們承認物質主義和個人競爭的正當性，同時又嘗試用道德對其給予一定約束。如董會昌在題爲《家貧望鄰富》的講演中首先承認，「世界上之人都是喜富厭貧，願欲發財，靡有願欲受貧的，但是貧富終究不能平等，

只在個人競爭耳」〔註48〕。繼而又對鄉村中貪得無厭、趁火打劫和損人利己等行為提出批評，「譬如鄰居若出來個打嗎啡的或是賭錢的，他就樂了，視為發財的好機會，不免就得設計營謀。有時賭敗無錢應付，他這就極力成全，有錢不用說就放給他，甚至自己手內無錢也給設法轉借，百般張羅。打嗎啡的用錢用藥，盡力供給概不袖手，這就是為圖謀他的產業，慢慢的將房地謀到他手了，再用錢就不能借給他了，因為他靡有照頭了。」〔註49〕講員對不正當逐利行為和國民間跨越道德底線的內部競爭表達的反感之情說明，儒家正統思想仍然影響著底層知識分子，在仁者和強者的選擇中，他們並未完全倒向後者。然而對通俗講演活動的大多數聽眾而言，區分個人主義和利己主義是相當困難的。儘管在傳統民間文化中，利己主義很少能取得道德正當性，通常只作為潛規則存在，但對物質主義和個人權利的倡導顯然為利己主義日盛提供了門徑。事實證明，講員們以社會達爾文主義激發聽眾民族主義感情的做法過於理想化，競爭之風一旦開啟，其影響很難局限於外部。

以國家主義為歸宿是講員群體民族主義立場的第三個特點。如前所述，強大的外部壓力使國家主義成為中國現代民族主義的重要特徵，而相對精英知識階層而言，底層知識分子對國家主義尤其熱衷。可以說，講員群體對於民族這一抽象概念的理解首先是導向國家的，而不是某種文化聚合體。一方面，傳統儒家文化教育使底層知識分子仍或多或少地保有士人的自覺意識，對國家事務的關心和繼續承擔民眾教化者責任的嘗試都可以視為上述心態的表現。但時代的劇烈變革使他們失去了與國家政權的穩定聯繫，多數底層知識分子陷入上進無門的困境，無力影響民眾和國是，因此他們可能更傾向於將自身命運與更加宏大的事物或目標聯繫在一起，以獲得某種歸屬感，這也許是國家主義思想在底層知識分子群體中暢行無阻的原因之一。另一方面，與西化程度較高的知識精英相比，底層知識分子似乎更尊重政府作為政治和文化權威的地位，也更易受官方宣傳影響，政府極力鼓吹的國家主義思想自然也會在其觀點中有所體現。雖然有相當多的證據表明，民國時期學生群體曾在各類激進的政治和社會運動中扮演過關鍵性角色，但當他們離開學校後是否會繼續堅持類似的激進立場，甚至參與運動的學生本身是否都持一樣明確的觀點，這些問題仍有待商榷。至少講員群體的活動顯示，底層知識分子

〔註48〕《吉林省教育廳檔案》，吉林省檔案館藏，J110-05-0276。
〔註49〕《吉林省教育廳檔案》，吉林省檔案館藏，J110-05-0276。

雖對自身的生存狀態不甚滿意，也常有牢騷抱怨之辭，但其基本立場與官方
正統思想中的關鍵性內容仍存在很多共通之處。

與普通民眾的隔閡感是精英知識分子和底層知識分子的另一共同點，前
者與民眾的疏離感更強，但後者啟蒙民眾的自覺性似乎弱於前者。1915 年以
後，對個人自由和公民權利的追求已經開始在精英知識階層中流行，而講員
的觀念似乎仍停留在改良時代，強調集體主義和國民義務。將國家弊病歸因
於普通民眾的論調經常出現在通俗講演中，如沈殿在 1917 年 8 月 22 日題為
《說窮》的講演中即將國困民窮的原因歸結為人口過多，人民抵制外貨不力，
並斷定是人民帶累了國家。經濟題材類講演常常指責民眾懶惰無業，游手好
閒，以致國家財源枯竭。移風易俗類講演則稱民眾愚昧無知，專務虛幻之事，
由是人心腐敗，聖人之道日頹。在某些方面，長期輾轉於下層社會的講員對
中國社會現實的理解比精英階層更深刻，但他們大多傾向於將社會問題歸罪
於民眾。在一篇題為《學生應當注意》的講演中，講員抱怨「中國的官員，
幾乎靡有一個不貪贓受賄的」〔註 50〕，但卻將原因歸結於家庭教育不良，認
為是父母用做官賺錢這樣的話引誘孩子所致。雖然生活境況已與大眾無異，
但底層知識分子作為士人的自覺意識似乎並未消失殆盡，指導民眾的責任感
和傳統知識階層高高在上，輕視大眾的心態仍不時在講辭中閃現。儘管正在
從事以啟蒙民眾為目的的工作，但在講員心目中，士人和大眾的界限依然清
晰可辨。

二、講員與精英知識分子的思想差異

與精英知識分子相比，講員們所受的中西學訓練明顯不足，介紹外國國
情時多道聽途說之見，言及傳統文化時又常有一知半解之言，自相矛盾之辭
比比皆是。講員群體的西化程度遠遠落後於上層知識分子，他們對西方文明
的理解仍然停留在器物文明階段，並對此心嚮往之，於農業改良、發展副業、
開礦設廠等都頗為熱心，但同時又與傳統文化有難以割捨的聯繫。這使精英
知識階層的西化傾向在通過講員傳達給大眾時已經大為淡化，只剩下一些中
西文化間零散的觀察和比較，將西方值得稱道之處與中國的不足做對比，其
中也不過是些教導民眾愛護花木，講究衛生之類的細枝末節。講員們仍然習

〔註 50〕 《吉林縣立講演所檔案》，吉林市檔案館藏，34-1-15。

慣於以道德標準爲評判事物的根本，道德教育在講辭中佔據了相當多的篇幅，並不時有今不如昔之歎。吉林縣講員沈殿在 1917 年 10 月 28 日的講演中感慨，「人心漸漸都流於邪僻，不以德行爲重，中國事如何能好呢」，〔註 51〕他的同事董會昌則對聽眾說，「愛國是一言難盡的了，總而言之，大家能講道德就是了」。〔註 52〕即便在批判燒香迷信的講演中，講員也會說出「上古時候信神比目下信的輕，供神也比目下供的少，那上古的人心就比目下好」〔註 53〕這樣明顯顛倒黑白的話。總體而言，講員的文化傾向趨於保守，鄉鎮地區尤甚。伊通縣講員顏振鼇在一篇題爲《保存國粹就是愛國》的演講中明確表達了對新一代西化知識分子的不滿，認爲他們是「一般無知少年，於外國的學術全然不曉，於外國的新法一竅不通……學別人的空樣子，羨慕外洋文字，鄙薄本國國粹」〔註 54〕，最終不過是空學他人皮毛，爲外人恥笑。顏振鼇的觀點與新傳統主義者有相似之處，說明儒家思想體系被撼動所帶來的精神危機已影響到了散居鄉鎮的小知識分子，同時這些刻薄的評價也反映了底層知識分子與精英知識階層間微妙的關係。二者的學養觀點迥異，卻都曾接受過相似的啓蒙教育，甚至在某個階段還曾遵循類似的上升軌道，正是這樣的天然聯繫使小知識分子溝通精英階層和大眾的橋樑作用成爲可能。無法在新時代完成身份轉化的士人淪爲底層知識分子，他們渴望進入上等社會，也願意追逐潮流，成爲西化知識分子的聽眾和追隨者，但對更加具體的西化行爲方式卻未必全盤接受，甚至可能抱有敵意。歐戰前，整個思想界除西方的成功模式和中國的衰落模式外，再無其他以經驗爲依據的理論，因此西化口號能長期保持足夠的號召力，但這並不能完全抵消傳統士人對西方文化的天然反感。需要指出的是，知識分子處理民族主義和西化間的固有矛盾時，通常帶有一定的個人傾向性，當新與舊本身已成爲價值判斷的尺度時，能與新教育模式產生聯繫者大多竭力倡新，而無力逐新者則會有所保留。即便是同一人，其觀點也會因際遇不同而大變。胡適在身爲底層知識分子時曾指責一些人學幾句 ABCD 就稀奇得了不得，待晉身精英階層後也樂於大談西化。因此講員的文化立場趨於保守，未必盡因傳統文化吸引力之強，更可能是無力逐新的

〔註 51〕　《吉林縣立講演所檔案》，吉林市檔案館藏，34-1-15。
〔註 52〕　《吉林省教育廳檔案》，吉林省檔案館藏，J110-05-0276。
〔註 53〕　《吉林縣立講演所檔案》，吉林市檔案館藏，34-1-15。
〔註 54〕　《吉林省教育廳檔案》，吉林省檔案館藏，J110-05-0315。

小知識分子無奈的選擇。

如果說精英知識階層的民族主義表現為尚西的話，由底層知識分子組成的講員群體則更多地表現為尚古尚強。尚強背後的實用主義傾向起自改良時代，並隨國勢日亟愈演愈烈，精英階層和小知識分子都深受其影響。在通俗講演中，實用主義和漫無節制的樂觀精神常常結合在一起，產生大量急功近利甚至是荒誕不經的言論。如抵制外貨即可挽回利權，貼用印花便能富國強兵等。講員啓蒙民眾的方式也同樣帶有實用色彩，一方面在涉及私人生活領域問題時，他們經常用以利驅民的方式代替對各類現代文明理念的複雜闡釋，來說服聽眾，自撰稿中對女性問題的論述即是一例。婦女教育、男女平權和女性健康是講員經常演說的三個主題，但講辭很少著眼於女性權利，而是傾向於以實利勸導民眾。如沈殿在《說女學》中呼籲民眾送女兒入學堂，將婦女受教育的益處歸納為三點，其一是女學生畢業後有機會嫁給家境更好的男性，其二是掌握讀寫能力後有利於幫助丈夫持家，並可能增加家庭收入，其三是方便日後的子女教育問題，〔註55〕此三項理由無一從女性自身平等權利角度考慮。王爾敏先生認為，「近代女權醒覺，始於婦女人格之保障，而婦女人格之重視，則又啓於對婦女痛苦之體認與解放之呼籲。」〔註56〕對纏足傳統的廣泛批評可以被視為女權思潮的先聲，而強種優生觀念又使婦女素質問題與國家責任和國民義務緊密相連，促進了女權思想的急速成熟，至20世紀初，精英知識階層的論述已明確表達出女權為天賦人權之意。講員的敘述則說明，底層知識分子缺乏對抽象人文主義概念的理解，也沒有對終極正義的思考和信念。另一方面，當涉及公共領域問題時，講員又經常通過將私人領域的情感和行為準則引入公共議題，來激發聽眾的共鳴。如講演中經常出現的概念「國家的體面」即是一個典型例子，體面作為個體的感受，被應用於國家這一政治概念中，二者實無邏輯上的聯繫，要求國民為國家的體面做出犧牲更屬荒謬。此類表述方式在講辭中大量存在，它們模糊了公共領域和私人領域的界限，通過引導民眾宣洩私人情緒快捷有效地激發愛國熱情，但無益於培養建立在國家認同基礎上的愛國主義。有趣的是，雖然底層知識分子對於現代政治文明的基本要素只有模糊粗淺的認識，卻敢於依據自己的理

〔註55〕《吉林縣立講演所檔案》，吉林市檔案館藏，34-1-3。
〔註56〕王爾敏：《中國近代思想史論續集》，社會科學文獻出版社2005年版，第379頁。

解大膽闡釋，反而使其觀點更易於影響民眾文化。

　　與同時期的上層知識分子不同，講員群體並未出現文化上的異化，更談不到政治上的異化，在處理傳統文化與西方文明的矛盾時，他們忠實地傳達了官方意識形態，即努力調和二者的衝突。熱衷於探討宏觀命題的精英知識階層對中國社會狀況的認知與現實嚴重脫節，導致他們面向大眾的嘗試成果有限，通俗講演工作使講員被推到思想啓蒙運動的第一線，不得不直面不同社會階層間的思想鴻溝。他們吸收了精英知識階層的某些觀點，加入個人理解，試圖讓仍生活在傳統文化支配下的聽眾理解搖擺不定、充滿矛盾的所謂國家意識形態。這項工作對於僅接受過粗淺中西學訓練的講員而言過於艱巨，最終只能演變爲一場瑣碎的道德說教。

第四章 吉林通俗教育講演所社會改造活動實效分析

第一節 通俗講演所的社會改造目標

一、學界對通俗講演目標的定位

　　民國前期官方對通俗講演活動的定位相對簡單，教育部公佈的《通俗教育講演規則》中僅用「啓導國民，改良社會」八個字概括講演活動宗旨。隨著通俗教育活動的深入，一批更具專業性的社會教育學者對通俗講演功能性的認識逐步豐富。朱智賢在《通俗講演設施法》中爲通俗講演活動設置了五大目標：其一，增進民眾生活常識，使身居鄉村僻壤，信息閉塞的廣大民眾對國內國際形勢和一般科學常識有粗略瞭解；其二，激發民眾愛國熱忱，強化其國家觀念，培養民眾救國甚至殉國的精神；其三，培植合理的人生觀，改變民眾充滿奴性的思維方式，使其勇於改變不平等的生活；其四，改變社會陋習，清除民眾思想中蒙昧保守的因素，接受現代文明的生活方式；其五，救濟失學民眾，幫助不識字的普通大眾習得一般智識。〔註1〕俞雍衡的《通俗講演》則將講演活動的目的概括爲「灌輸民眾以各種人生重要智識，藉以協助民眾補習教育的發展」〔註2〕。陳禮江的《民眾教育》把通俗講演放在社會

〔註1〕 朱智賢：《通俗講演設施法》，山東省立民眾教育出版部 1932 年版，第 11～13 頁。
〔註2〕 俞雍衡：《通俗講演》，浙江省立圖書館印行所 1931 年版，第 4 頁。

教育的大背景下考察，認為「使人民具備近代都市及農村生活之常識，家庭經濟改善的技能，公民必備之資格，保護公共事業及森林園地之習慣，養老恤貧防災互助之美德」﹝註3﹞皆為社會教育工作的目標。

不難發現，學者們對於通俗講演活動及社會教育工作目標的理解差異較大，雖然多數社會教育學者都屬於體制內知識分子，但他們的觀點卻大相徑庭。一般而言，普及科學和社會常識，激發民眾的國家意識是各方關於通俗講演活動目標的共識，而其他教育性功能則爭議較多。如頗得時譽的社會教育學者朱智賢先生認為，中國民眾奴性甚深，「一切的壓迫，一切的剝削，他都認為這是命運的播弄，任生活的困苦顛連，窮愁潦倒，他也是照常的樂天知命，安分守己。試問以這樣的民眾，何時才能建設一個新國家？我們想在這破碎的山河上建設出人類的樂園，就得先從改變民眾的人生觀做起，要從民眾身上，把一切不合理的思想，不平等的生活，一齊推翻，然從才能使社會國家走上安然的坦途。」﹝註4﹞這段感情充沛的文字與新文化運動時期改造國民性的呼聲頗有異曲同工之意，在闡釋通俗講演活動的第四個目標時，朱智賢又對民眾文化中的傳統成分提出嚴厲的批評，指出中國民智未開，皆因「一般民眾抱殘守缺，愚而自用，有病請巫婆，對敵信符法，迎年準舊曆，啟蒙用經書，在時間的軌道上開倒車，仍過著蒙昧人的生活」﹝註5﹞。對官方而言，上述文化立場顯然過於激進，反對巫婆、符法尚與政府的反迷信觀點一致，批評經書則和官方的文化保守主義立場相悖。曾任教育部社會司司長的陳禮江對通俗講演活動的定位與官方正統觀念更加接近，他提出民國的教育宗旨是三民主義的教育，「應當發揚民族精神，提高國民道德，鍛鍊國民體格，以達到民族的自由平等」﹝註6﹞，並特別強調社會教育的國民訓練功能，認為民眾應通過社會教育養成服從法律的習慣，訓練團體協作的能力。俞雍衡的《通俗講演》首先承認通俗講演的目標是灌輸民眾以各種人生重要智識，但隨後又強調智識的含義應突出政治內容，並明確提出通俗講演的範圍，應以灌輸政治智識為主。因為「人群的生活，全是政治和經濟的生活……從國家以至個人，從都市以至鄉村，都在在和政治發生密切關係。假如政治不清

﹝註3﹞ 陳禮江：《民眾教育》，商務印書館 1935 年版，第 144 頁。
﹝註4﹞ 朱智賢：《通俗講演設施法》，山東省立民眾教育出版部 1932 年版，第 12 頁。
﹝註5﹞ 朱智賢：《通俗講演設施法》，山東省立民眾教育出版部 1932 年版，第 12～13頁。
﹝註6﹞ 陳禮江：《民眾教育》，商務印書館 1935 年版，第 143 頁。

明，一切民眾的生活都受其妨礙……直接支配民眾生活的力量是政治，民眾要想獲得良好的生活，各個人都應有政治的觀念和常識，各個人都要參加政治活動，用民眾自己的願望來決定政治的形態」〔註7〕。作為政府發行的民眾教育訓練教科書，俞雍衡對通俗講演內容和功能的定位基本代表了三十年代官方對這一問題的觀點。與北洋時期相比，國民政府主導下的民眾教育運動政治化色彩濃厚，普及常識的初衷已大為淡化，在江蘇、浙江等國民黨統治核心區表現得尤其明顯。

總體而言，民國時期教育學者們的價值取向呈現多元化趨勢，對於通俗講演活動功能和目標的認知自然也千差萬別。朱智賢所代表的觀點更接近於相對獨立的自由知識分子，他們曾深受新文化運動影響，富於愛國熱情，對傳統文化中的保守因素持排斥態度，其身份往往行走於官員和學者之間。作為社會教育學者，他們對通俗講演活動的認知常帶有理想化色彩，希望以教育民眾為實踐科學民主新文化和構建現代國家的途徑。作為教育官員，他們支持國家使用公共資源推行通俗教育，同時也對過度的政治化國民訓練有所保留。而包括陳禮江、俞雍衡在內的一批學者則屬於典型的體制內知識分子，他們的觀點更加冷靜務實，鮮有書生意氣，對於通俗講演乃至整個社會教育活動的目的性有清醒的認知。顯然，以國家資源推動的官辦通俗講演活動，其目標定位必須要符合官方需要。民國早期，當國家力量對於基層社會的控制力相對較弱時，以民眾啟蒙為核心的社會教育思潮尚有生存空間，隨著國家權力逐步向下滲透，最終由政府主導通俗講演活動的價值取向將是不可避免的。

二、官方對通俗講演目標的認知

現存資料表明，民國初年吉林地方政府對於通俗講演活動的認知有兩大特點，一方面，政府將通俗教育作為落後地區開通民智，普及常識的權宜之策，另一方面又視其為抵禦外患的方式之一。吉林省建治未久，教育基礎遠遜內地，且移民居多，社區成熟度較差，依靠民間低成本的投入發展教育事業並不現實，因此官方需加大教育投入。正如提學司公文中所言，「吉省地處邊陲，開通較晚，即學校教育亦未能比隆內地，遑論社會教育，尤應急起直

〔註7〕　俞雍衡：《通俗講演》，浙江省立圖書館印行所 1931 年版，第 5 頁。

追，以策進步，惟是社會教育千頭萬緒，同時並舉實爲力所不逮」〔註8〕，故在清末宣講所的基礎上加以完善，將宣講改良爲通俗講演活動成爲上選。此外，省政府對於官辦通俗講演活動的認知還可能與強烈的危機意識相關。1916年1月，省公署在督促各縣推廣通俗講演活動的飭令中解釋道，「照得通俗教育，所以覺世牖民，國家文化之進步，全繫乎此。吉省界在兩強之間，風氣晚開，天演尤劇，欲爲社會謀幸福，非勵行通俗教育不可。」〔註9〕吉林省地處俄國和日本兩大強國之間，設治初衷即與俄日勢力在東北的擴張有關，省政府對此持警惕態度亦在情理之中。相對而言，縣級政府對於通俗講演活動的認知比較粗淺，多將其視爲一項強制性的行政任務。雖然各屬論及通俗講演之功效時都會大談「灌輸常識，開通民智，普及文明」等語，但實際上認同啓蒙民衆之必要性者終屬寥寥。多數縣知事僅將講演活動視爲傳統的風俗勸化教育，認爲其主要功效在於化民成俗，「大凡專心化民，鄉愚不難感化，積誠勸盜賊，盜尚可迴心。前清光緒年間，銘帥來鎮斯王，盜賊叢聚，獲不勝獲，誅不勝誅。經候補道顧、候補府李聯名稟請，選品學端方名望素著之士城鄉宣講，以文風化匪風。」〔註10〕也有少數人認識到了國體變更，政局動盪時期通俗講演對於安定社會秩序，推行政府意志的特殊功效。如依蘭縣知事鄭荼指出，「講演機關爲社會教育之先導，又復能開通民智……況正值變更國體之時，宜及時啓發民智而免誤會」〔註11〕。曾擔任宣講員十餘年之久的貢生李酉山也結合自身經驗指出，講演活動有利於向鄉村民衆宣傳剪髮、放足等社會新風尚，「自民國以來，競言變法，俗尚文明，男皆剪髮，女不纏足。城中尚知開化，鄉下漠不關心，推原其故，皆緣寡所見聞，不知變法爲何物也……現在省城內商工兩界剪髮者僅有一半，而農民十無八九，北方一帶尤甚。查長春、阿城各鄉間民戶，不維剪髮者寥寥，而纏足者較前尤勝，似此惡習日熾，改良維新何可設想。」〔註12〕因此必須加大宣傳力度，以使人民皆知政府的維新舉措，方可感化愚頑，化野蠻爲文明。總體而言，民國基層政府對於通俗講演活動目標的認識與清末新政時期類似，一方面通過宣講使儒家理想中的民衆道德和社會秩序在某種程度上得以延續，另一方面嘗

〔註8〕　《吉林省教育廳檔案》，吉林省檔案館藏，J110-01-0023。
〔註9〕　《吉林省政府檔案》，吉林省檔案館藏，J101-05-1730。
〔註10〕　《吉林省政府檔案》，吉林省檔案館藏，J101-05-1756。
〔註11〕　《吉林省政府檔案》，吉林省檔案館藏，J101-05-1730。
〔註12〕　《吉林省政府檔案》，吉林省檔案館藏，J101-05-1756。

試在傳統民眾勸化教育中加入部分新內容，灌輸新的國家意識形態。正如李酉山所言，「務使國民忠君愛國，保種孝親，剪髮放足，禁煙戒賭，弭盜敬天，競爭進步，以維憲法」〔註 13〕，可見官方對通俗講演社會改造目標的定位是複雜而混亂的。

綜上所述，政府與知識界對於通俗講演活動的目標設置存在分歧，對政府而言，通俗講演的主要功能是教化民眾，而以啓蒙者自居的知識分子則更富於自覺意識和使命感，他們將高遠的理想寄託其中，希望以通俗教育開啓民智，使中國邁入文明國家的行列。與清末宣講活動類似，通俗講演也是在官方的積極策動下逐步開展的，民間自主力量的生存空間甚至比前代更小。曾在省城、長春、阿城、雙城、烏拉、琿春、延吉和敦化等地長期擔任宣講員職務的貢生李酉山於 1916 年兩次向省公署提交申請，請求官方允許其從事私人講演活動，都被吉林巡按使公署以「個人資格自由講演與部定規程未符」〔註 14〕為由拒絕，而李所宣講的內容不過是游說民眾剪髮放足之類的尋常事宜，說明《通俗教育講演所規程》中對私人講演所的鼓勵政策在實際操作中很難落實，由此導致地方通俗教育活動幾乎完全被官方壟斷。當知識階層的目標與官方相悖時，他們的意願不得不讓位於政府利益，最終由政府主導確立通俗講演的社會改造目標成為不可避免的趨勢。

第二節　通俗講演所改造基層社會的實效

一、民國學者對通俗講演活動的評價

通俗講演活動的成效很難精確評估，實際上早在民國時期社會教育工作者對這一問題的認識就存在分歧。多數學者認為，通俗講演應視為社會教育起步階段的嘗試性措施，雖有開創之功，但效果不彰。如高陽在《民眾教育》中指出，通俗教育在民國初年雖取得獨立地位，但因一班知識分子皆忙於政治，無暇顧及民眾教育，加之政府不願實力舉辦，故「六七年中間，不過有極少數的幾個人，想盡力提倡，空谷足音，令人聞之心喜罷了」〔註 15〕。雷

〔註13〕《吉林省政府檔案》，吉林省檔案館藏，J101-05-1756。
〔註14〕《吉林省政府檔案》，吉林省檔案館藏，J101-05-1756。
〔註15〕高踐四：《民眾教育》，商務印書館 1933 年版，第 34 頁。

通群於 1931 年出版的《教育社會學》中也認爲通俗講演所的工作收效不大，講演次數太少，地點狹窄，講員技術有限，很難吸引聽眾。至於其他通俗教育活動，如巡行文庫、民眾圖書館等，「縱使偶有設置，亦因民眾程度太差，幾乎無效可言」〔註 16〕。陳禮江的《民眾教育》中述及通俗講演所時，只將其作爲民眾教育館的前身，認爲十多年來，通俗講演於教育事業上未能表現若何成績。〔註 17〕首先應當承認，民國前期通俗講演所的活動受制於各種客觀因素，其規模和深度均遜於民眾教育館時期，社會改造成效可能稍差。其次也必須注意到，對民國前期通俗講演所活動持負面評價的學者大多屬於國民政府時期的體制內社會教育工作者，其著作多成書於 1928 年以後。正如韋慕庭所言，「1928 年，國民黨確受到民眾的擁護，很少中國人對國民黨管理公共事務的權利提出懷疑。國民黨有受人尊敬的長期革命歷史，又被證明其爲民眾的目的，能效力動員並發揮戰鬥力的組織。」〔註 18〕對當時多數精英知識分子而言，國民黨代表了更先進的意識形態和現代國家的藍圖。實際上，三十年代知識階層中貶低北洋政府的論調相當常見，一系列外交失敗和混亂的國內形勢固然會使執政者聲名狼藉，但也有部分批評似有求全責備、厚今薄古之嫌。至少目前沒有證據表明，北洋政府曾經存在蓄意阻礙通俗講演活動開展的行爲或政策，高陽曾將通俗教育推行受阻的原因歸結於袁世凱的個人野心，認爲，「袁世凱早有帝制自爲的意思，開發民智，根本上對於他不利，他當然最多只肯敷衍面子，不願實心實力提倡」〔註 19〕。而事實恰恰相反，袁世凱對施教內容持保守主義態度，但其教育政策本身卻是改良主義的，在獨裁時期的一系列政府緊縮政策中，教育領域成爲一個例外。袁氏尤其注重基礎教育建設，在 1915 年 1 月頒佈的《教育要旨》中，他強調「凡一國之盛衰強弱，視民德、民智、民力之進退爲衡；而欲此三者程度日增，則必注重於國民教育」〔註 20〕，並據此提倡社會教育，以培養「無人不學，無時不學，無地不學」的教育氛圍，認爲如此才能使民眾合群進化，蔚爲大觀。雖然普

〔註 16〕 雷通群：《教育社會學》，福建教育出版社 2010 年版，第 172 頁。

〔註 17〕 陳禮江：《民眾教育》，商務印書館 1935 年版，第 279 頁。

〔註 18〕 費正清編，楊品泉等譯：《劍橋中華民國史》（上），中國社會科學出版社 1994 年版，第 708～709 頁。

〔註 19〕 高踐四：《民眾教育》，商務印書館 1933 年版，第 33 頁。

〔註 20〕 宋恩榮、章咸：《中華民國教育法規選編》，江蘇教育出版社 2005 年版，第 16 頁。

及義務教育的目標還遙遙無期，但北洋時期由地方政府籌措經費興辦的基礎教育和社會教育機構也已頗具規模。

應當承認，就全國範圍而言，民眾教育館的規模、設備和實力均超過通俗講演所，江浙地區的民眾教育館條件尤其優越。館址往往位於文廟、關帝廟、政府機關或貢院舊址等地，建築莊嚴肅穆，室內布置考究精緻，教育設備齊全，少數省會城市的民眾教育館甚至具備了公園特徵。如 1931 年成立的西安省立民眾教育館，合併了原省立中山圖書館後公園、平民圖書館、天文館、公共體育場等幾個單位，全館面積達五十二畝。其中既有張貼圖畫和文字宣傳品的彩繪畫廊及方亭、假山、魚塘等人造景觀，可供遊人欣賞，又附設報刊閱覽處、小劇場、動物欄、圖書館、博物館等教育場所，「既具公園外貌，又有宣傳教育內容」〔註 21〕，充分體現了以民眾教育館為轄區內民眾精神生活中心的宗旨。民眾教育館的完備和通俗講演所的簡陋無疑形成了鮮明對比，但僅以教育機構的規模和數量衡量通俗講演所改造基層社會的實效並不準確，如果從啟蒙民眾而非國民訓練的角度評價民國時期的社會教育運動，通俗教育講演所的成效可能勝過黨化色彩濃厚的民眾教育館。即便是對通俗講演活動持負面評價的雷通群也承認，「以前通俗講演所中，每附講公民常識等題目，當然是比前清之宣講聖諭，施行愚民政策者，已有天淵之別。」〔註 22〕儘管北洋政府的文化立場趨於保守，但在通俗講演內容中，傳統文化因素並未佔據絕對優勢，政治性教育主要圍繞國家意識展開，極少黨化教育痕跡，對於民眾的常識性啟蒙仍是講演的主要目的之一。及至民眾教育館時期，政治訓練和黨化教育逐漸取代了常識普及，教育活動的儀式性顯著增強。俞雍衡在 1931 年出版的《通俗講演》中明確提出，講演活動應以灌輸政治智識為主，並詳細規定了政治智識的內涵，包括關於民族精神的認知、國家的起源與組織、社會現象和活動、法律的解釋和使用、經濟的構成和變化、民權制度的運用、團體生活的適應、國家和地方的重要事項等共計十項內容。〔註 23〕可以發現，民初通俗講演中的常識啟蒙內容已大為減少，民眾動員和集體主義意味加重，包括青年學生在內的活躍知識分子參與度也可能有所下降。

〔註 21〕中國人民政治協商會議陝西省西安市委員會文史資料研究委員會編：《西安文史資料》第 6 輯，中國人民政治協商會議陝西省西安市委員會文史資料研究委員會 1984 年版，第 110 頁。

〔註 22〕雷通群：《教育社會學》，福建教育出版社 2010 年版，第 202 頁。

〔註 23〕俞雍衡：《通俗講演》，浙江省立圖書館印行所 1931 年版，第 6 頁。

至少就吉林地區情況而言，通俗講演所開辦初期，講員和轄區內中學生的合作相當常見，學生經常在假期組織義務講演，輔助講演所工作。但1922年以後，講員管理趨於嚴格，不僅明令禁止個人自由講演，還逐步停止了和學生的合作，巡迴講演團也大多改爲民眾教育館的附設機構，學生自發組織的巡迴講演活動日漸凋零。相對而言，激進思想對於中學生的吸引力較大，加之二十年代末有大批左翼知識分子逃離城市，進入鄉村學校任教，激進社會思潮遂在青年學生中產生了不容忽視的影響力。官方出於謹慎考量，不再鼓勵學生參與面向底層民眾的講演活動是可以理解的，但同時也使民眾啓蒙運動中積極的活躍因素受到損失。此外，由於民眾教育館承擔了相當多的社會改造職責，包括主持識字教育、生計指導等，甚至有部分地區的民眾教育館還參與了實際生產經營活動。四川夏溪民眾教育館曾在1934年的旱災中出面向農民銀行貸款，將租回的抽水機以每畝0.5元的價格轉租給農民使用，遠低於市場價，農民獲益良多。〔註24〕民眾教育館的工作突破了社會教育活動的範疇，對轄區內居民提供的實質性幫助無疑會增強民眾的信任感，便於融入當地社區，但同時綜合性和實用性過強也在一定程度上淡化了官辦社會教育機關的思想啓蒙色彩。總體而言，民眾教育館的機構體系更加完整，通俗講演所向多止步於縣級，1930年以後，鄉鎮級別的民眾教育館已頗具規模，說明官方意識形態向基層社會的滲透能力有所增強。但社會教育運動的話語權操於國家，將常識普及活動轉向高度政治化的國民訓練卻不可避免地扭曲了啓蒙運動的初衷。因此，如果從民眾啓蒙成效的角度評價通俗講演所和民眾教育館的活動，前者的效果未必遜於後者。

二、吉林通俗教育講演所工作實效評估

基層通俗講演所活動的成效可以用聽眾人數作爲一個粗略的衡量標準，實際上這也是通俗講演所評估講員工作的首要指標。影響聽眾數量的因素很多，天氣狀況、講演地點選擇、當地治安環境、農事時令等都會對民眾積極性產生影響，這也導致講演活動的聽眾人數極不穩定。1915年教育部公佈的各省通俗教育講演所統計表顯示，吉林通俗講演平均每場聽講

〔註24〕中國人民政治協商會議江蘇省武進縣委員會文史資料研究委員會編：《武進文史資料》第3輯，中國人民政治協商會議江蘇省武進縣委員會文史資料研究委員會1984年版，第110頁。

人數僅爲 20 人〔註 25〕，與北京地區動輒上百人的聽眾數量形成鮮明對比。隨著通俗教育活動的推進，民眾對此類社會教育形式更加熟悉，聽眾人數也有所增長。一般而言，距離省城較近的繁盛市鎮居民聽講興趣更濃，荒僻之地則很難培養出穩定的聽眾群體。1917 年，吉林縣講員周寶濂至二道溝講演，感歎當地不愧爲四區首善之地，「每逢講演，聽之者不過四五十人，自始至終毫無懈怠，每逢講至極處，觀一般聽講者頗有捨身家而保國保種之象流露於顏色語言之間」〔註 26〕，並認爲此地民氣先開乃是因爲距省較近，又經屢次講演之功。而 1917 年董會昌和沈殿在缸窯、江密峰兩地講演時都曾提及當地聽者數量寥寥，且反響冷淡，並將原因歸結於講演初設，風氣未開之故。與多數輿論宣傳活動一樣，通俗講演也需要培養穩定的受眾群體，與國家意識形態產生共鳴的民眾數量越多，講演效果越好。繁榮市鎮居民受教育水平稍高，閱報人數更多，信息相對靈通，易於理解講演內容。僻遠鄉村民眾則更傾向於傳統的娛樂方式，如賭博、酬神表演、舊式戲劇等，參與社會教育的熱情不高，以致於講員經常發出「講者諄諄而聽者渺渺」之歎。當然，通俗講演活動在培養受眾方面也並非毫無進展，以缸窯爲例，1917 年此地初列爲巡迴講演駐講點時，聽眾人數徘徊在十人左右，至 1928 年平均每場聽講者已能穩定在三十人以上。總體而言，官方主持下的通俗講演活動並不善於培養聽眾，講演成效更依賴於駐講地點民眾自身固有的認知程度。

在民國初年的報章中，描繪通俗講演活動盛況的報導屢見不鮮，但此類項目大多爲官方授權社會名流組織的巡迴講演團運作，並非政府主持的常規教育活動。如朱全璨所在的巡行講演團在山東、河北、河南等省巡行講演數年，規格頗高，每到一處常有當地行政長官接待，並先期召集學生和鄉民前來聽講，與其同臺講演者有丁玲、海查理等教育界頗得時譽者，聽眾動輒達數千人之多。朱氏的巡行講演記錄中曾經記載，1926 年 9 月 8 日在大名縣關帝廟的講演，聽眾人數達三千餘人，兩天後在南樂縣的講演聽者也有一千餘人。〔註 27〕講演團有必要的輔助設備，又得當地教育機構全力配合，除主講者外，助講員可達六七人之多，學生或合作軍樂放歌，或表演體操拳術，以

〔註 25〕中國第二歷史檔案館：《中華民國史檔案資料彙編‧教育》，江蘇古籍出版社 1991 年版，第 563 頁。

〔註 26〕《吉林縣立講演所檔案》，吉林市檔案館藏，34-1-12。

〔註 27〕李日，朱良迅，郭春香編：《朱全璨社會教育講演集》，人民出版社 2014 年版，第 159 頁。

壯聲勢。甚至在坤德女校講演時，還有教員作歡迎歌一首，表達對巡行講演團的感激之情，歌中唱道，「歎我鄉風氣閉塞，開通在提倡。朱君行旌今日到，大家齊仰望。高談雄辯令人仰，戰國之蘇張。同學知識益增長，感德永不忘。」〔註28〕名噪一時的北京周行宣講社也曾至吉省講演，講演團到境前兩月即先由組織者汪立元等人發函知會省公署，要求巡按使飭知各縣，「並刊登本省公報，庶該員等所至之處易於進行」〔註29〕。隨後又有內務部直接向省公署下達指令，命巡按使督責各屬，保護講員安全。宣講社成員所到之處，均得當地政府熱情接待，警署全程保護，並組織紳商警學各界人士到場聽講，講演完畢還會設宴款待，以示感激。〔註30〕

　　但巡迴講演團受到的禮遇和在基層社會引發的轟動性效果並不代表整個通俗講演活動取得了成功。多數著名巡迴講演團都屬於半官方組織，且行政級別較高，其享受的高規格待遇和出色的講演效果很大程度上是基層政府接到上級指示後精心設計的。例證之一是，此類巡迴講演面對的聽眾往往以學生為主，鮮有下層民眾，前者的聽講反映自然要遠勝後者，但同時也明顯背離了通俗講演活動的初衷。有意篩選的聽眾群體和鼓樂、體操等活動共同營造出的隆重氛圍說明，基層政府把接待巡迴講演團視為一項行政任務，而非教育活動。實際上，通俗教育講演所主持下的日常講演仍然舉步維艱，聽者乏人。就吉省情況而言，1916～1928 年間鄉鎮地區平均每場巡迴講演可聚集聽眾人數約在五十人左右，省立講演所情況稍好，聽眾相對踴躍，但因講堂狹小，每場聽講者也很難逾百。下表是以講員報告為依據製作的吉林縣立講演所巡迴講演聽眾人數統計表，在 1917～1923 年樣本相對豐富的時期，聽講總人數為 67224 人，講演 1483 場，平均每場聽眾數約 45 人。1916 年 6 月農安縣通俗講演報告表也顯示，除雨假和節假外，當月日均聽講人數為 51 人。吉林縣立講演所的巡行區域以省城為中心，多數駐講點距省垣不過數十公里，民眾文化基礎應高於偏遠縣治居民，而農安縣通俗講演活動開展較早，更因講演得力屢獲讚譽，故兩縣皆屬通俗講演活動效果較好的地區。此外，榆樹縣通俗教育館講演部 1929 年前八個月的聽眾總數為 11402 人，日均聽講

〔註28〕李日，朱良迅，郭春香編：《朱全璨社會教育講演集》，人民出版社 2014 年版，第 276 頁。
〔註29〕《吉林省政府檔案》，吉林省檔案館藏，J101-05-1756。
〔註30〕《宣講愛國》，《盛京時報》，1916 年 4 月 12 日，第四版。

人數 47 人〔註31〕，樺川縣講演所屢經整頓，添置輔助設備，截至 1926 年聽眾人數每月不過一兩千人。總體而言，基層通俗教育講演所主持下的鄉鎮講演活動進展緩慢，多數縣治「地偏人稀，民眾非株守農田，即奔波商貿，無暇按時聽講，以致聽眾寥寥」〔註32〕，講員雖竭力維持，但平均每場聽講人數始終徘徊於五十人左右。

表 4.1　吉林縣立講演所聽眾人數統計表

年份	場次	總人數	平均人數
1916	24	690	29
1917	354	16361	46
1918	225	11747	52
1919	201	6783	34
1920	182	7841	43
1921	151	7502	50
1922	169	7455	44
1923	201	9535	47
1925	12	1778	148
1926	92	5190	56
1927	47	2680	57
1928	69	5491	80

資料來源：《吉林縣立講演所檔案》，34-1-3，34-1-12，34-1-15，34-1-19，34-2-39，
　　　　34-2-45，34-2-61 等。

表 4.2　1916 年 6 月農安縣通俗講演報告表〔註33〕

日期	題目	聽講人數	總計	日均聽講人數
6 月 1 日	吉省鬍匪之由來	56	1530	51
6 月 2 日	抽大煙打嗎啡的害處	53		

〔註31〕 吉林省藝術集成辦公室，吉林省文化廳文化藝術志編輯室編：《吉林省藝術集成、文化藝術志資料彙編》第 7 輯，吉林省文化廳文化藝術志編輯室 1987 年版，第 31 頁。

〔註32〕 中國人民政治協商會議黑龍江省樺川縣委員會文史資料研究委員會編：《樺川文史資料》第 3 輯，中國人民政治協商會議黑龍江省樺川縣委員會 1989 年版，第 52 頁。

〔註33〕 《吉林省政府檔案》，吉林省檔案館藏，J101-05-1730。

6月3日	法國蔡盧騰的愛國	45		
6月4日	提倡國貨爲富強之根本	57		
6月5日	戒迷信	55		
6月6日	巢南子求梁啓超作越南亡史	57		
6月7日	女子纏腳的害處	58		
6月8日	農業之由來	59		
6月9日	天然物	58		
6月10日	振興實業	63		
6月11日	雨假			
6月12日	節假			
6月13日	國民之義務權利	56		
6月14日	朝鮮亡國的緣故	55		
6月15日	維持國貨	54		
6月16日	內國公債不能失信於民之原因	68		
6月17日	國民自由	61		
6月18日	中日集居	52		
6月19日	公共運動場的好處	45		
6月20日	貧民工廠之利益	64		
6月21日	蟻植物	60		
6月22日	救急良方	60		
6月23日	社會與國家之關係	50		
6月24日	中國受外國人欺負的來歷	72		
6月25日	人民對國家應盡之義務	64		
6月26日	田地施肥料之原因	54		
6月27日	商人賣貨物勿高抬價值的好處	48		
6月28日	雨假			
6月29日	地方公益	56		
6月30日	公眾衛生	50		

　　相對於有據可查的聽眾人數而言，通俗講演對民眾思想的影響程度更加難以衡量。如前所述，通俗講演活動主要面向下層社會，鄉村聽眾尤以不識字者居多。在知識階層看來，鄉民大多「愚癡無識，誠懇樸素，理亂不知，

心際坦然」〔註 34〕，儘管此類描述不乏偏見，但也部分反映了農村居民的生活狀態。作為典型的移民地區，東三省接納了大批直魯晉豫籍客民，僅 1928 年一年遷居滿洲的新移民即高達 9128472 人〔註 35〕。至民國前期，吉省民間風俗和民眾觀念與已中原地區高度接近，包括對大家族制度的認可，早婚多子之風盛行，以傳統道德限制婦女言行等。同時由於教育基礎較差，禮讓之化尚未普及，又衍生出大量帶有地域特徵的陋習，民眾私鬥、吸煙、賭博、留髮辮等現象均較他省為多，這使通俗講演工作更形艱巨。

　　一般而言，講員報告中對講演效果的正面描述較多。1916 年 12 月周寶濂在下九臺宣講賭博之害後認為，「一般稍有知識者自聽講之後稍為有效」〔註 36〕，沈殿描述其塔木講演的現場情形時稱，「聽者甚眾，觀者如堵，成群結隊，擁擠不開，看其情形頗多領悟」〔註 37〕，韓玉田相信他在下九臺的時事講演「頗引聽眾之同情」〔註 38〕。即便聽講者不過寥寥數人，講員也會在報告中宣稱，講演活動取得了成效。偶有講演員表達對講演成果的失望之情，也大多相當克制，沈殿在 1919 年 9 月的報告中承認七八兩月的例行村屯巡講效果不盡人意，「講演幾處，查看情形實難盡訴……鬍匪四起猖獗太甚，人心恐慌，故各屯聽者較比客歲，實屬寥寥無幾」〔註 39〕，但通常情況下，類似的負面看法在講員報告中相當罕見。考慮到基層通俗教育講演所粗糙的管理和考核方式，講員不僅很難對講演活動發表真實意見，甚至可能存在誇大講演效果的傾向，且提交虛假報告也的確具有相當的可操作性。按照管理規章，所長每半年才親至駐講點考核一次，多數情況下講員只需郵寄講演報告表回講所，辦事員見到駐講地點郵戳即可，因此講員報告中關於聽講人數和講演效果的內容與事實有些許出入恐怕是在所難免的。而官方對於通俗講演活動的成效顯然不甚滿意，1918 年後縣級講演所已初具規模，教育廳仍兩次發佈整頓辦法，批評「各縣所辦講演事宜成績昭著者頗少，甚至有形同虛設、徒糜款項者，設非嚴行整理不足以收潛移默化之功」〔註 40〕。1926 年的教育董事

〔註 34〕　劉爽：《吉林新志》，吉林文史出版社 1991 年版，第 226 頁。
〔註 35〕　劉爽：《吉林新志》，吉林文史出版社 1991 年版，第 231 頁。
〔註 36〕　《吉林縣立講演所檔案》，吉林市檔案館藏，34-1-12。
〔註 37〕　《吉林縣立講演所檔案》，吉林市檔案館藏，34-1-15。
〔註 38〕　《吉林縣立講演所檔案》，吉林市檔案館藏，34-1-19。
〔註 39〕　《吉林縣立講演所檔案》，吉林市檔案館藏，34-2-39。
〔註 40〕　《吉林省教育廳檔案》，吉林省檔案館藏，J110-05-0154。

會議也認爲，通俗講演活動無甚起色。〔註 41〕官方和講演員對於通俗講演成效的兩極化評價耐人尋味，一方面政府對於部分任職有年的資深講演員給予褒獎，稱讚他們熱心教育，不辭勞瘁，於啓迪社會大有裨益，另一方面又不斷斥責講演所工作成效不彰，徒靡公款。這說明官方對社會教育事業目標的認知可能並不清晰，既沒有周詳的計劃和切實有效的管理方式，又缺乏足夠的耐心，僅用一些模糊的口號指導講演所工作，必然導致講員無所適從，虛應公事。

　　社會輿論對於通俗講演活動的評價則相對客觀。早在 1912 年，長春宣講所講員鄭希樵和陳子清的講演就廣受好評，二人在勸募國民捐時感情充沛，「甚至聲淚俱下，故聽者皆爲所感，俱有踊躍樂輸之象云」〔註 42〕。當時的新聞媒體經常用「聲淚俱下」、「泣不可抑」等詞匯形容講演者和聽眾的表現，無論是否有誇張之嫌，國民捐一例至少說明在涉及情緒強烈的民族主義議題時，通俗講演的宣傳效果尚屬差強人意。部分基層講演所主持的日常講演活動也取得了一定成效，如農安縣立講演所講員王維翰，「學問淵博，口才敏捷，在講演時間尚能聚精會神，體貼入微，聽者皆洋洋有味，心領神會。日來聽講者座次常爲之滿，白髮黃童絡繹不絕，大有現身說法之氣象焉。」〔註 43〕至當年八月暑熱之際，鑒於聽講者稀少，講員又擬廣招徠之方，「在演臺置話匣一個，隨時開唱，俾聽者人多即行正式講演。演至中國時局，爲之下淚，聽者咸爲動容云。」〔註 44〕一般而言，選址適當、設施完善的講演所對民眾具備一定的吸引力，如配有幻燈、留聲機等新奇設備則更易招徠聽眾，「聽者滿座，甚行擁擠」的場面並不罕見。即便是社會教育基礎較差的榆樹、濛江等縣，講演所開設之初，聽眾也頗爲踊躍，甚至有一般文人學士於茶餘飯後前去聽講。但正如 1918 年吉林教育廳頒佈的《整頓各縣講演所辦法》中所言，「講演首重人格，口才次之。欲希望社會之信仰，須選擇人格較高之講演員方能收效，否者聽者日少甚至無人聽講，其不等於虛設者幾希。」〔註 45〕講員訓練不足，素質不濟，很快消磨了民眾的聽講熱情，竟至出現講演所「地址之適當，堂內之規模，坐凳之齊整，無一不盡善盡美，惟講員宣講時言語

<hr />

〔註 41〕　《吉林縣立講演所檔案》，吉林市檔案館藏，34-1-11。
〔註 42〕　《宣講所提倡國民捐》，《盛京時報》，1912 年 9 月 4 日，第七版。
〔註 43〕　《講員得人》，《盛京時報》，1916 年 6 月 8 日，第四版。
〔註 44〕　《講員盡職》，《盛京時報》，1916 年 8 月 13 日，第四版。
〔註 45〕　《吉林縣立講演所檔案》，吉林市檔案館藏，34-1-18。

支離，聲音極低，無一入聽者之耳，以致無人聽講」〔註46〕的局面，通俗講演的社會效應自然也無從談起。

　　綜上所述，1916～1928 年間，吉林通俗教育講演所主持下的民眾啓蒙運動發展相對緩慢，除省立講演所有能力籌辦各類通俗教育活動外，多數縣立講演所長期處於勉力維持的狀態。作爲衡量宣傳效果的指標之一，通俗講演的聽眾數量受地域、季節和社會環境等因素影響，波動較大。但總體而言，截至 1928 年，部分地區的通俗講演活動已取得一定進展。以吉林縣立講演所爲例，根據 1928 年 1 月講演所長馮廣庠的估算，南路巡講路線上平均每個駐講點的人口約 170 人，場均聽講人數 70 人，西路駐講點平均人口約 270 人，場均聽講人數 60 人，北路駐講點平均人口約 460 人，場均聽講人數 70 人，〔註47〕這意味著約有 15.2%～41.2%的當地居民參與了講演活動。如前所述，通俗講演對於改造民眾文化，灌輸國家意識形態的功效很難精確評估，除少數特定講題外，聽眾對講演的多數常規性內容似乎興味索然。但正如熊月之先生所言，「對中國知識界來說，三十年前，八大行星之說，地層構造學說，還被視爲玄之又玄、高深莫測的新學；二十年前，化學元素之說，萬有引力之說，還只有少數學者能夠理解；十年前，自主自由之說，反對纏足之說，還被視爲洪水猛獸」，〔註48〕到 20 世紀初，這些都已經成爲基礎教育內容。而通俗講演在國家力量的支持下，將現代自然科學和社會科學知識注入下層社會，對於普及生活常識、改良民間文化，拓寬城鄉居民的信息渠道應有所裨益，甚至可能在一定程度上彌合知識精英與底層民眾間的隔閡，推進民眾意識形態的現代化。

第三節　影響通俗講演所發揮社會效應的因素

一、官方、學者和講員的認知

　　早在民國時期，就有大量論著述及社會教育事業效果不彰的問題，很多經驗豐富的通俗講演工作者也對此進行過反思。曾任天津四處講演所主任的

〔註46〕　《講員快下臺矣》，《盛京時報》，1917 年 2 月 27 日，第五版。
〔註47〕　《吉林縣立講演所檔案》，吉林市檔案館藏，34-1-28。
〔註48〕　熊月之：《西學東漸與晚清社會》，中國人民大學出版社 2011 年版，第 544 頁。

蕭綱在《天津市市立通俗圖書館月刊》上撰文，詳細闡釋了通俗講演活動面臨的困境。首先，在固定場所進行的常規講演收效甚微，「因爲它處在被動的地位，聽講的喜歡來，聽講的有工夫來，還得距離講演所較近居住的，具有了這三個條件，然後才有聽講的資格，不然不喜歡來，沒有工夫來，或是居住較遠，那麼只好向隅了」〔註49〕，且講員素材有時而窮，久在一處講演很難保持對聽眾的吸引力。而巡迴講演和臨時講演雖可以克服上述弊端，但在組織方面稍顯繁瑣，因此作者建議設立巡行講演辦事處，按區域統一規劃調度講演事宜。同時還要轉換通俗教育的思路，既然「一般民眾終身忙碌，在生活沒有改善以先，是沒休閒時間的，尤其沒有受教育的機會，更不用說到講演所去聽講」〔註50〕，那麼通俗教育工作者就應想法設法接近他們，推廣茶社講演、工廠講演、廟會和市集講演等更有利於方便下層民眾接受教育。其次，講演員的素質和專業技能也應加意培養，由教員兼充講員的做法自清末延續至民國，雖然講演員檢定規程逐步完善，但講員缺乏公眾講演訓練和民眾心理學知識仍是限制通俗講演發展的一大障礙。朱全㻖的觀點與蕭綱類似，認爲巡行講演的形式優於固定講演，他在 1929 年 12 月提交的《給通俗講演所的建議》中指出，固定講演守一定之地點，按時講演，而聽講者多係附近居民，稍遠者則終年不克到場，因此不如將重心轉向巡迴講演。使「各講員分頭下鄉，或市鎮逢集期，或寺院演劇場，或乘農工商士兵各界之暇日，相機講演，費力少而收功多」〔註51〕，快捷有效。而講員的作用尤其關鍵，通俗講演「欲速收民眾進化之效功，非用深明講演方法與豐富講演材料之講員」。〔註52〕值得注意的是，民國時期幾乎所有針對通俗講演活動的反思都提及了講員素質問題，並認爲講演員專業技能不足是阻礙通俗教育發展的主要因素之一。朱智賢的《通俗講演設施法》中首先指出，「通俗講演員爲實施通俗講演之主體，故講演員之適當與否，其影響於講演事業之成敗者至鉅」〔註53〕，

〔註49〕 蕭綱：《對於通俗講演的芻言》，《天津市市立通俗圖書館月刊》1935 年第 10、11、12 期合刊，第 1 頁。

〔註50〕 蕭綱：《對於通俗講演的芻言》，《天津市市立通俗圖書館月刊》1935 年第 10、11、12 期合刊，第 3 頁。

〔註51〕 李日，朱良迅，郭春香編：《朱全㻖社會教育講演集》，人民出版社 2014 年版，第 266 頁。

〔註52〕 李日，朱良迅，郭春香編：《朱全㻖社會教育講演集》，人民出版社 2014 年版，第 265 頁。

〔註53〕 朱智賢：《通俗講演設施法》，山東省立民眾教育出版部 1932 年版，第 18 頁。

繼而將講員人材匱乏的原因歸結爲五點。其一，專業講演員訓練機構寥若晨星，人材自然供不應求；其二，師範學校的教學側重於造就小學教師，忽視民眾教育訓練；其三，中國教育素重手寫，忽略口說，以致多數受教育者缺乏講演能力；其四，通俗講演活動的民眾啓蒙性質決定了講員必須深入下層民眾，瞭解其生活狀態和思維方式，而這正是士大夫化的精英知識分子鄙夷不屑，視爲畏途的；其五，從事講演工作者既需起草大綱，準備講稿，又要頗具辯才，表達流暢，欲求此全才實屬不易。民國學者曾對講演員的素質提出過很多具體要求，考慮到通俗教育工作者的收入水平和社會地位在知識階層中均處於下游，多數要求未免有過於理想化之嫌。如俞雍衡認爲通俗講演員既要掌握必要的講演技巧，包括態度柔和誠懇，講態沉著，口齒清晰，表情生動，講辭引人入勝等，又要品格端正，堅韌耐勞，淡泊名利，隨遇而安，並富於啓蒙工作熱情，同時還必須注重日常修養，不斷提高知識水平，瞭解時事動態，磨練講演技藝。〔註 54〕朱智賢則結合實踐經驗對講演員的任職條件提出了更具體的要求：講員年齡宜稍長，以免聽眾抱尊老輕幼之成見，導致官方權威受損；講員須無不良嗜好，以爲民眾表率；爲深入民眾起見，選本地人做講員更爲相宜；講員要瞭解當地民情和群眾心理，由漸而入耐心說服勸導，不可急躁；有民眾動員經驗者爲上佳選擇，因爲他們既有參與群眾運動的熱情，又不會存鄙視厭惡民眾之觀念。〔註 55〕對於多數基層通俗教育講演所來說，以專職講演員取代由教師、下級政府職員充任的兼職講員已相當困難，絕大部分講演員顯然很難達到上述理想化要求。

就吉省情況而言，省內多數縣立講演所講員基本符合《通俗教育講演所規程》中關於講員資格的要求，但其中大部分人至多只接受過中等程度的教育，普及常識尚可，一旦涉及更深層次的矛盾問題，便顯得力不從心。沈殿在 1917 年 5 月 31 日的報告中談到他在下九臺與一位學界朋友的論爭，頗能說明講員們的困境。這位朋友讀過兩年新式學堂，喜歡聽講，與講員格外親近。他向沈殿抱怨學校裏的教員所講之各種科學知識皆是空理，名不副實，並抨擊提倡新學者「大半竟好空談，不講實事」。這位朋友以下雨一事爲例，「學校教員說，地表受熱發出來的蒸汽，到空中遇著冷化成水滴下來就是雨，

〔註 54〕俞雍衡：《通俗講演》，浙江省立圖書館印行所 1931 年版，第 11～13 頁。

〔註 55〕朱智賢：《通俗講演設施法》，山東省立民眾教育出版部 1932 年版，第 20～23頁。

這所說的可是空理？你再看看我們下九臺街所辦的實事，現在紳農各界因天旱恭請鐵牌求雨，傳諭各戶，每家門前設立水缸一個，滿貯清水，裏邊插著楊柳樹枝，上邊供著黃紙牌位一座，上邊寫的是五湖四海九江八河井泉龍王之神位，前邊燒的元寶高香，非常的誠敬。求雨的頭頂柳圈，抬著龍駕，成群結隊，絡繹不絕，說是不日就可下雨啦。請問你到底是空理可憑啊，還是實事可憑呢？」〔註56〕對僅接受過粗淺新學教育者而言，降雨的科學闡釋和神話傳說同樣虛幻，後者因與求雨活動及其所宣稱的效果相聯繫，反而更具可信性。面對質疑，講員既未進一步闡釋降雨原理，也未批駁民間求雨活動，僅一笑置之，並推說道，「我實在不好答你這個話，請你自去問問你們紳士大老們去吧」，繼而以「職務在身，不敢久談」爲由辭去。似此無力的反駁，連稍有新學基礎者亦無法說服，更遑論普通民眾。雖然在講員呈交的報告書中，述及講演現場情形時，「聽者甚眾，觀者如堵，看其情形，頗多領悟」等語比比皆是，但當講員所宣揚的新知識與傳統文化發生衝突時，其結果可想而知。

官方往往傾向於將通俗講演效果不彰的原因歸咎於講員或講演所長，伊通縣知事鄭慶餘在 1918 年的一份公函中辯稱，「本縣講演事宜辦理數年，所以未見成效者，一由於講演員之未得其人，一由於講演所長之督飭不力」〔註57〕。此類論調基本代表了政府對於通俗教育問題的認識，而基層講演員顯然持有不同意見。朱全礫曾直言不諱地談及對通俗教育事業前景的憂慮，「回思我中國，大局不定，南北意見不和，戰爭不息，擾攘靡窮。雖有熱心憂國愛民之人，總奔走呼號，亦徒勞焉而已。總使齒落唇焦，舌敝耳聾，亦難解勸官僚去其陞官發財之志如此，似此等目的如彼，社會安得不壞，人民何能奠安？」〔註58〕在這位極富熱情的啓蒙者看來，政局混亂，吏治腐敗是通俗講演徒勞無功的主要因素。當然，多數講演所職員雖於時局多有牢騷之言，但通常不會如此直言不諱地指責官方。吉林縣講員劉永清曾於1926年提交一份通俗講演所改革建議，委婉地表達了在職講員對這一問題的立場。文中認爲，外界對於講員群體的指責是空洞無益的，通俗講演活動效果不盡人意的原因主要在於講所資源有限而職責過重，且以講演爲主的教育形式本身具有難以

〔註56〕《吉林縣立講演所檔案》，吉林市檔案館藏，34-1-15。
〔註57〕《吉林省教育廳檔案》，吉林省檔案館藏，J110-05-0154。
〔註58〕李日，朱良迅，郭春香編：《朱全礫社會教育講演集》，人民出版社 2014 年版，第 284 頁。

逾越的局限性。吉省「幅員數千里，戶口數十萬，人事至不一致，禮俗更屬龐雜，用此最狹義之講演改進紛如之社會，杯水車薪，誠難爲濟……即或各講員鞠躬盡命舌敝唇焦，抑且亦無或成績蹤影可資流露」〔註 59〕。因此講員提出的通俗講演所改革方案主要包括三點：其一，改通俗講演所爲通俗教育館，擴張機構設置，增加戲劇、書報、體育等部門，以便各司其職，將社會教育諸項內容皆包含其中，「因時制宜因事施教，改良社會或能效而且速」〔註 60〕；其二，改講演員爲通俗教育委員，並給予官方正式授權，認可其對駐講地點風化習俗全面干預的權力，「凡鄉土歷史上的人物、事業、村鎮之沿革、古蹟、地理上的交通、文化、氣候土宜以及物產、職業、公共事業、慈善事業並風俗習慣、禮俗宗教種種，善者提倡之，不善者勸誡之，庶因病施方，或能事半功倍」〔註 61〕；其三，完善巡迴文庫運作機制，添置書報，並假駐講點當地學校房舍置閱覽室一間，以便讀者閱覽。1928 年講演所長馮廣庠的視察報告中也提出了類似建議，他認爲通俗教育範圍甚廣，「專限講演事項殊近狹窄，況禮俗龐雜尤非唇舌可改，值此社會競進時代，根本上之工作似亟應改組通俗教育館以期酌症施方」〔註 62〕。值得注意的是，儘管講演所的運作資源長期匱乏，但職員和管理者都沒有要求官方增加投入，他們更關注的似乎是權責相適問題。講員改革方案中提及的大部分職能，包括運作巡行文庫、監督地方風化等，都早已被官方劃入通俗講演所的責任範圍內，但卻始終未授予講員明確的權力履行相關職責。改良或監督地方風俗活動將不可避免地侵入當地居民的傳統生活狀態，引起民眾的反感，對於深入鄉村地區的巡迴講員而言，這甚至是一項頗具風險的工作。北伐戰爭期間，武漢總政治部宣傳列車至河南省境內時，曾因宣揚過激主張導致車輛被農民燒毀，宣講員被殺，〔註 63〕足見民眾啓蒙運動的複雜性和艱巨性。而缺乏明確官方授權的講員更無力履行改良風俗之責，至多只能依據當地風土民情選擇相宜講題，使講演更切合民眾心理，在講員看來，此舉收效甚微。強化通俗講演所職能和給予講演員正式官方授權兩項要求似乎說明，基層通俗教育工作者相信，阻礙通俗講演所發揮社會效應的因素主要在於講演所權限過狹。

〔註 59〕 《吉林縣立講演所檔案》，吉林市檔案館藏，34-1-11。
〔註 60〕 《吉林縣立講演所檔案》，吉林市檔案館藏，34-1-11。
〔註 61〕 《吉林縣立講演所檔案》，吉林市檔案館藏，34-1-11。
〔註 62〕 《吉林縣立講演所檔案》，吉林市檔案館藏，34-1-28。
〔註 63〕 朱智賢：《通俗講演設施法》，山東省立民眾教育出版部 1932 年版，第 22 頁。

二、限制通俗講演成效的客觀因素

　　應當承認，學者、官方和在職講員的意見都具備一定的合理性，各自從一個側面反映了限制通俗講演活動發展的因素。除此之外，考察吉林通俗教育講演所的實際運作過程還可以發現，講演內容陳舊，運營經費緊張，基礎設施匱乏等問題都在制約著通俗講演事業的發展。按照社會教育學者的理想化標準，通俗講演的內容設計需考慮多種因素，包括材料分配的均衡性，與當地風土民情的適宜性，講演題材的時效性等。朱智賢曾經指出，制定通俗講演計劃需遵循三項原則：其一，以民眾的需要為依據，優先講解普通大眾急需瞭解的常識性內容；其二，要考慮到各地民風的差異性，如某地纏足盛行，就應側重於勸導放足的講題，某地衛生較差，就要經常向民眾宣講衛生常識；其三，根據時間或季節變化編排講題，更易於民眾理解。〔註64〕俞雍衡設計的講演計劃表則儘量保持講題類型均衡，每月包含四題，每題講演五次，要求講演內容新穎，反映時事潮流。〔註65〕實際上多數基層講員仍受困於講演素材匱乏的問題，講材過於稀少不僅無法合理編排講演場次，且常因講演內容過於陳舊，更新緩慢，而使通俗講演很難在固定駐講點長期保持吸引力。如前所述，大多數講演題材來自吉林省公署教育廳編制的《通俗教育講演稿範本》，有時也會根據形勢需要臨時增加一些篇目。臨時篇目往往與外交問題有關，如1916年轟動一時的鄭家屯事件，當年即組織多場介紹或評論此事的講演，包括《鄭家屯與老西開交涉的現象》、《遼源交涉案起釁之事實》、《遼源交涉與吾三省人民有連帶的關係》、《遼源案貽誤千萬，夏詒霆罪狀一斑》等。〔註66〕每場講演均能吸引百人左右，社會效應頗佳。自1917年起，與第一次世界大戰相關的講演題材也盛行一時，主要討論一戰勝利與中國未來命運之關係。包括《歐戰終了與中國之前途》、《歐戰結束後遠東的問題》、《歐戰華僑有直接作戰及間接協助聯合國的義務，最後解決我國亦有應享的權利》、《歐戰平和後中國的利害關係》在內的十餘個題目，〔註67〕累計講演超過三十場次。作為政府行為的一部分，公立講演所的臨時性講演大多在省城內舉辦，觀眾反響熱烈，社會效應良好。

〔註64〕　朱智賢：《通俗講演設施法》，山東省立民眾教育出版部1932年版，第26～27頁。

〔註65〕　俞雍衡：《通俗講演》，浙江省立圖書館印行所1931年版，第21～22頁。

〔註66〕　《吉林縣立講演所檔案》，吉林市檔案館藏，34-1-12，34-1-15。

〔註67〕　《吉林縣立講演所檔案》，吉林市檔案館藏，34-1-15。

　　但取材於《吉林通俗教育講演稿範本》的常規講演則面臨吸引力日趨下降的困境。單以講稿範本的質量而論，其內容可謂豐富，來源亦屬廣泛，但在實際操作過程中，可供基層講演員尤其是鄉鎮巡迴講員選擇的題材卻相當有限。因多數講演的聽眾主要為農民，且受教育程度有限，部分題目如《佛倫的道德》、《軍人道德說》、《中國教育界的恐慌同救濟方法》、《世界最小的共和國》等明顯脫離實際，故從未應用於講演。還有相當多的題目僅使用過一兩次即遭撤換，如《國會制度》、《西洋創造槍炮及印字機器的原因》、《海陸空三界戰鬥武器的作用》、《說孟德斯鳩的陰德》、《釋選舉要義》、《美感與胎教的關係》等。基層講員最常用的題材是與農事相關的實業類題目，次之則為守法類和愛國類內容。大部分使用週期較長的題目都與農業生產有關，如勸導鄉民植樹的演講《栽樹可以弭旱》，自 1917 年首次使用以來即成為每年必講題目之一，直到 1926 年仍然在熱門題目之列。《說捕蝗的要法》在 1917～1923 年七年間累計講演超過五十次。介紹新農業技術，倡導經濟作物種植，鼓勵發展副業是此類講演的重點，《種大豆新法》、《改良養牛的方法》、《柞樹春蠶飼養法》、《近江之地正好養殖鯉魚》、《說養雞之利》和《吉林省宜注重畜牧》等都是其中的代表性題目。但實業類題材中的其他內容則很難吸引聽眾，講員曾先後試講《粉筆製造法》、《豆腐制做法》和《稻草造棉法》，均反響平平，惟有涉及興辦礦業事宜的題目效果頗佳。此外，愛國類和守法類講題也是通俗講演的重點內容，但所涉內容均過於單一，前者常淪為口號式的空洞宣傳，後者則側重於反覆勸誡民眾安分守法。

　　通俗講演題目和場次的相關數據已很難精確統計，以吉林縣立講演所為例，根據目前僅存的講員報告表推算，1916～1928 年間，吉林縣立講演所的四鄉巡迴講演累計超過一萬場次，而講題卻不超過一千個。其中六成以上題目僅使用過一次，約有二成題目成為常規選題，平均講演四十場次左右才會更新一次題目。根據 1928 年 1 月的粗略統計，大部分駐講點的居民數在 300 人以下，且人口流動率極低。不難想像，在受眾範圍如此狹小且講題極度匱乏的情況下，講演很難保持足夠的吸引力。講所也曾意識到問題所在，並試圖通過定期調轉講員崗位以改善聽眾因「耳熟人舊未能十分踴躍」〔註68〕的狀況，但效果不甚理想。總體而言，通俗講演中與時事關聯性較強的題材更易吸引聽眾，鄉人會主動前來聽講，「以期稍記一二，庶回屯講新聞

〔註68〕《吉林縣立講演所檔案》，吉林市檔案館藏，34-2-47。

於鄉愚」〔註69〕，但常規教育功能受講題不足的限制，難以發揮。

　　與民國初年眾多基層教育機構的情況類似，通俗講演所也受困於經費問題。吉省財政預算不足的問題由來已久，早在1915年預算不敷之數即達280萬之巨，為東三省之最。〔註70〕財政艱窘，學款支絀，各地教育經費又往往被任意挪用，即便是公立學校教員的薪金也常遭拖欠，社會教育機構的經費更難以保障。但教育開支不足並非通俗講演所經費受限的唯一原因。講演所的經費由縣教育費項下支出，而教育經費分配不均是縣立教育機構中普遍存在的問題，通常正規教育機構的開支會得到優先考慮，教師待遇也遠勝講員。在1917年7月吉林縣立講演所呈交縣公署的六年度收支預算書中，所長強調社會教育與學校教育皆關乎教育事項，名異事同，並對講員與教員待遇有別一事頗有微詞，「各路講員月薪雖不能與各校教員比，然亦須衣食足方可供職」。〔註71〕類似言辭在1920年後頻繁出現，但講員待遇並未因此得到改善。社會教育被視為學校教育之補充，很難受到充分重視，而各級講演所的境遇也常因地而異，與在省城內辦公的省立講演所相比，從事鄉鎮巡迴講演的縣立講演機構明顯處於弱勢地位。每年六七月間開始編制新財務年度預算時，講所與縣公署常常會有數封公函往來，前者不斷要求增加預算，後者則反覆申明經費緊張，遷延多日方能確定最終數額。1917年吉林縣立講演所甚至有一位所長因經費問題與縣公署爭執不下，最終辭職。〔註72〕

　　總體而言，基層通俗教育講演所的運行成本是相當低廉的。以吉林縣立講演所為例，該所全年經費從1916年的1380元增至1928年的2833元，考慮1922年後票洋和現洋的折算率，1928年的全年支出折合現洋約1700元，年均增長率僅為1.7%。大部分開支集中於薪工項下，約占總數的85%，辦公經費常年控持在200元左右，約占總開支的12%。但過度壓縮運營成本顯然傷害了基層講員的工作熱情，1922年以後講員主動離職現象開始出現，多數人傾向於進入學校成為正式教員。1928年甚至出現節薪裁員現象，原四路巡迴講演被併入三大區，裁撤講員一人，所遺駐講點由其他三員分擔，講員負擔進一步加重。在各縣級通俗教育講演所中，吉林縣立講演所預算素稱充裕，

〔註69〕《宣講所擴擠》，《盛京時報》，1915年1月1日，第十九版。
〔註70〕《東三省預算之不敷》，《盛京時報》，1915年4月6日，第六版。
〔註71〕《吉林縣立講演所檔案》，吉林市檔案館藏，34-1-31。
〔註72〕《吉林縣立講演所檔案》，吉林市檔案館藏，34-1-31。

其他偏遠縣治講所資金則更形匱乏。

　　基礎設施匱乏，必要設備不足是造成通俗講演事業停滯不前的另一原因。如前所述，巡迴講演員的工作環境極其簡陋，經常以市集或廟宇爲講演場地，甚至借商戶雨棚下的小塊空地講演。而城內固定講演場所的條件也往往不盡人意，1916 年吉林省立通俗教育講演所所長陳壽昌函稱，「吉林省城繁盛之區原有講演所之處甚形寥寥，縱或有之亦皆狹隘滲漏，不堪應用……省垣牛馬行街市場北原有講演所一處，地居衝要，惟房屋既嫌滲漏，地勢更屬狹小……不能容積多人而肅觀聽」。省立講演所講堂尙且如此，各縣立講演所的狀況可想而知。多數縣級講演所無力建設專門講室，只能與其他機構合用一處房舍，如樺川縣第一通俗教育講演所，先借用鎮農會房舍，後又租用道德會房舍，始終未設獨立講堂，〔註 73〕甚至有部分基層講所將戲園、茶社、劇場充作固定講演場所。除基礎設施建設滯後外，通俗講演所需的必要輔助設備也相當匱乏。1915 年 10 月教育部公佈的《通俗教育講演規則》要求通俗講演得酌量情形，置備各種輔助品，包括理化實驗之儀器標本，幻燈及活動影片，各種教育圖畫，風琴、留聲機、軍樂等。〔註 74〕而實際上有能力置辦留聲機的基層講演所已屬難得，大部分講所講堂內僅有黑板、桌椅等基本設施。巡迴講演員的設備則更加簡單，吉林縣立講演所講員提交的物品清單顯示，講員外出巡講時攜帶的隨身物品僅包括用以證明身份的傳單一紙，講演旗一杆，銅鈴一個，講演範本及稿本二本，報告簿一本。〔註 75〕1916～1927 年間的講演所物品清冊中也只有一些普通辦公用品，並無任何講演輔助設備。至 1921 年設立巡行文庫後，講員才開始攜帶部分通俗書籍和教育畫做演講輔助之用。與大城市的講演機構相比，地方公立通俗教育機構的資源嚴重不足。巡迴講演的形式和缺乏固定辦公場所的現實更使攜帶大型輔助設備幾無可能，基層講員得到的支持相當有限，只能以最原始的方式履行職務。

　　此外，日常講演工作還可能因一些突發情況受到干擾，最常見的問題是匪患。通常情況下，講員不會與鬍匪正面遭遇，但匪患的威脅會影響講員的

〔註73〕　中國人民政治協商會議黑龍江省樺川縣委員會文史資料研究委員會編：《樺川文史資料》第 3 輯，中國人民政治協商會議黑龍江省樺川縣委員會 1989 年版，第 52 頁。

〔註74〕　宋恩榮、章咸：《中華民國教育法規選編》，江蘇教育出版社 2005 年版，第 533 頁。

〔註75〕　《吉林縣立講演所檔案》，吉林市檔案館藏，34-1-28。

工作進程和講演效果。當地規模稍大的娛樂活動也可能對講演造成負面影響，1917 年周寶濂至兩家子市集講演時恰遇唱西洋景的藝人表演，導致聽眾寥寥〔註 76〕，沈殿在下九臺講演時也因左近村鎮吳家店演戲酬神，趕集鄉民皆急於趕赴會場，聽講者數量大減。〔註 77〕對於賭局、西洋景、酬神表演等活動搶走聽眾的抱怨屢屢見於講員報告中，說明相對於傳統娛樂活動而言，通俗講演對民眾的吸引力實際上相當有限。

　　吉林通俗教育講演所的社會改造活動表明，大部分基層講演所無法完成啓蒙民眾的既定目標，通俗講演的社會效應也很難得到充分發揮。制約民初通俗講演所發展的因素錯綜複雜，官方對於通俗講演所活動目標的定位宏大而模糊，既希望以通俗講演為媒介，向民眾灌輸現代國家意識形態，又要求講演活動能以低廉的成本運作。而通俗講演面對的聽眾是仍被傳統文化統治著的下層民眾，依靠略通新學而思想根基仍深植於傳統中的小知識分子推行行政化色彩濃重的社會改造運動，至少在短時期內是無法撼動傳統文化惰性的，這也許是基層通俗講演機構成效有限的根本原因。

〔註 76〕　《吉林縣立講演所檔案》，吉林市檔案館藏，34-1-12。
〔註 77〕　《吉林縣立講演所檔案》，吉林市檔案館藏，34-1-15。

餘　論

一、「國家政權建設」視角下的通俗教育講演所

　　國家政權建設一般被描述爲國家權力下沉的過程，主要表現爲「政權的官僚化、滲透性、分化以及對下層控制的鞏固」。〔註 1〕但以行政手段對基層社會進行嚴密控制並不符合中國傳統政治信條，正如杜亞泉所言，「吾國古來，以恭己無爲爲至治，而以庸人自擾爲至戒」〔註 2〕。「無爲而治」是傳統中國政治哲學思想的一部分，儘管政府的實際運作過程似乎表明，它可能更接近於一種政治理想而非指導原則，但至少在基層社會治理層面，適度下放權責，保留民間社會自主發展空間確是前現代社會中國國家政權的特徵之一。如涉及地方財政問題時，府庫充盈自然是政績考核的標準之一，而避免與民爭利也是統治階層時時引以爲戒的信條。以現代標準衡量，20 世紀前的中國官方機構長期保持相對較小的規模，罕有向基層社會擴張的意願。這一方面是由於經濟和技術條件的限制，使國家政權的控制力難以持續向下層深入，另一方面官紳共治的管理模式趨於成熟，國家不必承擔過多職責，自然也沒有擴張機構的需求。20 世紀中國國家政權建設運動與民族主義的膨脹密切相關，自清季以來，外患內亂頻仍導致資源匱乏型政府的缺陷突顯，官方和學界都逐漸疏離了傳統社會管理思路，相信只有大幅擴張國家職能和權力

〔註 1〕　〔美〕杜贊奇：《文化、權力與國家：1900～1942 年的華北農村》，王福明譯，江蘇人民出版社 1996 年版，第 2 頁。

〔註 2〕　杜亞泉：《杜亞泉文存》（許紀霖，田建業編），上海教育出版社 2003 年版，第 135 頁。

才能挽救危機，由此開始了以集權爲主要特徵的國家政權建設運動。杜贊奇曾用國家政權內卷化理論來闡釋 20 世紀前半期中國國家政治勢力擴張的過程，認爲國家對於基層社會的控制能力低於其對基層社會的榨取能力，因此政權建設並未帶來實際效益的提高，反而加速了傳統民間社會和文化結構的衰落。〔註3〕

　　誠然，國家權力的擴張極大地壓縮了傳統自治空間，清末民初的一系列改革實踐表明，國家不再滿足於在各項地方事務中扮演倡導、監管或督促的角色，而是更傾向於增強自身的直接控制力，其結果往往並不盡如人意。早在民國時期就有部分學者注意到了國家政權持續擴張的趨勢，並對此持警惕態度。杜亞泉在 1911 年和 1913 年所做的《減政主義》和《再論減政主義》中都對國家權力過度膨脹的弊端提出了批評，他的觀點類似於古典自由主義者，認爲政府權力擴張會導致社會活力衰減，「一國政府之本分，在保全社會之安寧，維持社會之秩序，養其活力之泉源而勿涸竭之，順其發展之進路而勿障礙之，即使社會可以自由發展其活力而已」〔註4〕。且官僚機構膨脹導致冗員過多，行政開支日增，形式主義盛行，徒耗國家財源，無益國事。國家權力向下層社會的滲透還削弱了士紳與普通民眾的聯繫。自清末新政以後，國家、官員、士紳和民眾在處理地方事務中的角色都需要重新定位，以紳權爲主要表現形式的傳統民權空間受到國家權力擴張的衝擊，官方開始嘗試在司法和稅收領域之外發展與國民的直接聯繫，或至少需要取得對原有地方公權力的官方授予權。士紳的權威地位本已因科舉制度的廢除而有所動搖，加之新政時期興辦地方自治事務的大量籌款要求常由士紳出面向民眾徵收，官方爲轉移民怨甚至會有意卸過於鄉紳，這使紳民關係進一步惡化。此外，經過地方自治改革，很多原屬民間管理的公產轉爲官產，基層社會公共資源被剝奪，各項傳統自治活動自然也難以爲繼。熊十力反思清末以來的歷史時曾認爲，「革命不難，革命而能建設誠難之又難……吾國自清季以來，只是逐層崩潰，而實難言革命」〔註5〕。清末民初之際，國家政權建設運動存在的弊病與此相類，士紳階層的領袖地位既來源於當地居民約定俗成的共同價值觀，

〔註3〕　〔美〕杜贊奇：《文化、權力與國家：1900～1942 年的華北農村》，王福明譯，江蘇人民出版社 1996 年版，第 66～67 頁。

〔註4〕　杜亞泉：《杜亞泉文存》（許紀霖，田建業編），上海教育出版社 2003 年版，第 133 頁。

〔註5〕　熊十力：《境由心生》，北京聯合出版公司 2014 年版，第 239 頁。

同時在某種程度上，也是各種利益集團長期競爭和妥協的產物。就文化層面而言，由士紳領導的基層社會秩序蘊含著大量傳統元素，包括宗教信仰，親族紐帶和家庭倫理等，使其具備了一定的自我調節能力而趨於穩定。士紳代表的權威文化規範既能贏得民眾尊重，又能使普通民眾產生歸屬感，從而激發他們的社會責任感和榮譽感。多數情況下，國家只是通過一系列涉及「合法性」的程序掌控基層社會，而士紳階層的存在使國家利益和地方利益的融合成為可能。清末以來的國家機器擴張現象似乎表明，國家嘗試越過傳統中介，直接控制民眾生活。但在基層社會尚未形成足以取代士紳的領導力量，行政機構體系建設也相當簡陋之時，貿然將傳統士紳階層排擠出地方自治活動，很可能導致民眾公共空間失序。

就民眾教育領域而言，在帝制時代的中國，政治文化和民眾文化是被一套相對完善的價值觀統合為一個整體的，雖然基層社會中運作著的教育機構多由士紳操控，但其向學生灌輸的理念和知識與國家意識形態並無相悖之處。官督紳辦或官紳合辦的宣講教化活動、民間傳統宗教儀式，以至規模較大的民眾娛樂集會，其中傳達的核心思想也與官方立場基本一致。自清季以後，國家意識形態逐漸複雜化，與大眾文化漸呈疏離之勢，政府和知識精英都相信有必要彌合二者的差距。官方推動通俗教育運動的主要目的之一正是以通俗講演所為媒介，增強國家意識形態在底層民眾中的影響力，從而強化對基層社會的控制，這顯然屬於國家政權建設努力的一部分。清末新政時期的基層宣講所尚保留著大量官紳共治色彩，很多地方士紳熱衷於對公立宣講所的人事任用、組織方式、運作狀況等發表意見或提供幫助，還有部分私立宣講團體長期存在。至民國初年，通俗教育講演所被改造為標準化的官方宣傳機構，其資金來源、人事安排和管理制度完全由政府主導，民間社會力量已很難置喙。國家控制民眾教育活動的模式利弊參半，一方面更多權威性資源可以被用於民眾教育的基礎設施建設，並給予啟蒙運動以制度性保障，另一方面，官方壟斷通俗教育內容的做法，必然會使民教運動的啟蒙色彩大打折扣。在某種程度上，政府可能希望通俗教育講演所扮演其在基層社會的文化權威形象，但結果令人失望。一方面，講演所缺乏必要的公共資源支持，無力對民眾生活產生實際影響，因此很難取得類似於鄉紳的權威地位。另一方面，儘管講演所傾向於選擇本地人出任講員，但在人材匱乏的偏遠縣治，講演員也經常是外鄉人，作為政府公職人員，他們與當地社區居民缺乏聯繫，

加之講員宣傳的主張往往與普通民眾認知相悖，不易建立溝通基礎。

綜上所述，1915 年以後公立通俗教育講演所的湧現可以被看作是北洋政府建立現代國家政權嘗試的一部分。儘管這一過程帶來諸多弊病，但在一個半數以上人口爲文盲的社會裏，傳統自治模式是否具備現代意義尚值得商榷，國家在現代化轉型過程中承擔關鍵性責任似乎是不可避免的。

二、通俗教育運動的現代性

當代學者述及民國初年國民意識變遷時經常會提到臣民向公民的身份轉換問題，實際上對於一般民眾而言，這一過程主要停留於理論層面，鮮有切實的政治和社會參與經歷。儘管在推進國民意識建設方面，民國政府展現出的積極性和進取意識遠超前代，但施教內容和教育方式都缺乏現代性。

一方面，通俗教育的內容具有極大的保守性。如前所述，遲至民國初年，由政府主導的國家意識形態自身仍處於形塑之中，極易受到知識界各類思潮的影響，很難提供理論框架穩定完善的現代國民意識用於宣傳。國家試圖通過輻射範圍更廣的教育形式將符合其自身旨趣的現代國民意識灌輸給大眾，而所謂現代國民意識是一個複雜的混合體，其中既包含了部分自然科學常識和西式行爲規範，又保留著大量非現代因素。如果說在私人領域範圍內，官方對於傳統倫理道德的留戀尚可以理解，那麼在涉及公共議題時，將個人倫理延伸至政治層面則將國家意識形態的非現代性顯露無遺。應當承認，知識精英們在以激烈的反傳統姿態攻擊舊文化和舊制度的同時，也嘗試引入各種新的價值觀取代傳統，但這些更具現代意義的信仰在面對傳統文化時相當脆弱。一般而言，基層民眾啓蒙運動的實踐表現爲「趨新」和「尚古」二者的混合體，而作爲通俗教育直接實施者的底層知識分子所受新學訓練普遍不足，其文化立場既模糊又缺乏穩定性，當面對令人失望的現狀時，多數人寄希望於回歸傳統。這導致講員對於包括自然和社會科學知識在內的新鮮事物往往只能述及皮毛，而一旦涉及傳統文化又多能侃侃而談，因此通俗講演的核心思想仍建立在傳統文化之上，這可能是新思想元素難以深入基層社會的原因之一。

另一方面，通俗教育的方法基本沿襲了傳統民眾教化的形式，國家、知識分子和民眾的角色定位與前代並無本質性差異。儘管清末以來的啓蒙者大多具有強烈的使命感，相信對下層民眾的思想改造與國家前途密切相關，但

具體到如何改造民眾文化，啓蒙者們的觀點卻大相逕庭。杜亞泉曾指出，國
家教育之興不在於政府多頒學堂章程，多編教科書籍，而在於保護學術研究
之活力，政府不必自爲教育家而教育自興。而知識階層對於民眾的不信任感
根深蒂固，外部危機的深化最終促使多數知識精英倒向國家權力，相信依靠
強力的政府更易於解決中國現代化面臨的諸多問題。雖然在社會教育領域
內，以社會改造國家的呼聲一直存在，但通俗講演的實施過程表明，民眾始
終被放在受教育者的位置，其形象則被暗示爲是愚昧、落後、守舊、不成熟
和頑固不化的。舒蘭縣居民於海瀛在請設宣講所的陳詞中指責民眾頑梗且居
心叵測，「共沾國朝浩蕩之恩而不知愛國，同受父母生育之德而不知奉養，上
而與官府反對，下而與父母逆行……不畏天命，不畏大人，不敬尊長，出口
則以無稽之言爲新文，談笑則以閨闈之說爲妙語」〔註6〕，並認爲正是世風不
堪導致天災連綿。文人志士必須振刷精神，以仁義忠厚之俗重興聖道，「使全
境之內，舉世之人，有忠厚之情而無淺薄之惡，各奉公以守法……民均親其
親，長其長，存愛國之心而國以富，有孝親之意而民自強」〔註7〕。於海瀛的
觀點基本代表了底層知識分子對於通俗教育中各方角色的認知，國家應是教
育活動的主持者，負責組織推廣通俗講演機構建設，監督施教成效。知識階
層承擔輔助之責，所謂「一代賢君之盛必有一代賢相之扶，一代文明之興必
有一代文人之助」〔註8〕，底層知識分子對自身角色的定位更趨近於傳統，至
少無意與國家權力抗衡。官方和講員群體對於民眾啓蒙運動的認識都未突破
傳統教化活動的範疇，導致通俗教育的形式呆板教條。講員們經常將聽眾稀
少的原因歸結於賽會、賭局或西洋景等民間娛樂活動，實際上單調乏味的鄉
村生活恰爲通俗講演活動的開展創造了空間，很多新關駐講點最初的主要聽
眾也正是當地閒散居民。但與活躍的精英文化和大眾文化相比，政府主導的
民眾教育內容過於僵化，多數講題說教意味強烈，很難保持對受眾的吸引力。
粗暴強硬又自以爲是的宣傳策略說明，官方對於民眾啓蒙運動的定位仍包含
著大量非現代性因素。

總體而言，通俗教育運動的主導者對民眾能力缺乏足夠的耐心和信心，
他們傾向於直接要求民眾遵守嚴密的行爲規範準則，而不願等待現代文明的

〔註6〕 《吉林省政府檔案》，吉林省檔案館藏，J101-05-1730。
〔註7〕 《吉林省政府檔案》，吉林省檔案館藏，J101-05-1730。
〔註8〕 《吉林省政府檔案》，吉林省檔案館藏，J101-05-1730。

基本元素在基層社會中逐步發育成熟。相對於構建完整的現代國民意識理論體系，政府更關注國家輿論機器的運行效率，即通過強化宣傳機構建設，在最大程度上發揮國家意識形態的影響力，施教內容反而退居相對次要的位置。

參考文獻

一、檔案資料

1. 吉林省檔案館藏，吉林省教育廳檔案。
2. 吉林省檔案館藏，吉林教育檔案。
3. 吉林省檔案館藏，吉林省政府檔案。
4. 吉林市檔案館藏，吉林縣立講演所檔案。

二、史料彙編

1. 故宮博物院明清檔案部編，清末籌備立憲檔案史料（下），北京：中華書局，1979 年。
2. 湖北省司法行政史志編纂委員會，清末民國司法行政史料輯要，湖北省司法廳司法志編輯室，1988 年。
3. 吉林省檔案館、吉林省社會科學院歷史所編，清代吉林檔案史料選編·辛亥革命，長春：吉林人民出版社，1981 年。
4. 吉林省藝術集成辦公室、吉林省文化廳文化藝術志編輯室編，吉林省藝術集成、文化藝術志資料彙編·第 7 輯，吉林省文化廳文化藝術志編輯室，1987 年。
5. 芮和師，范伯群，鄭學弢，中國文學史資料全編·現代卷·鴛鴦蝴蝶派文學資料（上），北京：知識產權出版社，2010 年。
6. 宋恩榮、章咸，中華民國教育法規選編，南京：江蘇教育出版社，2005 年。
7. 舒新城編，中國近代教育史資料（上），北京：人民教育出版社，1961 年。
8. 薛綏之主編，魯迅生平史料彙編·第三輯，天津：天津人民出版社，1983 年。

9. 中國第二歷史檔案館，中華民國史檔案資料彙編・教育，南京：江蘇古籍出版社，1991 年。

10. 中國第二歷史檔案館，中華民國史檔案資料彙編・文化，南京：江蘇古籍出版社，1991 年。

11. 中國人民政治協商會議黑龍江省樺川縣委員會文史資料研究委員會編，樺川文史資料・第 3 輯，中國人民政治協商會議黑龍江省樺川縣委員會，1989 年。

12. 中國人民政治協商會議江蘇省武進縣委員會文史資料研究委員會編，武進文史資料・第 3 輯，中國人民政治協商會議江蘇省武進縣委員會文史資料研究委員會，1984 年。

13. 中國人民政治協商會議陝西省西安市委員會文史資料研究委員會編，西安文史資料・第 6 輯，中國人民政治協商會議陝西省西安市委員會文史資料研究委員會，1984 年。

14. 朱幼讞、戚名琇、錢曼倩等編，中國近代教育史資料彙編・教育行政機構及教育團體，上海：上海教育出版社，1993 年。

三、志書

1. 黑龍江省延壽縣志編纂委員會，延壽縣志，海口：三環出版社，1991 年。

2. 琿春市地方志編纂委員會，琿春市志，長春：吉林人民出版社，2000 年。

3. 吉林省地方志編纂委員會，吉林省志・教育志，長春：吉林人民出版社，1992 年。

4. 劉爽，吉林新志，長春：吉林文史出版社，1991 年。

5. 伊通縣志編纂委員會，伊通縣志，長春：吉林文史出版社，1991 年。

四、報刊雜誌

1. 通俗教育研究錄，1912 年。

2. 順天時報，1906 年。

3. 大公報，1904 年。

4. 吉林通俗教育講演稿範本，1916～1917 年。

5. 天津市市立通俗圖書館月刊，1935 年。

五、民國著作

1. 陳獨秀，常識之無〔M〕，西安：陝西人民出版社，2013 年。

2. 陳禮江，民眾教育，商務印書館，1935 年。

3. 陳青之，中國教育史（下）〔M〕，北京：東方出版社，2012 年。

4. 杜亞泉，杜亞泉文存〔M〕，上海：上海教育出版社，2003 年。

5. 甘豫源，鄉村民眾教育，商務印書館，1934 年。

6. 高踐四，民眾教育，商務印書館，1933 年。

7. 高陽，高陽教育文選〔M〕，蘇州：蘇州大學出版社，2012 年。

8. 何孝怡編，東北的金融，中華書局，1932 年。

9. 胡適，胡適文集‧第 11 卷〔M〕，北京：北京大學出版社，1998 年。

10. 黃季陸主編，抗戰前教育概況與檢討〔M〕，臺北：中央文物供應社，1983 年。

11. 黃炎培，黃炎培教育文選〔M〕，上海：上海教育出版社，1985 年。

12. 雷通群，教育社會學〔M〕，福州：福建教育出版社，2010 年。

13. 劉百川，一個小學校長的日記〔M〕，北京：華文出版社，2012 年。

14. 陸規亮，德國教育之實況，中國圖書公司，1916 年。

15. 馬宗榮，社會教育綱要，商務印書館，1947 年。

16. 馬宗榮、黃雪章，中國成人教育問題，商務印書館，1937 年。

17. 日本通俗教育研究會編，通俗教育事業設施法，中國圖書公司，1912 年。

18. 唐碧，調查日本社會教育紀要，通俗教育研究會，1916 年。

19. 王慕陶編，遠東通信社叢錄‧第 4 編，商務印書館，1914 年。

20. 吳學信，社會教育史，商務印書館，1939 年。

21. 熊十力，境由心生〔M〕，北京：北京聯合出版公司，2014 年。

22. 晏陽初，平民教育概論，中華平民教育促進會總會，1928 年。

23. 于恩德，中國禁煙法令變遷史，中華書局，1934 年。

24. 俞慶棠，師範學校民眾教育，正中書局，1935 年。

25. 俞雍衡，通俗講演，浙江省立圖書館印行所，1931 年。

26. 朱智賢，通俗講演設施法，山東省立民眾教育出版部，1932 年。

27. 銀閘絮子，支那縱橫觀〔M〕，東洋書籍出版協會，1931 年。

六、今人著作

1. 陳紹聞主編，中國近代經濟文選〔M〕，上海：上海人民出版社，1984 年。

2. 〔美〕杜贊奇，文化、權力與國家：1900～1942 年的華北農村（王福明譯）〔M〕，南京：江蘇人民出版社，1996 年。

3. 費正清等，劍橋晚清史（楊品泉等譯）〔M〕，北京：中國社會科學出版社，1994 年。

4. 傅文齡主編，吉林永衡官銀錢號〔M〕，延邊：吉林延邊大學出版社，1993 年。

5. 江銘主編，中國教育督導史〔M〕，北京：人民教育出版社，1994年。

6. 李建興，國社會教育發展史〔M〕，臺北：三民書局，1986

7. 李日、朱良迅、郭春香編，朱全璨社會教育講演集〔M〕，北京：人民出版社，2014年。

8. 李文海主編，民國時期社會調查叢編・文教事業卷〔M〕，福州：福建教育出版社，2004年。

9. 李孝悌，清末的下層社會啓蒙運動1901～1911〔M〕，石家莊：河北教育出版社，2001年。

10. 劉師培，劉師培學術文化隨筆〔M〕，北京：中國青年出版社，1999年。

11. 羅志田，亂世潛流：民族主義與民國政治〔M〕，上海：上海古籍出版社，2001年。

12. 羅志田，權勢轉移：近代中國的思想與社會〔M〕，北京：北京師範大學出版集團，2014年。

13. 舒新城，舒新城近代中國教育思想史〔M〕，長春：吉林人民出版社，2013年。

14. 孫邦正，教育概論〔M〕，臺北：臺灣商務印書館，1983年。

15. 汪楚雄，啓新與拓域：中國新教育運動研究（1912～1930）〔M〕，濟南：山東教育出版社，2010年。

16. 王爾敏，中國近代思想史論續集〔M〕，北京：社會科學文獻出版社，2005年。

17. 嚴家炎編，二十世紀中國小說理論資料・第2卷〔M〕，北京：北京大學出版社，1997年。

18. 余英時，現代儒學的回顧與展望〔M〕，北京：三聯書店，2012年。

19. 熊月之，西學東漸與晚清社會〔M〕，北京：中國人民大學出版社，2011年。

20. 張蓉，中國現代民眾教育思潮研究〔M〕，北京：中國文史出版社，2005年。

21. 張正藩，近卅年中國教育述評〔M〕，臺北：正中書局，1979年。

22. 浙江大學編，中國蠶業史（上）〔M〕，上海：上海人民出版社，2010年。

七、學術、學位論文

1. 吉林省檔案館，清末林伯渠吉林視學史料〔J〕，歷史檔案，2001（4）。

2. 李孝悌，從中國傳統士庶文化的關係看二十世紀的新動向〔J〕，中央研究院近代史研究所集刊，1990（19）。

3. 劉信君，民國時期吉林省文化教育的興起與發展〔J〕，東北史地，2007（4）。

4. 徐東，民國通俗講演所述論〔D〕，河南師範大學 2012 年碩士論文。

5. 蘇全有、徐東，論民國通俗講演所的運行準則〔J〕，漯河職業技術學院學報，2012（6）。

6. 蘇全有、徐東，民國時期通俗講演所研究述評〔J〕，焦作師範高等專科學校學報，2013（3）。

7. 蘇全有、徐東，民國時期通俗講演所社會效應的制約因素〔J〕，蘇州教育學院學報，2013（6）。

8. 蘇全有、徐東，論民國通俗講演所〔J〕，焦作師範高等專科學校學報，2014（1）。

9. 蘇全有、徐東，論民國通俗講演所事業的總體特徵及當代啟示〔J〕，焦作師範高等專科學校學報，2014（2）。

10. 蘇全有、徐東，論民國通俗講演所講演內容及社會效應〔J〕，歷史教學，2014（4）。

11. 蘇全有、徐東，論民國時期通俗講演所的運行機構及經費〔J〕，蘭臺世界，2014（25）。

12. 施克燦、李凱一，江湖與廟堂：北洋政府時期社會教育的路徑選擇——以通俗教育研究會爲考查對象〔J〕，清華大學教育研究，2012（5）。

13. 楊才林，「作新民」、「喚起民眾」——民國社會教育研究〔D〕，首都師範大學 2007 年博士論文。

14. 郭麗平、吳洪成，盧作孚在成都通俗教育館的民眾教育實驗探析〔J〕，青海民族大學學報，2010（3）。

15. 沈鵬年，魯迅在「五四」以前對文壇逆流的鬥爭——關於他和通俗教育研究會關係的一段史實〔J〕，學術月刊，1963（6）。

16. 王笛，茶館、戲園與通俗教育——晚清民國時期成都的娛樂與休閒政治〔J〕，近代史研究，2009（3）。

17. 李小尉、朱峰，民初北京的通俗教育與大眾娛樂〔J〕，地方文化研究，2015（5）。

18. 萬妮娜，民初北京通俗講演評析〔J〕，北京社會科學，2011（2）。

19. 陳爾傑，民國北京「平民教育」的淵源與興起（1912～1920）〔D〕，北京大學 2012 年博士論文。

20. 武田熙，支那鄉村建設的實際——中國民族自救的最後自信〔J〕，新天地 11-12 號，1935 年。

21. 大久保莊太郎，近代支那的平民教育運動——以定縣河北實驗區爲中心〔J〕，東亞人文學報，2 卷 3 號，1942 年 11 月。

22. 小林善文，平民教育運動小史〔R〕，京都大學人文科學研究所共同研究報告「五四運動的研究」第 3 函第 10 篇，同朋社，1985 年。

23. 鎌田文彥，中國的農村教育者晏陽初：事蹟與資料〔J〕，參考書志研究，1992（42）。

附　錄

附表：1916～1928 年吉林縣立講演所部分講題及應用場次

類別	題目	場次												
		1916	1917	1918	1919	1920	1921	1922	1923	1924	1925	1926	1927	1928
愛國類	鼓勵人民愛國								1					
	錢法毛荒的原因							1						
	提倡國貨		5	6	7	11	3	4	6			2		1
	富國說	1	1											
	強兵說	1												
	愛國說	1		4	1									
	獨立說	1												
	說通商之利益							1						
	中英鴉片之戰							2						
	鐵路與國家的關係							1	1					
	勿忘國恥			1				3						1
	人民的責任		3					1						

集款贖膠濟路					1					
集款贖路之關係					1					
婦女愛國說					1					
國家三要素		1			1		1			
愛國之道					1					
救國		1			1					
國民應盡之義務	1				1					
日本攻略臺灣記					1					
中日交涉與吾人民的關係	1	2		1						
中法現在的交涉大勢	1									
中國現在的大勢	1	4	3	1						
熱血同胞當為外交的後盾		3	2	1		1				
設法叫他不夠本為抵制的手段	2	2	3	3	3	1				
歐戰後中國的關係	1	2		1						
鄭家屯及老西開交涉的現象	1									
越南亡國之原因及慘狀		1	1	2	1	2				

愛同胞	1	1							
說直接愛國及間接愛國	1								
納稅爲人民應盡的義務	2	1	1		5				1
辦公益即是愛國	1								
我國國債實在情形	1								
說賣國奴的末路	1								
說吾國主權近日稍有進步	1								
說保衛國	1								
說愛國之農夫	1		1	2					
古今中外婦女愛國奇說	1	1		1	1				
三大害害國病民	2								
國家與人民的關係	2			3	1		1	1	
現今爲我國貿易的好時機	2	1	2						
教育上之中德絕交辦法	1								
斯巴達尙武的榜樣	1	1							
對德絕交的原因	1								

救國是救自己的命	1	1		1						
國恥即是民恥	1			1						
國家興亡匹夫有責	1	1	1	1						
不可籍外國之勢力欺壓同國人	1		1	3						
國民當與國家開闢利源	1		2	3	2					
當兵之義務爲強國之準備	2	1	1	1						
和衷共濟力維時艱	1		2	3		1				1
鷸蚌相爭漁翁得力（利）	1	1								
說窮	1							1		
買東西	1									
吾國積弱之原因	1	1		1						
國體說	1									
說吾人不可因戰爲惶	1									
說實業助國法	1									
人皆有國家思想	1									
社會親愛是強國根本	1									

論國民教育	1								
說日本對於中國之野心		1							
說強國救時的計劃		1							
說國慶紀念		1	1						
說改良國貨		1							
世界種族強弱之原因		2							
中國富強之易		1							
人民當關心國事		1				1			
洗國家從前大恥增人民最後光榮		2							
自由不死		1							
說現在世界各國的大勢		1	1			1			
國民權與個人權的分別		1	2						
國民當知本國情形		1	1	1		1			
公理足以戰勝強權		1							
國民當具自治能力		1	1	3		1			
說國民的痼病宜痛除		1							

英雄與時勢			1		1					
福州及山東交涉的近況			1							
國民理宜幫助政府（禁煙）			3	3	1					
西藏交涉問題之近況			1							
家國的關係			1		1					
中日國際二十年來比較觀			1	2						
我國之前途			2							
五鬼大鬧中華			1	1						
日本維新強國之方法			1							
共和原理			1		1					
三大要害嗎啡鴉片纏足			1					1		
說各國現今軍備大勢			1							
因循性質			1							
依賴性質			1							
愛國者身榮家慶賣國奴終必招殃			1							

禦外宜先安內			1					1	1		
天職			1								
青島交涉近日的狀況			1								
媚外與排外均失交鄰之道			1								
說抵制外貨要審時度勢			1	1							
解釋共和要義喚起國民精神			1	1							
民心團結然後可以禦外侮			1	3	1						
愛國當由本身作起				2							
說國民應有共同概念				1							
膠州灣之今昔問題				1							
節儉虛糜以救國窮				1	2						
國民當盡愛國的本分				2							
中國受窮的原因									2		
國人應注意太平洋會議					2						
一年以後的中國					1						

南北統一的希望			1				
士農工商愛國的異同			1				
國家的事情要國民大家去辦			1				
延琿問題			1				
中日交涉現在的狀況			1				
說旅大的原始及交涉的問題				2			
國民當盡救國的責任				1			
說愛自家就是愛國				1			
說何故愛國				1			
所國之要義				1			
愛國之青年				2			
國貨維持會之辦法及利益				2			
旅大與人民的關係				5			
對於日本出兵山東的感言							1
中國貧弱的原因							1
農人和國家							1

山東對於外交上的歷史											1
日本出兵山東之經過											1
濟南之慘案											1
國民對於外交上應取之態											1
態度											1
日本在山東慘暴的情形											1
南北對於濟案之抗爭											1
山東濟案交涉之現狀											1
國民對外宜結和團體											1
日軍在濟南慘殺我國官吏兵民的情形											2
山東難民困苦的形狀											1
日本出兵山東之野心											1
日本侵佔山東之主權											1

	人民宜有對外思想													1
	人民宜設法抵制外貨													1
	愛國家												1	
	說中國之現狀												1	
	說各國當兵納稅的義務									1				
	說窮是興國之本										1			
	遼源案貽誤千萬夏詒霆罪狀一斑		1											
	遼源交涉案起釁之事實		2											
守法類	勸誡奢侈			1	1	2			2				1	
	說國民宜勤勉守法								1					
	守法							3	1					
	戒貪財	1	2											
	借外債的危險							1						
	今時守法							1						
	法律為人民之保障		2					2						
	說訴訟之害							1						
	維持秩序							1						
	不要造謠	1	1	1	1			1						
	訴訟之累							1						
	冤家宜解不宜結							1						

遵守法律	1				1				
勸息訟	4								
守本分	1	1			1				
人不可無法律思想	3								
何謂法制國	1								
國民守法說	1								
服從法律非奴隸說	1	1	2	1	1				1
防盜紀聞	1	1							
戒秘密結會	1							1	
解釋刑律總則第六章共犯罪	1		1	2	1				
信邪教為倡亂之媒介	1	1							
欠債的不可拖延狡騙	1								
說謠言惑人		2							
吸煙飲酒賭博之害		2							
說國民應注意制定憲法			1	1					
法律制度與命令之區別			1		1				
知法犯法罪名加重之理			1	2	1				

偷漏捐稅所以應受罰的理由				1							
解釋勞工保護條例				1							
不能服從法律不能自由				1							
人民不可希圖非分									1		
訴訟應知道的手續					1						
國民應盡守法的義務					1						
解釋刑律與民律的區別					1						
解釋刑律分則第十九章的造度量衡的罪名					1						
勸盜賊自新					1						
國民應具有法律知識									3		
煙酒之害									1		
防患宜在未然時									1		
說訟事競爭的難苦								1			
說現在賭博的黑幕								1	1		
守法律的人是真便宜									1		

類	項目													
道德類	勤能補拙						4	1						
	儉可養廉							1						
	勸誡賭博	2	1	2	1	4	2	3				2		
	說人宜尚道德							1						
	國民無信不立							1						
	禍因惡積						1							
	道德思想						1							
	未貧先貧終必富						1							
	奢華徙儉難	3					1							
	施惠勿念受恩莫忘						1							
	人貴自立	1					2					1		
	尊重道德						2							
	道德						1					1		
	人無遠慮必有近憂	1	1				2							
	玉不琢不成器						1							
	知恥近乎勇	1	1				2							
	說嗜好						1							
	說公益		3				1					1		
	社會道德						1							
	勤儉的教育	1					1							
	婦女應當自重						1							
	說忠恕						1							
	積金不如積德						1							

受恩勿忘報	1				1					
積善之家餘慶多					1					
名譽爲人生第二性命	3	1	1		1	1				1
品行					1					
吃虧是佔便宜					1					
貧富爲人自取	1	1			1	1				
夫唱婦隨家業興					1					
人無信不立					1					
富當勿忘貧					1					
飲水思源					1					
女子的三從並四德					1					
求則得之捨則失之					1					
人格的修養			1	1	1	1				
說光陰不能待我	2				1					
良心		1		1	1					
端品行					1					
業精於勤	2	1			1					
人不可無責任心	1								1	
過日子要知儉省	2									
戒口過	1									
戒謊言	1									

項目								
有志者事竟成	2							
道德心	1						1	
改過遷善	1							1
說孟德斯鳩的陰德	1							
和睦鄉里	4	2					1	
說人總得務正道	2							
說自強	2				1		1	
重人道立身之本	1							
敦品說	1							
道德是法律之母	1		2	1	2			
說尊敬祖宗	1			1				
說生命合德行的要素	1							
游手好閒之害	2							
同舟共濟	1	1		1				
百年之計莫若種德	1							
學術與道德相離之危險	1	1	2	1	1			
苦海無邊回頭是岸	1							
農人之實誠	1							
說人民宜誠	1							
人格教育	1							

人民須講道德	1									
說公德	2									2
說勸人貴知足	1			1						
說戒惡	1									
子女有孝養父母之義務	1									
人民祭祖之禮不可廢	1	1								
臨財不苟得	1									
戒貪心	1									
務本	1									
說忍耐	1									
精神合形式文明合野蠻	1									
改良社會須先改良惡習	1		1			1				
精神的作用		1		1						
各掃門前雪		1								
宗教與風俗之關係		1								
冶遊之害		1								
勇往堅忍		1								
臥薪嚐膽	3			1		1				
惜時		1								
合群		1								
士農工商當戒嗜好		1								

說崇儉爲吾人生之美德				1							
說崇儉之關係及其利益				2							
道德爲保護自由之本				2							
居必擇鄰交必擇友	1			3		1		1			
說貧賤不能移其志				1							
說婚姻的關係				1							
救人之急就是大慈善				2							
祭掃墳燒紙的原因								1			
說因果的眞是非								3			
說道德爲立國之本					1	1					
奉勸行善的人再進一步					1						
說堅忍耐勞爲成事之本						1					
說自制						1					
說信實						1					
說道德感人之深						1					
說友道感言						2					

說美國道德會的宣言						1						
說人格與地位的關係						1						
說歐美的道德						2						
說勤儉之美德						1						
君子合群而不聚黨						1			1			
慎言											1	1
不良習慣												1
道德可以救國說												1
勤儉爲治家上策												2
有依賴性無良好之結果											1	2
理財與貪財											1	
奢華者之將來											1	
孝親											1	
依人之害											1	
崇信說											1	
崇實說											1	
無業爲貧										1	1	
商業應盡的道德										2		
改良惡習法										1		
美感類	美感與胎教的關係				1							
	說學生的堅苦心						2					

常識類	灌輸人民常識					1				
	東三省氣候之比較					1				
	青島地理關係					1				
	說四時的氣候					1				
	今古交通比較					2				
	說吉林的出產					1				
	古今世界交通的比較					1				
	論吉林地勢	2				1				
	中國地理					1				
	說日蝕月蝕之理	1	1	1	2					
	說普通智識	2								
	說陰陽曆之比較	1	1	1	2					1
	說歐洲地理	1			1					
	說亞洲地理	1			1					
	西洋槍炮及印字機器的原始	1	2		1					
	破除燒香的迷信	1								
	破除命運的迷信	1								
	破除風水的迷信	1								

天足與纏足之利害	1	1			2				1	
燒煉金汞之害	2									
微菌性狀的研究及侵害大勢	1	2	3	1	2		2		4	
知識問題	1									
霜雪的疑案	2		2		2				3	
雨露的疑案	2		1		2					
雷電的眞理	1		1		1					
信仰與迷信之區別	1		1		1				1	
彗星與地球之關係	1		1		1					
汽力電力之發明及作用	1									
迷信神權必誤人	1	1								
破除迷信		1					1			
恒星組織行星的原理		1		1	1					
說亞細亞洲人種的分合關係		1							1	
海陸空三界戰鬥武器的作用		1								
希臘羅馬創興鐘錶時代		1		1						

項目										
法國若哉弗呢也樸期發明照像的原始		1		1						
航空之必要不可不講			1							
無線電及有線電之作用			1							
雲與雨			1							
風與空氣			1							
霜雹霰霧霞虹			1							
常識修養法			1		1					
飛艇的作用			1		1					
動物植物和礦物			2							
地震火山溫泉及彗星之一切原理			1					1		
三大發明汽力電力汽球			1							
靜電動電			1							
瓦斯電汽			1							
說人類與氣候之關係				1						
中國的哥倫布				1	1			1		
空氣跟水氣有無關係說				1						

	西人以龍取水爲旋風的理由			1							
	中外人民風俗異同之點				1						
	說現在各國飛行器的進步				1		1				
	說迷信是亡國敗家的引線				1						
	陰曆年迷信的害處				1						
	說日本地震						3				
	說火山崩裂之原因						4				
	不可迷信神巫										1
	成夢的眞原因								1		
	增進常識的方法								2		
	說地球的大勢								1		
	說世界的人種類								1		
	飛行機的說明								1		
	說雨雪冰雹霜露的大略								1		
實業類	栽厚樸說						1				
	雞窠布置法						1				

提倡國民宜尚實業							1			
田家自有樂					1		1			
人民以職業爲生活	1	1	2			1	1			
實業爲強國之本	1					1				
鐵路與商業的關係						1				
養樹之益		2			1	2				
實業爲富國之本						1				
說商業競爭						2				
人民以實業爲生活						1				
有職業人才能自由						1				
交通之利益						1				
農人的職業						1				
樹木培養法						1				
窪地宜種稻						1				
產業不如職業	8	1	1	1	1	1	1		1	
驅除害蟲法	1					1				
農人之樂境						1				
創業容易守業難						1				
養花卉之益						1				

大道生財					1						
村落的利益	2										
謀生當未雨綢繆	1										
農業應注意的事項	4		1								
修橋補路之益	1										
人當自食其力	1										
發財之捷徑莫妙於開礦	1		1	2		1					
疏通水道之利益	2										
莊稼人容易發財	2										
工業為治富之本	2										
改良農業	2	1	1			3				1	
說實業	2										
保護森林及培養方法	1			1							
振興棉業的法子	1		1								
改良養牛的方法	1								1		
種大豆新法	3	1	1	2	1	1			1		
造紙新法	1										
造玻璃法	1										
稻草造棉法	1										
實業成功之秘訣	1										

苗床之構造及其利益	1									
貧民工藝廠之利益	2									
說漢冶萍公司	1									
說克虜伯酸廠	1									
說捕蝗的要法	3	2	2	2	3		2			
開通水道可以防潦	2	2	1	3	1				1	
柞樹秋蠶飼養法	1		1	1					1	
栽種蘑菇的方法	1			1						
養蜂的方法及其利益	1		1	1	1					
國人應時謀實業	1									
因時生利法	1									
農之副業說	1									
吉林更宜注重牧畜	1									
說改良種地法子	1									
說水稻之利益	2									
說土壤宜改良	2									
說養雞之利益	1									

蘿蔔造精法	1										
人造棉花法	1										
說種洋芋利益	1										
創業要有堅苦心	1										
改良畜牧		1									
辦礦須知		1									
經商輔助禁煙的辦法		1									
說工農銀行之利益		1									
風災的防範法		2	2	1	2		2		1		
栽樹可以弭旱並能有益衛生		3	1	3	1		1		2		
墾荒宜從畜牧入手		1	1	2	1				1		
說商業霸王的歷史		1									
預防蟲災法			2		1		2		2		
造肥的方法			1		1				2		
說儲蓄之利益			1								1
中國商戰失敗之原因			1								
日本之事業教育談			1								
養綿羊之大利			1								

世界兵戰 將息商戰 繼續而起			2							
勸有錢人 快快集股 招工開礦			1							
銀錢實在 是有利之 物			1							
風災及蟲 災的防範 法				1						
農人閑暇 時最要注 意造林				1						
農人暇時 力用楸樹 造品青的 方法				1						
利用廢地 栽桑及接 桑方法				4						
苗圃地高 底之害及 其補救法				1						
近江之地 正好養殖 鯉魚				1						
粉筆製造 法				1						
植樹節勸 導植樹				1						
自然肥料 之用法				2						
捕魚簡便 法				1	1					
除蠅簡便 法				1	1	2		2		

項目											
說改良蔬菜栽培法				1							
農業為當今之急務				4							
農業優劣與吾人生之關係				1							
發展實業為近世國家之要素				1							
說商戰甚與兵戰						1	2		1	1	
說實業之觀念						1					
說各人的經濟（之觀念）						1	2				
說農業進行之方法							2				
說中外商性之比較							2				
說投機之事業							1				
說實業的改良							1			1	
說農工的利益							1				
說農業的富源							1				
說工商的改良方針							1				
說中國天產之富							1				
說實業的富原							1				
說工商的經濟							1				

	商人組織公司的利益												1
	農人宜改良種植法												1
	振興農業亦可富國												2
	習業宜專											1	
	中國工商業不發達之原因											1	
	森林之利益											1	
	說經商應用的方法									1	2		
	勤能致富的理										1		
	商人應有的常識										1		
	農人應有的常識										3		
	種雜植以備年荒										1		
體育類	人宜注重體育							1					
	注重體育						1						
	運動身體的益處	1				1							1
	說晚婚與體育關係		1										
	體育之關係		3										
	說我國婦女體弱的原因			1									
	體育之理論及實際				1								

類	題目													
	運動身體是強國的根基					1								
	說體育之實益								1					
衛生類	人宜講求衛生		2	3					1					
	秋冬兩季衛生最當注意		3	3	2	1	1	1						
	嫖賭與壽命的關係	1												
	衛生緊要大意							1						
	公共衛生			1	1			2	1					
	夏令注重衛生			1	1		1	3	2				1	
	說羊角風							1						
	居住之衛生		1										1	
	衛生之利益		1											
	說冬疫要防			3										
	說瘟疫預防法			2	1				2					
	說家庭中要講衛生			2										
	衛生注意清潔			4	1		1							
	食瓜瑣談			1	1									
	窮人衛生的方法			1										
	說蠅類為傳染病之媒介			1	2									

說春瘟證的預防法			1								
說驅逐蚊蟲的利益			1								
公眾衛生學之綱領及其實行法			1								
霍亂病與腸絞痧症的區別並治療的方法			2								
虎林拉菌毒較百斯篤菌易防			2		4						
兒童食物之衛生			1								
醫道不可不講			1								
春季衛生最當注意				2	1						
人老五官失職說法				1							
調和空氣爲保命之原				1							
森林合衛生的關係										1	
說牛痘局的歷史										1	
蒼蠅的害處										1	
煤毒之防避及解救法					1						
解釋傳染病之預防法					1						1

	痧證傳染之預防法				1						
	說簡易殺菌消毒預防法				1						
	說塵土的害處				1						
	春夏衛生法						1				
	引牛痘的利益						1				
	說浴身的研究法						1				
	近視眼的預防						1				
	衛生淺說										1
	食物的衛生及貯藏法										1
	衣服的衛生及清潔法										1
	市井之衛生									1	
	成年人和未成年人的衛生法								1		
	預防春瘟法								1		
	小兒衛生法								1		
特別類	寓兵於農						1				
	人生百般實際						1				
	說嗎啡之害人	3	1				1				

項目											
說興學育才						1					
說通俗教育講演宗旨						1					
地方自衛					1	1					
保衛團調查白話忠告					1	1					
說預備團事項					1	1					
改良婚禮					1						
警察的天職					1						
說禁煙令					1						
教育為強國之本	1	1			1	3					
家庭教育	4	2			3	1					
說兒童教育之方針						3					
說鴉片流毒與嗎啡之害	2			1		4			2		
國會制度	1										
論嗎啡甚之於鴉片	1	1	2		2						
文明國保護兒童的責任	1										
教育普及之宗旨	1	2									
司法獨立於國家之關係	1	1									
富家子弟要練習勤勞	1		1	1							

商辦道路規則					2				
青島之關係			2		1				
女子應受完全職業教育	2				1				
地方自治設施	1				1				
教訓子女的方法					1				
商辦橋樑規則					3				
乞丐興學	1				1				
糧價與工價之比較					1				
土地登記的好處		1			1				
太平洋會議					1				
國家強弱端在教育					1				
國民宜有外交知識		1			1				
看報的法子					1	1			
胎教					1				
社會學	1				1				
不識字的害處	3				1			1	
自治					1				
私塾之弊	3				1				
土地升科的關係	1	4	1	1	2				
現今之社會					1				

天足婦女之利益					1					
聯村防匪法					1					
保衛團的章程					1					
說飲酒之害					1					
看報的好處		1			1	2				1
解釋稅契的條例	1	1								
十年期滿之痛言	3	7	2		1					
選舉權不可輕視		3	7		5					
說人民不動產登記的利益		4	1							
人人都有當兵的義務		1	2		1					
保衛團的好處		1	1			5				
人當合羣		2	2			2				1
說學堂的好處		1								
說女子當求學的緣故		4		1						
家庭之樂		1								
中國男女的依賴性		2			1					
剪髮之利益		3	2						2	
禁絕鴉片人人皆當負責任		2	2	1						

勤儉爲自治的要素	1									
說人人不可無希望心	1									
戒煙淺說	1						1			
維持地方之安寧	1									
說明男女平等之利益	1									
教育普及宜多改良私塾	1									
今後教育之兩大主義	1									
解釋憲法規定自由的範圍	1		1	1	1					
有應享之權利必有應盡之義務	1									
城市生活與鄉村生活的比較	1			1						
家庭組織與國家組織的同異要旨	1									
不動產登記的利益及手續	1									
勸人民照章貼用印花	4									
說積穀備荒的好處	3	3		3	4					

近世奇人鏡	1									
解釋國有荒地承墾條例	1	1	1	3	1					
解釋縣治戶口編查規則	1		1		2					
國民要有財政上的常識	1									
說偵探學之緊要	1									
化無用為有用	1									
說道路的關係	1		1					1		
幻燈及活動寫眞	1	1		1						
養兵不如提倡軍國民教育	2	4	3	1	1					
學生應當注意	1									
民智如開民力自盛	2			1						
解釋捐資興學褒獎條例	1	1	1		1					
解釋地方自治試行條例	2		1							
論中國現今的教育	2				1		1			
教育雖為強國之基礎亦即個人生存之要具	1	1	1							

地方團體輔助禁煙的辦法	1										
說警察權的重要	1		1								
教育性質有公私的區別	1										
歐洲戰事遠近因	1										
專門補習學校的利益	1										
鄉土觀念與對外觀念	1			1							
說列國對德之近況	1										
既生而必教之說	1										
說對德奧之主意	2										
說歐戰之近況	1										
兒童入學說	1									1	1
勸立農會說	1										
地方人民當攤學款設立小學	1										
解釋租契條例	1										
中美開國之比較	1			1							
說排外族之原因	1										

說文明的教育	1								
說義務教育		2			2				
自治補助官治的不足		1		1					
富家子弟要練習經商		1							
說歐戰協濟會宗旨		4							
說協約國勝利		1							
說維持風俗各項宗旨		1							
說新舉大總統		1							
說南北現在狀況		1							
說林礦借款之害		2							
我國識字少之原因		1							
家庭同學堂要一氣		1							
說選舉省議員資格		1							
新聞雜誌之利益		1							
破除輕兵之舊習		1							
解釋國家稅及地方稅的性質		1			2				

解釋印花稅額章程		1		1						
吉江兩省森林礦產抵押借債的問題		1								
解釋國有及私有森林法三十二條（國有共有及私有）		2	1	2	2					
外國幫助禁煙的熱心		1	2	1						
鴉片應該嚴禁的原因		1	1	3	2					
歐戰結束後遠東的問題		2	2							
說狩獵之利		1								
窮苦子弟讀書的方法		1		1						
女學因何不興		1								
社會教育補助學校教育之不足		1								
盲啞教育的利益及教授手續		1								
露天教育的利益及教授手續		1					2			

整理家庭的簡易方法		1	1			2		1		
說明學校各科俱合孔子教育		2								
募捐之本旨及輪捐之利益		1								
歐戰華僑有直接作戰及間接協助聯合國的義務，最後解決我國亦有應享的權利		1								
說募兵教育			4	1						
說感化教育及自動教育			2	1						
說廢疾教育			1							
尊崇孔子			1							
孟子傳略			1							
政府施行燒毀鴉片的辦法			2	1						
活動影片教育上之使用			1							
說童子軍的好處			1							
拒毒會發起的原因及將來			1							

說怨耦的原因			1							
教育展覽會之成績較前進步			1							
儲蓄兒女的教育費			1							
縣自治復活與吾人民之關係			1	3						
解釋（鴉片）嗎啡治罪的條例			1	1	1	1				
兵戰之勝負只爭最後之五分鐘			1							
一害未除一害又來			1							
說現在的教育主義			1	1						
宣佈西報勸吾國民自決之論調			1							
解釋中華民國臨時約法			3							
國民當要注意職業教育			1	1						
國之本在家能治家就能治國			1	2						
越是無用的東西用項越大			1							

解釋國際私法				1						
捐錢辦學的好處				1						
說足以爲女教現在障礙的事故				1						
說美國通商之利益						1				
說戰時戒嚴						1				
協商國對中國之態度						1				
說各省對中央之態度						1				
說對德絕交之淺釋						1				
說迷信弱國的原因						1				
說君與民之區別						1				
說清世國體之由來						1				
溺愛子女的壞處									1	
趕快求學的好處									1	
戒吸紙煙的利益							2		1	1	1
說多賬（賬）的好處					1					
共和國之基礎當宜地方自治爲要素					2					

說地方自治救國的原故					1					
選舉不可受運動					1					
募兵法不如徵兵法的原故					2					
立憲國人民當有自治精神					1					
共和與國家					1					
共和與民族					1					
過年之今昔觀					1					
說國民應盡教育之義務						1				
說自由平等的意義						1				
學齡兒女的管理法						1				
說自治的好處						1				
職業教育爲救貧之上策						1				
說民生利用概要						2				
智育德育體育要並重						3				
說美國黑人的教育						2				
說宗教的感言						1				

說英法的宗教國						1					
說中國信教的自由						1					
說教育與人才的關係						1					
說納國稅的原因						1					
說人民納捐之利益						2					
說清鄉之方法						2					
說離婚之利害						3					
納捐之義務						3					
說國民自衛的好處						1					
中國人口增加率和列強人口增加率之比較											1
中國國民受教育之人數											1
各國國債之比較											1
家庭教育與學校教育											3
不可閱無益的書畫											1
求人不如求己											1
對於子女不可姑息											1

國民宜努力社會的工作											2
平民教育的價值										1	2
現今各強國之大勢											1
勤勞與生活及體育之關係											2
早婚之害								1		2	2
對鄉土應有的關係										1	
國民校宜注聯絡家庭										1	
自立首宜養童兒時										1	
教育宜以身作則										1	
改良會社之先務										1	
新年之娛樂法										1	
作父親的對於子女的責任										1	
農業教育之宜注意										1	
中國財政之現狀										1	
國民應研究國際上的常識								1			
教育兒女的好處及方法									2		

										2		
國民當受義務教育										2		
勸告小學生求學的宗旨										1		
通俗教育沿革及要旨										1		
組織聯在會的利益										1		
說立會自衛的好處										1		
說趕快設法自衛呀										1		
宣佈戒嚴條例										1		

後　記

　　學生不才，雖有志於學，然生性駑鈍，幸蒙恩師李書源先生不棄，收於門下。求學三載，白駒過隙，想來也不過寥寥數語。選擇學術之途與其說是進取毋寧說是逃避，希望在紛繁世事中尋得一個相對穩定的座標。寫作博士論文的過程固然艱辛，卻也充滿驚喜。在檔案中挖掘小人物的喜怒哀樂，所思所想，嘗試重建他們的生活片段，實為一大樂事。以新文化史方法研究民國初年的國家意識形態建設，將精英知識階層的高談闊論與民間社會文化的緩慢變遷做比，對象徵性歷史因素進行分析，解讀國家權力與大眾文化間的糾葛，發現二者的衝突和兼容之處，也不失為有趣的嘗試。全文共十萬餘言，大量筆墨用於講述下層知識分子在激烈變革時代的處境和思考。作為經濟和社會地位較低的知識群體，他們對於民眾啟蒙運動的熱誠和信仰令人動容嗟歎。

　　儘管耗時頗久，但最終的論文仍與當初設想存在相當大的差距，部分問題或因筆者學識譾陋，僅能窺其端，難以竟其緒，或出於現實考量，暫時擱置，拙文僅為現階段學生對相關問題思考的一個小結。

　　本文得以完成，首先要感謝導師李書源教授。先生博學多識，豁達樂觀，對於如我一般固執且疏於溝通的學生給予極大寬容和信任，不但為我保留探索問題的空間，還適時提供精當準確的指導，避免學生誤入歧途。在論文寫作過程中，先生的文章也常常作為範例，時時提醒我文章須言之有物，不作逢迎虛妄之說。學生自知難及先生學術造詣之萬一，然雖不能至，心嚮往之。其次要感謝我的父母，正是他們崇尚知識的堅定信念和多年來的無私付出支持我完成了博士階段學業。最後要感謝我的外祖母，她的悉心照料陪伴我度

過整個童年時期，她獨特而強大的無畏精神給予我的勇氣勝過任何人的言辭鼓勵。即便已近而立之年，她仍然將我視爲孩子，爲我提供一切可能的幫助，卻又強自收起疼惜憐愛之心，激勵我直面困難，在垂暮之年看到我完成學業，是我能給予她爲數不多的回報。此外還要感謝劉麗麗、鄭宇二位學友，與他們的探討和交流拓寬了我的思路，彼此間的玩笑則爲讀書生活增添了樂趣。藉此後記，略表謝意。